OCTAVIO PENNA PIERANTI

A RADIODIFUSÃO PÚBLICA RESISTE

A busca por independência no Brasil e no Leste Europeu

1ª Edição

Brasília

Faculdade de Comunicação da Universidade de Brasília – FAC/UNB

2018

Capa Ana Paula Fonseca

FACULDADE DE COMUNICAÇÃO DA UNIVERSIDADE DE BRASÍLIA – FAC UNB
Endereço: Campus Universitário Darcy Ribeiro - Via L3 Norte, s/n - Asa Norte, Brasília - DF, CEP: 70910-900, Telefone: (61) 3107-6627, E-mail: fac.livros@gmail.com

DIRETOR
Fernando Oliveira Paulino

VICE-DIRETORA
Liziane Guazina

CONSELHO EDITORIAL EXECUTIVO
Dácia Ibiapina, Elen Geraldes, Fernando Oliveira Paulino, Gustavo de Castro e Silva, Janara Sousa, Liziane Guazina, Luiz Martins da Silva.

CONSELHO EDITORIAL CONSULTIVO (NACIONAL)
César Bolaño (UFS), Cicilia Peruzzo (UMES), Danilo Rothberg (Unesp), Edgard Rebouças (UFES), Iluska Coutinho (UFJF), Raquel Paiva (UFRJ), Rogério Christofoletti (UFSC).

CONSELHO EDITORIAL CONSULTIVO (INTERNACIONAL)
Delia Crovi (México), Deqiang Ji (China), Gabriel Kaplún (Uruguai), Gustavo Cimadevilla (Argentina), Herman Wasserman (África do Sul), Kaarle Nordestreng (Finlândia) e Madalena Oliveira (Portugal).

SECRETARIA EDITORIAL
Vanessa Negrini

Catalogação na Publicação (CIP)
Ficha catalográfica

A radiodifusão pública resiste: A busca por independência no Brasil e no Leste Europeu / Octavio Penna Pieranti. – 1. ed. – Brasília: FAC-UnB, 2018.

ISBN 978-85-93078-29-3

1. TV Pública. 2. Rádio Pública. 3. Radiodifusão. 4. Políticas públicas. 5. Regulação. i. Título.

CDU: 654.19(81)

Ao (ainda) pequeno Octavio,
que, um dia, saberá que a comunicação
vai além dos seus "episódios"
favoritos, heróis e vilões

Agradecimentos

Este livro é fruto de uma pesquisa que começou em Brasília, mas logo cruzou o oceano e passou por cinco países. Neles contei com o apoio e a atenção de diversos pesquisadores, presencialmente e à distância, instituições de ensino e entidades da sociedade civil. O resultado teria sido outro, não fosse a colaboração de interlocutores dedicados e prestativos: Andrej Skolkay, David Smahel, Michał Głowacki, Nikoleta Daskalova, Pavel Sedláček e, em especial, Valentina Marinescu, que não apenas sugeriu uma série de contatos, como se propôs a iniciá-los. Além disso, tornou-se uma amiga disposta a conversar, durante horas, sobre a minha pesquisa e a situação do centro-leste europeu. Às minhas entrevistadas e aos meus entrevistados, cujos nomes e perfis são apresentados nos capítulos seguintes, meu muito obrigado pela disposição de relatar suas histórias e memórias sobre as comunicações em seus países.

Cá deste lado do Oceano Atlântico, agradeço a Murilo César Ramos, amigo, referência central, há décadas, na pesquisa sobre as políticas de comunicação no Brasil e meu supervisor no estágio de pós-doutorado do Programa de Pós-Graduação da Faculdade de Comunicação da Universidade de Brasília (FAC/UnB), onde nasceu este livro. A Fernando Paulino e Vanessa Negrini agradeço pela parceria com a FAC Livros, dinâmica editora criada no âmbito da FAC/UnB, responsável pela publicação deste meu livro e do anterior, "Políticas Públicas de Radiodifusão no Governo Dilma". Nesta última década pude dar minha pequena contribuição à construção de um projeto de comunicação pública no Brasil, como chefe-de-gabinete da Empresa Brasil de Comunicação (EBC) e em outros cargos. Parte deste livro reflete minhas reflexões e experiências ao longo desse tempo. Na pessoa de Tereza Cruvinel, primeira gestora da EBC, agradeço a todas e todos que se dedicaram a esse projeto.

Por fim – "fim" apenas na lista de agradecimentos -, meus agradecimentos à família por aceitar os inevitáveis períodos de ausência em um projeto que envolveu uma viagem, a leitura de dezenas de textos e incontáveis horas de redação. Nesse período, Miriam Wimmer, minha esposa, com a ajuda de meus pais e minha sogra, redobrou sua dedicação ao nosso filho Octavio, um menino agitado, curioso e inteligente. Que essas mesmas características lhe sirvam, no futuro, para ajudar a construir um país melhor.

Índice

Construção tardia da comunicação pública: dois casos

Tereza Cruvinel[1]

A radiodifusão pública, para além de um conceito pouco compreendido, é, também, uma experiência mal documentada, salvo onde foi pioneira e alcançou um alto grau de consolidação, situação restrita a poucos países, notadamente os da Europa Central. Este novo livro de Octavio Penna Pieranti tem o duplo mérito de contribuir para a superação destas duas deficiências, na medida em que aporta elementos conceituais e, ao mesmo tempo, resgata experiências importantes de construção de sistemas públicos de radiodifusão.

Pieranti traça um inventário comparado de duas experiências que, por sua ocorrência tardia - relativamente ao surgimento das primeiras emissoras públicas e ao próprio estágio da radiodifusão no mundo – não partiram de um marco zero e, sim, do esforço para converter estruturas estatais-governamentais pré-existentes em sistemas de comunicação pública: a brasileira, representada pela criação da Empresa Brasil de Comunicação (EBC), e a de países do Leste Europeu que, após o colapso do socialismo real, empenharam-se na conversão do que era estatal em público. O autor faz tal inventário comparativo a partir da feliz combinação entre vivência e pesquisa. Depois de atuar na área de conteúdos digitais do Ministério da Cultura e na

[1] Jornalista e primeira Diretora-Presidente da Empresa Brasil de Comunicação – EBC (2007-2011)

coordenação da I Conferência Nacional de Comunicação (Confecom), de 2009, Pieranti participou do esforço de implantação da EBC como chefe-de-gabinete da Presidência, onde sua atuação foi relevante na solução dos impasses e dilemas que o projeto enfrentou. A pesquisa sobre a transição no Leste Europeu, no âmbito de seu pós-doutorado na FAC/UnB, levou-o a visitar alguns países daquela região, onde entrevistou profissionais, gestores e pesquisadores, e coletou dados e estatísticas surpreendentes sobre a realidade atual da radiodifusão naquela parte do mundo.

Como não poderia deixar de ser, ele parte da fixação de marcos conceituais que, em sua visão (comungada pela maioria dos pensadores da questão), devem distinguir os sistemas públicos. Se radiodifusão privada é atividade empresarial que visa o lucro, ainda que represente uma prestação de serviço público, a radiodifusão estatal é aquela mantida pelo Estado com vistas à comunicação institucional dos poderes públicos (e não apenas dos governos, visto que o Judiciário e o Legislativo, em todo o mundo, têm criado e mantido suas próprias estruturas de comunicação). Já a radiodifusão pública insere-se no espaço entre o Estado e a sociedade, devendo ser gerida com participação direta da sociedade. O Estado será sempre seu maior financiador, mas não o único, de modo a mitigar a dependência. A programação deve privilegiar a informação, a cultura, o debate público e o fortalecimento da cidadania, evitando o proselitismo político, bem como os conteúdos fúteis que buscam apenas obter audiência. Embora ela seja importante para a legitimação, deve, porém, ser buscada a partir da relevância e da originalidade da programação.

A parte em que ele nos leva ao Leste Europeu confere atrativo especial ao livro, por tratar-se de realidade que pouco conhecemos, em todos os aspectos, e especialmente no que diz respeito à radiodifusão. E ela começa com uma rica revisitação descritiva daquele momento trepidante que, em pouco tempo, fez ruir o Muro de Berlim, derrubou governos que pareciam fortes e liquidou com a antiga União Soviética. Consumado o colapso do socialismo, os sistemas estatais de radiodifusão também entraram na agenda da transição para o capitalismo, seguindo receitas variadas. Se, na Alemanha, onde já existia um sistema público no lado ocidental, houve a opção pela integração, na Rússia prevaleceu a solução privatizante. Na maioria dos países houve esforços para convertê-los em sistemas públicos, mas, passados tantos anos, quase todos ocupam posição secundária diante das emissoras privadas, carregam vícios internos e uma confusa percepção externa sobre sua real natureza.

Relativamente ao Brasil, Pieranti recupera a postura errática adotada pelo Estado brasileiro sobre radiodifusão, que resultou, ao longo dos anos e de diferentes governos, na criação de múltiplas e superpostas estruturas, de natureza jurídica mal definida, tais como a Radiobrás, a TVE do Rio de Janeiro/Acerp e a rede de emissoras educativas estaduais. A Constituição Federal de 1988 estabelecerá a complementaridade entre sistemas estatal, público e privado, e sobre esta previsão é que o ex-presidente Lula editará, em 2007, a Medida Provisória nº 398, convertida na Lei nº 11.652, marco da criação da EBC e dos princípios da comunicação pública. A EBC, entretanto, acabará sendo construída a partir da fusão daquelas antigas estruturas, com todos os benefícios e inconvenientes desta origem. Agregue-se o fato de a lei ter reservado à EBC o duplo papel de prestar serviços ao governo (função da comunicação estatal) e gerir emissoras de natureza pública, e teremos um quadro propício ao discurso de guerra dos adversários da comunicação pública, desqualificando o projeto,

11

acusando-o de servir aos propósitos continuístas do governo do momento e do partido no poder.

A "boa" herança recebida pela EBC dos antigos sistemas estatais foi essencialmente patrimonial. Embora as estruturas de produção e transmissão estivessem completamente sucateadas, tanto na Radiobrás como na ACERP, a EBC herdou, principalmente da primeira, um rico patrimônio imobiliário, embora até hoje não tenha conseguido convertê-lo em ativos mais úteis. Por outro lado, herdou apenas três canais de geração de TV (em Brasília, Rio de Janeiro e Maranhão) e não teve garantida, na criação, uma rede de cobertura nacional, ainda que composta apenas de canais de retransmissão de TV. Isso foi um obstáculo à conquista de audiência e à identificação da sociedade com os canais públicos, o que contribuiu enormemente para que, com o golpe do impeachment, em 2016, o novo governo partisse com fúria e urgência para a sua desconstrução, sem enfrentar maior resistência. Essa foi uma diferença em relação ao que se passou no Leste Europeu, onde os antigos sistemas estatais dispunham, quase sempre, de redes com ampla cobertura dos territórios nacionais.

A comparação de experiências e o debate conceitual tornam este livro de Octavio Penna Pieranti referência importante para os que se interessam por comunicação pública como elemento da democracia. Ele nos propicia reflexão e elementos para a correção de rumos, num momento futuro em que a situação política permitir a retomada dos projetos interditados, entre eles o de criação de um sistema público de radiodifusão garantidor da pluralidade e da complementaridade.

Reflexões sobre a radiodifusão pública: a importância de estudos comparados

Valentina Marinescu[2]

O tema principal deste livro é a transição do modelo de radiodifusão estatal para o de radiodifusão pública (ou, em inglês, *Public Service Broadcasting* – PSB) no centro-leste europeu e no Brasil. O leitor terá acesso a uma sólida pesquisa comparativa. A trajetória acadêmica do autor, Octavio Penna Pieranti, impressiona. Ele é bacharel em Comunicação Social, com habilitação em Jornalismo, pela Escola de Comunicação da Universidade Federal do Rio de Janeiro (Eco/UFRJ), mestre em Administração Pública e doutor em Administração pela Escola Brasileira de Administração Pública e de Empresas da Fundação Getúlio Vargas (Ebape/FGV), com pós-doutorado em Comunicação Social pela Faculdade de Comunicação da Universidade de Brasília (Fac/UnB). Além disso, é servidor público, com passagens pelos ministérios das Comunicações (MC), da Cultura (MinC), Agência Nacional de Telecomunicações (Anatel) e Empresa Brasil de Comunicação (EBC). Suas pesquisas resultaram em cinco livros e mais de 30 artigos publicados em periódicos acadêmicos, dos quais mais de 20 sobre políticas públicas e regulação das comunicações.

---

[2] Professora Titular do Departamento de Sociologia da Faculdade de Sociologia e Serviço Social da Universidade de Bucareste

O texto, de leitura agradável, é fruto da pesquisa de pós-doutorado de Pieranti, sem, contudo, ser hermético para o leitor mais distante do tema. Está dividido em três partes: primeiro o autor debate o fim dos regimes socialistas e a transformação do seu sistema de mídia eletrônica na Europa; depois ele apresenta a criação do PSB brasileiro, a EBC (Empresa Brasil de Comunicação); e, por fim, retrata o cenário atual da transição tanto no centro-leste europeu, quanto no Brasil. Para isso, o autor realizou pesquisa de campo em cinco países (Polônia, República Tcheca, Eslováquia, Romênia e Bulgária), além do Brasil, onde entrevistou profissionais da indústria audiovisual, dos PSB e pesquisadores.

É importante mencionar que, para Pieranti, o termo "Europa", neste trabalho, abrange especificamente os países localizados nas regiões central e oriental do continente. Na parte ocidental do continente europeu, a criação e o desenvolvimento do modelo de PSB estiveram ligados à consolidação da democracia. Nesse caso, as transmissões já nasceram ou se firmaram, nos moldes de PSB, em grande parte, depois da Segunda Guerra Mundial (por exemplo, no Reino Unido, Alemanha e Holanda) ou, em alguns casos, depois de ditaduras em meados do século XX (como foi o caso de Portugal).

Como o autor destaca, porém, nos países do centro-leste europeu, esta transição só começou em 1989, com a queda do regime socialista[3]. Apenas um ano antes foi promulgada uma nova Constituição Federal democrática no Brasil, que também pode ser encarada como marco inicial da legislação sobre

---

[3] MIHELJ, Sabina. Understanding Socialist Television: Concepts, Objects, Methods. **Journal of European Television History and Culture**, 3, n. 5, 2014, p. 7-16.

radiodifusão pública. Outras semelhanças entre o Brasil e os demais países apontadas pelo autor são: em ambos os casos, a transição começou após a queda de regimes autoritários; os novos PSB usaram a infraestrutura, canais e funcionários já dedicados à radiodifusão estatal; e, especialmente, houve um debate pobre na sociedade civil sobre o conceito de PSB no momento da sua adoção legal.

Na última parte do livro, Pieranti apresenta o cenário atual brasileiro e no centro-leste europeu e conclui que frequentemente a televisão pública perdeu muito de mercado, deixando de ser a líder em vários países da Europa. Ele também nota que a rádio pública é, muitas vezes, mais bem sucedida nesses mercados. Existem países onde a radiodifusão pública ainda é líder ou disputa a liderança: na Alemanha, Polônia e República Tcheca, a participação de mercado de todos os canais da TV pública é superior a 30% ou oscila em torno desse número. Em outros países, como a Romênia e a Ucrânia, a participação de mercado do PSB é inferior a 5%.

Além disso, o autor apresenta a legislação desses países relacionada à radiodifusão pública. A situação do PSB não é a mesma em todos os países estudados, mas basicamente a garantia de "independência" ainda é um desafio na vida cotidiana nessas sociedades, embora a maioria das legislações mencione ou encare esse conceito. Além de destacar a importância da "independência" para os PSB em relação aos governos e ao mercado, o autor também analisa como diferentes dimensões desse conceito são tratadas não apenas na legislação, mas também na vida diária. Uma questão legal é extremamente problemática: a forma como os diretores do PSB tanto na Europa, como no Brasil podem ser demitidos. Como isso não é muito complicado, as demissões desses dirigentes tornaram-se bastante comuns nas últimas décadas. Na Polônia e no Brasil, a lei foi até modificada para facilitar essa prática, enquanto, na Romênia, inexistia previsão legal rigorosa e, como consequência, a demissão sempre foi mais fácil[4]. Assim, como Pieranti corretamente se pergunta, se os diretores de PSB podem ser demitidos a qualquer momento, como as emissoras podem ser independentes? Quais são as garantias da gestão? Como defender a independência diante das pressões externas econômicas e políticas?

Outros desafios mencionados pelo autor incluem enormes problemas de financiamento de alguns PSB, como é o caso da Romênia e da Bósnia, e a transição dessas emissoras rumo ao "mundo da Internet", o que ainda não ocorreu por completo. Em um nível mais pontual, o livro destaca alguns aspectos interessantes relacionados à história dos países e seus sistemas de mídia, o que inclui algumas estranhas coincidências de eventos: a "Lei Marcial" foi editada, por exemplo, no mesmo dia na Polônia e no Brasil (13 de dezembro), embora os anos tenham sido diferentes: 1968 para o Brasil[5] e 1981 para a Polônia[6].

Afora as coincidências, o autor destaca a relação entre a independência do PSB e o desenvolvimento da democracia. Para tomar apenas um exemplo, o romeno: depois do colapso do regime socialista no país (e no resto dos países do chamado "bloco socialista"), a Romênia passou por uma dupla transição. Por um

---

[4] SÜKÖSD, Miklós; BAJOMI-LÁZÁR, Péter(ed). **Reinventing media: media policy reform in East-Central Europe**. Central European University Press, 2003.

[5] ZAVERUCHA, Jorge. Military justice in the state of Pernambuco after the Brazilian military regime: an authoritarian legacy. **Latin American Research Review**, 1999, p. 43-73.

[6] PACZKOWSKI, Andrzejet al (ed). **From Solidarity to Martial Law: the Polish crisis of 1980-1981: a documentary history**. Central European University Press, 2007.

lado, no plano político, do sistema de partido único para um pluralista e, por outro, no plano econômico, a mudança de um monopólio quase total da propriedade pelo Estado para um modelo de propriedade privada. Outras transformações intensas ocorreram em todos os domínios relevantes para a vida social e política. O primeiro tipo de transição, no plano político, foi realizado, no nível legal, em cerca de dez anos, por meio da aprovação de uma nova Constituição e regras dela derivadas, eleições democráticas para o Parlamento e o estabelecimento de instituições capazes de garantir o bom funcionamento de princípios democráticos para o país. Já o segundo movimento, da economia estatal para a privada, ainda está no meio do caminho. Em relação ao PSB, isso significou o desenvolvimento de um setor audiovisual privado romeno que era e continua sendo predominantemente marcado pelo fluxo de capital e conteúdos estrangeiros[7]. Uma forma específica disso é a concorrência nas chamadas "guerras de mídia", que chegaram a ser definidas como "a luta contínua pela independência da mídia [...]. Nas guerras dos meios de comunicação, jornalistas, editores, seus sindicatos, gerentes de mídia e grupos cívicos lutaram em várias coalizões com governos, oposições, clãs políticos e também empresários"[8]. Mas, como constatou Gripsrud[9], a Europa Central e Oriental tem sua especificidade, graus e formas de modernização que se refletem no domínio audiovisual e nos PSB da região.

---

[7] MUNGIU-PIPPIDI, Alina. How Media and Politics Shape Each Other in the New Europe. **Romanian Journal of Political Science**, 8, n. 1, 2008, p. 88-101.

[8] JAKUBOWICZ, Karol; SÜKÖSD, Miklós (ed). **Finding the right place on the map: Central and Eastern European media change in a global perspective.** Intellect Books, 2008, p. 13.

[9] GRIPSRUD, Jostein. Television and the European public sphere. **European Journal of Communication**, 22, n. 4, 2007, p 479-492.

Hoje em dia, mesmo que várias instituições de pesquisa científica e universidades estejam trabalhando para explicar as transformações do campo audiovisual no centro-leste europeu ou, separadamente, no Brasil, nenhum dos pesquisadores fez pesquisas comparativas e transcontinentais sobre o tema. O caráter inovador do livro de Octavio Penna Pieranti resulta do fato de que, a meu ver, é o primeiro a lidar com essa análise comparativa. Usando, de forma original e estruturada, a literatura existente (mais de 70 volumes citados como referência geral) e investigação própria, o livro prova ser uma peça fundamental de pesquisa tanto para experientes pesquisadores, quanto para estudantes interessados em relatos internacionais, em mídia e comunicação e em estudos comparados.

PERGUNTAS E RESPOSTAS

I

Este livro trata de assassinato. De repressão, muita repressão. E de acusações de espionagem. De violações de direitos. Trata de complôs políticos. De prédios ocupados. De greves, várias delas. E de manifestações, muitas e diversas. De sonhos, realidades e países que acabaram. Mas este livro trata, também, de esperança, solidariedade, generosidade. E de luta e resistência.

Trata, mesmo, de democracia. Ou melhor, democracias, no plural, reais e possíveis. Democracias frágeis, democracias mais fortes. Democracia para além do voto, para além das eleições. Democracia não apenas como regime político, mas como ambiente de garantia de direitos, alguns dos quais fundamentais, de representação e de disputa política.

Este livro trata de radiodifusão pública em contextos democráticos e, mais especificamente, da transição de emissoras consideradas estatais para sistemas públicos, no Brasil e nos países do centro-leste europeu. No microcosmo da radiodifusão pública e de sua história nesses países, podem ser observadas algumas grandes torpezas, mas também virtudes importantes. Antes de abordá-las, porém, é preciso responder algumas perguntas.

Por que radiodifusão?

Diversos autores dedicaram-se, ao longo dos últimos séculos, a examinar a importância da comunicação de massa na sociedade contemporânea. Não pretendo, aqui, retomar esse debate em todas as suas dimensões e vertentes; no entanto, como o colapso dos regimes socialistas no centro-leste europeu é o ponto de partida deste livro, convém resumir uma reflexão central de autores marxistas sobre este tema.

Antes disso, de forma breve, explico por que adotei a expressão *socialista*, em vez de *comunista*. Esses dois termos já foram utilizados de forma indistinta. Os nomes oficiais da União Soviética e da Romênia, por exemplo, referiam-se a repúblicas *socialistas*, mas os partidos que as governavam se auto-intitulavam *comunistas*. Havia, ainda, outras variações possíveis: na Albânia, optou-se pelo termo *trabalhista*, que identificava o partido governante. Não tratarei das justificativas teóricas para a adoção de cada uma dessas nomenclaturas especificamente em cada país, entretanto também não quero confundir o leitor, nem utilizar erradamente todos os conceitos como sinônimos. Assim, opto pelo uso do termo socialista tal como definido originalmente por Marx, para quem uma etapa entre o capitalismo e o comunismo seria o socialismo. Nesse período político de transição, o Estado se afiguraria como uma ditadura revolucionária do proletariado:

"Do que se trata aqui não é de uma sociedade comunista que se desenvolveu sobre sua própria base, mas de uma que acaba de sair precisamente da sociedade capitalista e que, portanto, apresenta ainda em todos os seus aspectos, no econômico, no moral e no intelectual, o selo da velha sociedade de cujas entranhas procede" (MARX, 2005, p. 22).

O papel da imprensa como elemento central na disputa por poder esteve presente na obra dos principais teóricos do marxismo. Antonio Gramsci (2004) situou a imprensa como aparelho privado de hegemonia e Louis Althusser (1987) identificou-a como parte dos aparelhos ideológicos de Estado, que se subordinam, do ponto de vista ideológico, à classe dominante. Mas, antes deles, a percepção de que seria necessário transformá-la já se fazia presente na obra do próprio Karl Marx (2006), que defendera a necessidade de uma "imprensa do povo" em contraposição a uma imprensa burguesa, associada aos grandes meios de comunicação. Que imprensa seria essa? Os principais líderes da Revolução Russa explicaram, além de implementar o conceito. Nas palavras de Trotsky:

"o direito de propriedade das tipografias e oficinas dos jornais cabe, em primeiro lugar, aos camponeses e operários, que representam a maioria da população. A burguesia está em segundo plano, porque é minoria insignificante" (REED, 2002, p. 329-330).

Lenin previu que o Estado, nos países socialistas, se desejasse intervir no setor, deveria deter o monopólio da publicidade, recurso essencial ao financiamento da comunicação de massa. Essa intervenção se justificaria como uma forma de alargar a liberdade de imprensa, retirando-a do âmbito das empresas jornalísticas e aproximando-a de um conceito real de liberdade de expressão. Se essa deveria ser extensível a todos, o conceito daquela também deveria ser revisto no novo modelo:

> "Dir-se-á: mas isso é uma violação da liberdade de imprensa. Não está certo. Seria ampliar e restabelecer a liberdade de imprensa, porque a liberdade de imprensa significa: todas as opiniões de todos os cidadãos podem ser publicadas livremente" (LENIN, 1976, p. 154).

Uma pergunta de Gramsci talvez seja uma boa síntese do entendimento de todos: "Se a Escola é de Estado, por que não será de Estado também o jornalismo, que é a escola dos adultos?".

Ainda nas primeiras décadas do século XX, o rádio e, alguns anos depois, a TV ampliaram as perspectivas possíveis para a comunicação de massa, potencializando o que, anos antes, os primeiros autores posteriores a Marx associavam à imprensa. Seja pelas razões apontadas por eles, seja por motivos pretensamente mais nobres (e nem sempre sinceros), como a busca da integração nacional ou a valorização da cultura nacional, todos os países promoveram o desenvolvimento das suas redes de radiodifusão. Esse processo foi implementado e gerido diretamente pelo Estado (caso de grande parte dos países europeus, por exemplo) ou contou com o beneplácito e incentivo econômico desse ator (situação vivida pela maior parte dos países americanos).

No novo século, o ganho de capilaridade da Internet e a proliferação de novas plataformas dela decorrentes parecem ter revestido de ferrugem os antigos meios de comunicação de massa. Nos grandes centros urbanos do país permanecemos conectados a Internet durante todo o dia, o que, segundo alguns, sinalizaria a progressiva perda de relevância do rádio e da TV. Seu fim estaria próximo, dizem os mais exaltados.

Entendo que essa compreensão, ao menos para a realidade brasileira, é falsa. Por um lado, é certo que o avanço da Internet contribui para a afirmação de novos atores no debate público (e outros não tão novos, visto que já atuavam no cenário da comunicação de massa tradicional) e lança um desafio às emissoras de rádio e TV, que, em alguma medida, tentam se reinventar. Por outro, a Internet ainda não está acessível, de forma permanente, a boa parte da sociedade, o que contrasta com a realidade dos meios tradicionais. A substituição plena de um meio por outro não é um processo tão rápido – aliás, não é sequer um rito necessário.

Sobram indícios de que a radiodifusão continuará sendo importante, na realidade brasileira, pelos próximos anos. Entidades com diversos perfis – empresas públicas e privadas, fundações e associações – ainda demandam novas outorgas. Essas mesmas entidades amargam crises, fruto da divisão de receitas com a Internet, mas também de problemas de gestão, tal como sempre ocorreu. A digitalização da TV segue seu ritmo. Novos conteúdos audiovisuais continuam sendo produzidos na expectativa de contar com uma janela de exibição, dentre outras, nos meios tradicionais. A crítica ou o elogio em programa de grande audiência pode contribuir para o sucesso ou fracasso de personalidades, atividades econômicas ou políticas públicas.

E os antigos meios, já sem aparentar a tal ferrugem dos parágrafos anteriores, ainda são assistidos ou ouvidos. Mais que isso, parecem fazer parte da vida dos cidadãos em dimensão, quem sabe, inesperada. Pesquisa sobre o consumo de mídia no país, contratada pelo governo federal, nos últimos anos, contribui para essa percepção. A frequência do uso dos meios TV e rádio tem crescido, assim como tem caído o percentual dos que nunca os utilizam:

Tabela 1: Uso semanal do meio TV (%)

	2014	2015	2016
7x por semana	65	73	77
6x por semana	3	4	2
NUNCA	3	4	3

Fonte: Elaboração do autor, com base em Secom (2014; 2015; 2016)

Tabela 2: Uso semanal do meio rádio (%)

	2014	2015	2016
7x por semana	21	30	35
6x por semana	2	3	1
NUNCA	39	44	33

Fonte: Elaboração do autor, com base em Secom (2014; 2015; 2016)

Assim, de 2014 a 2016, cresceram 11 e 13 pontos (portanto, mais de 16% e 56%) os percentuais de entrevistados que, respectivamente, assistem TV e ouvem rádio, pelo menos, seis dias na semana. Já o percentual de entrevistados que nunca ouve rádio caiu 25% de 2015 para 2016. Além desses, outros percentuais são expressivos. Na edição de 2016 da pesquisa, 34% dos entrevistados responderam que assistem TV por 3 horas ou mais diariamente, de segunda a sexta. O percentual sobre para 37%, se considerados apenas os fins de semana. Além disso, os percentuais de entrevistados que informaram ouvir rádio por mais de 3 horas, durante a semana e nos fins de semana, são de 19% e 29% respectivamente. A menos que se questione a metodologia da pesquisa – e não tenho elementos para fazê-lo -, deve-se concluir que a dedicação da sociedade à radiodifusão é muito significativa.

Os bons resultados do setor continuaram em 2017. De janeiro a agosto, 47% dos aparelhos de TV estiveram ligados, em média, entre 7h e 0h, o que equivale a um crescimento de 17,5%, quando comparado com o resultado de 2012. Globo e Record apresentaram, também em 2017, suas maiores audiências médias desde 2011 (CASTRO, 2017).

Essa percepção de sucesso não vale apenas para o Brasil. A *European Broadcasting Union* (EBU) acompanha, ano a ano, o desempenho do rádio e da TV no continente europeu. Em 2016, os cidadãos europeus assistiram, em média, 3h40m de TV por dia, número superior, em quatro minutos, ao verificado em 2011. Além disso, ouviram rádio, em média, por 2h24m diárias, o que representa uma queda de onze minutos em relação ao observado cinco anos antes. Em 2015, três países do centro-leste europeu lideraram a estatística de tempo médio dedicado a TV: Bósnia (onde cada cidadão assistia TV, em média, por 5h40m diárias),

Romênia (5h29m) e Sérvia (5h15m). Na ponta oposta do ranking estavam Islândia (1h50m) e Suíça (2h04m, nos cantões germânicos). O centro-leste europeu, aliás, é a região do continente onde a audiência deste meio tem crescido mais. Nessa região, República Tcheca e Eslovênia são os países onde a população menos se dedica a este meio, mas a média ainda é alta: 3h26m diárias. A situação muda um pouco, se considerado o meio rádio. Lideram as estatísticas a Rússia (cidadãos ouvem rádio por 4h12m por dia, em média), Estônia (3h43) e Irlanda (3h35). Na lanterna (1h16m), figurava a Croácia (EBU, 2017a; EBU, 2017b; EBU, 2016a; EBU, 2016b). Assim, no Brasil e no centro-leste europeu, a radiodifusão continua presente no dia-a-dia de grande parte da população.

Por que radiodifusão pública?

Para responder essa pergunta é preciso definir "radiodifusão pública". Isso será feito ao longo deste livro; por ora, cabe lembrar que ela se diferencia da radiodifusão estatal e da privada – que a Constituição Federal brasileira optou por apontar como sistemas distintos. Em tese, no sistema privado de radiodifusão atuam entidades privadas com objetivo de lucro – ainda que a radiodifusão seja considerada um serviço público -; já o sistema estatal é mantido pelo Estado, dedicando-se à comunicação institucional de governo. Por sua vez, o sistema público é de responsabilidade de entidades públicas, porém sujeitas a mecanismos de governança permeados por atores externos ao Estado; conta com fontes de financiamento que vão além do orçamento público; e sua programação, orientada por valores como a construção da cidadania e a promoção do debate público, não se confunde nem com conteúdos institucionais de governo, nem com aqueles cujo foco central é a simples busca de audiência. Além disso, a radiodifusão pública deve se manter equidistante, do ponto de vista editorial, das demandas de governos e mercados, buscando a audiência como consequência natural de uma programação independente, crítica e menos superficial. Ressalto que esse resumo é apenas um ponto de partida, a ser polemizado nos próximos capítulos.

Assim como a radiodifusão ainda é importante, em pleno século XXI, também o é a radiodifusão pública, porém por motivos distintos. As emissoras de rádio e de TV estão presentes no dia-a-dia da sociedade, mesmo com o aumento do acesso a novos meios. Nem sempre, porém, isso ocorre em relação à radiodifusão pública, que, a depender do país, apresenta baixíssimo nível de audiência. A pergunta, portanto, permanece: por que ela é importante?

Um primeiro argumento diz respeito a seu caráter complementar em relação às demais emissoras, o que ajuda a contrabalançar a progressiva desregulação da radiodifusão. Como têm sido eliminadas ou diminuídas obrigações referentes à veiculação de determinados tipos de conteúdo, como, por exemplo, os educativos e os de produção independente, não se pode esperar que as emissoras privadas os transmitam por simples boa vontade. Cabe à radiodifusão pública continuar atendendo essa demanda, caso esse tipo de conteúdo seja considerado importante no contexto nacional (JAKUBOWICZ, 2010).

Esse argumento está relacionado a um outro: emissoras públicas são necessárias para ampliar o pluralismo na comunicação de massa. A percepção sobre a importância dessa ampliação é antiga; passa por autores citados neste livro; e ganha novo fôlego com o Relatório MacBride, produzido por comissão nomeada pela Unesco, na década de 1970, para tratar do novo cenário das comunicações e publicado, em português, sob o

29

sugestivo nome de *"Um mundo e muitas vozes"* (UNESCO, 1983). Pluralismo, neste caso, pode ser entendido como diversidade na oferta, uso e distribuição de mídia em relação a: (1) propriedade e controle; (2) tipos e gêneros de mídia; (3) visões políticas; (4) expressões culturais e (5) interesses locais e regionais. A radiodifusão pública está ligada a esses aspectos, por não ser controlada por grupos privados e pelo tipo de programação que veicula. Assim, não por acaso o Comitê de Ministros do Conselho da Europa considerou que a falta ou sub-representação da mídia pública (ou seja, meios além do rádio e da TV) é um risco para o pluralismo, cabendo aos Estados-membros "garantir a mídia pública, com um modelo de financiamento e estrutura organizacional seguros e adequados (...)" (LEUVEN, 2009, p. 53). A quantidade de financiamento e a proporção de novos empregados são consideradas um risco relevante para a falta ou sub-representação da mídia pública.

Por sua vez, o pluralismo está relacionado à construção da democracia. De Alexis de Tocqueville (1973) a Robert Dahl (2001), diversos autores afirmam que a existência de distintos meios de comunicação, controlados por diferentes entidades públicas e privadas, é um elemento central da democracia e suas variações conceituais. A função da mídia varia, segundo cada autor, mas está comumente relacionada à garantia do acesso à informação, à defesa do direito à comunicação, à promoção do debate público, ao fortalecimento da cultura nacional e ao monitoramento dos poderes públicos legalmente constituídos e dos grandes grupos econômicos, o que levou à consagração, na literatura, da expressão "cão-de-guarda". Uma das críticas a essa visão foi apresentada pelos autores marxistas, conforme já exposto anteriormente, que apontaram o vínculo da mídia com a classe dominante.

Para a continuidade deste trabalho, essa polêmica não é central. É importante extrair dela, contudo, o consenso de que o pluralismo é elemento vinculado à construção da democracia. Como a radiodifusão pública está relacionada à afirmação do pluralismo, também o está, por extensão, à construção da democracia. Por outro lado, a defesa dos autores marxistas quanto à transformação dos conceitos de liberdade de expressão e de imprensa e à criação de uma "imprensa do povo" levaram à extinção ou à estatização dos meios existentes e à criação de novos meios já sob a égide estatal nos países socialistas do centro-leste europeu. Deste cenário, como se verá, emerge a radiodifusão pública, na década de 1990, em paralelo à derrocada dos antigos regimes.

Por que centro-leste europeu?

Em 1949 foi publicada a primeira edição da biografia de Joseph Stalin escrita pelo autor polonês, comunista e anti-stalinista Isaac Deutscher. A obra tornou-se um clássico, na mesma medida em que se viu no centro de uma polêmica. Deutscher foi acusado de retratar o acusado de forma benevolente e rebateu a crítica lembrando que fora um dos primeiros militantes comunistas anti-stalinistas, mas que não poderia deixar de reconhecer o papel de Stalin na construção do socialismo. Em textos subsequentes, Deutscher manteve viva a discussão até que, depois da denúncia dos crimes de Stalin promovida no governo de Kruschev, as atualizações da biografia tornaram-se sensivelmente mais críticas e ácidas. No texto original, Deutscher contextualizou o avanço do socialismo, então em curso, como uma série de conquistas iniciais e rápidas em nações marcadas por dificuldades socioeconômicas históricas:

"Entre as duas guerras, quase todos estes povos se viram prisioneiros de um impasse; sua vida mergulhou na escuridão e na pobreza extrema; a política esteve dominada por grupelhos arcaicos que não se preocupavam com o retrocesso material e cultural dos súditos, desde que salvaguardados os próprios privilégios. Toda aquela parte da Europa emergiu da Segunda Guerra Mundial e da hedionda 'escola' do nazismo ainda mais miserável, primitiva e desamparada. Talvez se possa dizer que, para esses povos, a única oportunidade de romper o impasse consistisse num *coup de force* como aquele que Stalin lhes impusera. Na Polônia e na Hungria, a reforma agrária inspirada pelos comunistas realizou, talvez imperfeitamente, o sonho de muitas gerações de camponeses e intelectuais. Por todo o Leste Europeu, os comunistas, depois de nacionalizar as indústrias principais, promoveram vigorosamente planos de industrialização e pleno emprego que estavam além da visão e dos recursos materiais da 'iniciativa privada' local, notoriamente pobre em capital, capacidade e espírito de iniciativa. Com fervor e ambição inéditos, lançaram-se em árdua obra educacional, tendo a superar a tradicional negligência dos governantes anteriores. Muito fizeram para conter as retaliações nacionais e promover a cooperação entre esses povos. Em síntese, abriram ao Leste Europeu amplas perspectivas de reforma e progresso comuns" (DEUTSCHER, 2006, p. 557-8).

Nesse cenário de intensas mudanças começaram a nascer ou cresceram, na mesma época narrada por Deutscher, os sistemas de comunicação dos países socialistas. A comparação entre os contextos da radiodifusão pública no Brasil e nos países do centro-leste europeu pode causar certa surpresa. Exemplos mais comuns de emissoras públicas, mesmo na literatura brasileira, costumam ser a BBC do Reino Unido, a PBS dos Estados Unidos e, eventualmente, ARD e ZDF da Alemanha. Artigos e até livros, escritos por pesquisadores brasileiros, em português, dedicaram-se ao exame aprofundado desses modelos e de sua história (LEAL FILHO, 2008; WIMMER, 2014).

Nos primeiros anos do atual século, depois da aprovação da *Ley de Medios* argentina e de mudanças na legislação de outros países sul-americanos, pesquisadores brasileiros chegaram a examinar os novos rumos da radiodifusão pública – incluindo a brasileira – no continente (BECERRA *et ali.*, 2012). Outras publicações trataram dos contextos das principais referências europeias, norte-americana e das sul-americanas (INTERVOZES, 2009).

É inegável que, em termos de importância histórica, BBC, PBS, ARD e ZDF desempenham papel fundamental no cenário da radiodifusão. Não seria exagerado dizer, inclusive, que essas emissoras legitimam o próprio conceito, ao demonstrar, na prática, que um outro "tipo" de radiodifusão, complementar aos demais, é possível. Talvez por isso sejam colocados como metas a serem atingidas por países em que a radiodifusão pública está em formação, como é o caso brasileiro.

Existe, no entanto, um grupo de países que também adotou essas mesmas metas, mas passou e ainda passa por desafios e dificuldades muito semelhantes às brasileiras: aqueles localizados no centro-leste europeu e egressos de regimes socialistas terminados no fim da década de 1980 e na primeira metade da de 1990. Essa observação pode parecer ainda mais estranha ao leitor que imagina, de antemão, o cenário da comunicação naqueles países como orientado segundo a máxima de Lenin de que a mídia teria três funções centrais: propaganda, agitação e organização (VARTANOVA, 2012).

Um passo importante neste livro será a desmistificação desta visão – não a concepção de Lenin sobre como *deveria* ser a mídia em países socialistas, o que não está no escopo deste trabalho, mas, sim, a preconcepção em relação ao que ela, de fato, foi. Esse tema será trabalhado no próximo capítulo. Por ora, cabe apontar que a radiodifusão, naqueles países, não deve ser vista *apenas* como uma máquina de propaganda. Audiência importava e, para isso, eram usados formatos que fazem sucesso mundialmente, como programas de entretenimento e populares. Alguns conteúdos transmitidos serviam até de base para críticas políticas ao regime (MIHELJ, 2014).

Este é um primeiro ponto de semelhança entre o contexto e a história da radiodifusão pública naqueles países e no Brasil: ainda que a propaganda política fosse inerente às emissoras estatais, a adoção de formatos radiofônicos e audiovisuais consagrados foi (e é) importante na busca de audiência.

Uma segunda semelhança diz respeito à origem dos modelos de radiodifusão pública a partir do fim da década de 1980. Diferentemente do ocorrido na Europa Ocidental, a radiodifusão pública, no centro-leste europeu e no Brasil, deriva de emissoras controladas diretamente pelo governo do momento, sem a presença de mecanismos de controle social e sem comprometimento com uma linha editorial independente. Ao nascer dessas emissoras, a radiodifusão pública herda o seu legado para o bem e para o mal: já se origina a partir de uma infraestrutura física, com técnicos capacitados para operá-la e uma grade de programação no ar, porém herda os vícios inerentes a uma comunicação estatal centrada na defesa do governo, incluindo, aí, uma cultura organizacional difícil de ser mudada.

34

Mihelj e Downey (2012) defendem que a análise dos modelos de mídia devem levar em conta outros aspectos que os condicionam. Apesar de a maior parte dos países ter adotado providências referentes à consolidação da democracia, existem comportamentos importantes que seguem em linha com o momento pré-1989. Isso se dá por um conjunto de elementos: as economias não são tão fortes quanto às da Europa Ocidental, logo há recursos limitados para mudanças intensas; fatores culturais contribuem; padrões de comportamento prévios podem minar a independência de jornalistas e impedi-los de atuar como observadores críticos. Vários desses aspectos dialogam com a realidade brasileira.

A adoção do conceito de radiodifusão pública começa, no Brasil e nos países do centro-leste europeu, no mesmo período. Aqui, esse conceito apareceu em texto legal, pela primeira vez, na Constituição Federal promulgada em outubro de 1988, ainda que sua regulamentação só viesse a ocorrer décadas depois. Lá, tudo começa a partir de 1989, nos casos dos primeiros países a romperem com o socialismo. Essa mudança no centro-leste europeu, no entanto, aconteceria de forma bem mais rápida que no Brasil, como se verá adiante.

Em ambos os contextos nacionais, o conceito de radiodifusão pública surge na emergência da democracia, que sucede regimes autoritários, e normalmente antes das primeiras eleições em que a população poderia votar, como bem entendesse, em candidatos oriundos de um cenário de multipartidarismo. Nesses regimes estão as bases do sistema estatal então praticado e que serviria de ponto de partida para o novo sistema. Ou seja: em ambas as realidades, a radiodifusão pública é encarada como mais um, dentre tantos novos elementos, próprios da afirmação da nascente democracia.

Mesmo antes desses regimes autoritários, não havia, nesses países, experiências duradoras de radiodifusão pública - ao menos não orientadas segundo os princípios que se aplicam, no entendimento contemporâneo, a esse modelo. Não havia, portanto, uma "cultura de radiodifusão pública": essa cultura teria que ser desenvolvida pelos profissionais das próprias emissoras, adaptando sua forma de lidar com a programação; pela sociedade civil, que precisaria entender o que poderia esperar das novas emissoras e como deveria monitorá-las; e pelo poder público, que precisaria adaptar-se a novas emissoras mantidas, em grande parte, por recursos públicos e vinculadas ao Estado, mas com uma linha editorial autônoma.

Nesses contextos, na virada da década de 1980, ainda era frágil a organização da sociedade civil, notadamente da parcela que apresentava demandas em relação à comunicação. No centro-leste europeu, a explosão de manifestações que contribuíram para a derrubada dos regimes socialistas não costumava apresentar demandas estruturadas para aquele campo. No Brasil, já existiam entidades preocupadas com essa pauta, notadamente aquelas representativas de segmentos profissionais ou atuantes no meio acadêmico. Ainda assim, não tinham grande capilaridade, nem tampouco o tema da radiodifusão pública aparecia como uma das principais preocupações na sociedade naquele momento.

Não existiam emissoras de radiodifusão pública, cultura relacionada com este tema ou demandas estruturadas provenientes de grande parte da sociedade civil. Não poderiam existir também, portanto, estruturas regulatórias aptas a defender a autonomia das emissoras públicas em relação ao poder público. Essas estruturas surgiriam, no melhor dos cenários, junto com a transformação das próprias emissoras; no pior deles, simplesmente não existiriam.

Até o presente, na maior parte desses países, são frágeis os mecanismos para garantir a autonomia da radiodifusão pública, quando há uma mudança aguda na estrutura de poder no plano nacional. Isso leva, por exemplo, a mudanças nas regras de operação e ao desrespeito de mandatos fixos de dirigentes e de mecanismos de controle social (DRAGOMIR, 2010).

Também não existiam, nem lá, nem cá, recursos suficientes para grandes experimentações. Nos países do centro-leste europeu, a radiodifusão pública competia, em termos orçamentários, com todos os outros segmentos em fase de adaptação ao contexto democrático, em cenários macroeconômicos desfavoráveis. No Brasil, ainda que a EBC tenha nascido em uma fase positiva da economia e tenha contado com recursos expressivos em seus primeiros anos, seria necessário modernizar a infraestrutura disponível, relegada a um caráter acessório ao longo das décadas anteriores. Se não existiam recursos suficientes para tentativas incertas e grandes inovações, a solução seria buscar inspiração nos modelos ocidentais já em uso há décadas (MUNGIU-PIPPIDI, 2003).

Além de todas essas semelhanças, há diversas outras, que vão bem além do campo da radiodifusão e com as quais o leitor se deparará ao longo das próximas páginas. Andar pelas ruas de Bratislava, capital da Eslováquia, leva um brasileiro a perceber que o eslovaco talvez, quem sabe, seja até similar ao português: lá também se escreve *polícia, história, humor, satira* (sem acento) e *este*. Perceber que o dia 13 de dezembro marca a imposição de uma lei marcial não apenas no Brasil, como também na Polônia, gera dúvidas sobre a existência de coincidências. Observar a emoção dos búlgaros ao vencer uma partida de futebol de forma improvável fatalmente remete um brasileiro às suas próprias memórias.

Buscou-se demonstrar, aqui, que um eventual preconceito em relação aos modelos adotados no centro-leste europeu não se justifica. O Brasil está mais próximo das dificuldades e desafios enfrentados nesses países que do cenário bem delineado da Europa Ocidental, em se tratando da história da radiodifusão e de uma transição de um cenário autoritário para outro democrático. Dentre esses desafios está, cá e lá, a afirmação do sistema público justamente como tal e a busca por modelos definidos no âmbito nacional:

> "(...) a experiência demonstra que o modelo de *Public Service Broadcasting - PSB*, mais claramente representado pela BBC, é difícil de ser exportado para contextos culturais diferentes. Até no Leste Europeu o rótulo de PSB normalmente não é mais que um disfarce ruim para a radiodifusão estatal" (VOLTMER, 2010, p. 154-155).

Quem fala?

O leitor, atento, perceberá que, em alguns momentos da narrativa, opto por utilizar a primeira pessoa do singular. Faço isso por acreditar que o leitor tem o direito de conhecer meu lugar de fala, bem como diferenciar minhas observações pessoais das análises e conclusões obtidas a partir de material referenciado e produzido por outros autores.

Existem duas situações distintas nas quais utilizarei a primeira pessoa do singular. A primeira diz respeito à análise do caso brasileiro: fui chefe-de-gabinete da EBC de maio de 2010 a janeiro de 2011. Antes (no Ministério da Cultura) e depois desse período (no Ministério das Comunicações), tratei de temas relacionados à radiodifusão pública. Assim, parte das minhas observações é empírica e relacionada com esses períodos.

A segunda está relacionada a algumas considerações sobre a transição nos países do centro-leste europeu. Este livro é fruto da pesquisa que realizei no pós-doutorado em Comunicação Social na Faculdade de Comunicação da Universidade de Brasília (FAC/UnB). Estive, em março de 2017, na Polônia, República Tcheca, Eslováquia, Romênia e Bulgária para realizar entrevistas, conversar com pesquisadores e profissionais do setor, ministrar palestras e participar de discussões. Em alguns momentos do relato que segue, senti a necessidade de pontuar aspectos relevantes da história ouvidos nessas conversas e nas ruas, em diálogos com quem conheci.

Na maior parte das vezes, porém, as entrevistas realizadas são o principal complemento às referências bibliográficas e documentais que serviram de fonte a este trabalho. Entrevistei os seguintes profissionais (em ordem alfabética):

Andrej Skolkay é o diretor de pesquisa da Escola de Comunicação e Mídia, em Bratislava, Eslováquia. Tem se dedicado a investigações na área de regulação da comunicação de massa, relação entre comunicação e política e cobertura jornalística de casos de corrupção.

Andrzej Krajewski é jornalista. Foi correspondente das emissoras públicas polonesas em Washington, de 1990 a 1994, e assessor para assuntos relacionados à liberdade de expressão do órgão regulador polonês (KRRiT). É autor de artigos e capítulos de livro sobre meios de comunicação e democracia.

Euclides Quandt de Oliveira foi Ministro das Comunicações de 1974 a 1979, durante o governo de Ernesto Geisel, e, antes disso, presidente do Conselho Nacional de Telecomunicações (Contel), de 1965 a 1967, e da Telebrás, de 1972 a 1974. Foi oficial de Marinha reformado (especialista em eletrônica), membro do Gabinete Militar do governo Castello Branco. Faleceu em 19 de julho de 2013.

Franklin Martins foi ministro-chefe da Secretaria de Comunicação Social da Presidência da República (Secom-PR) de 2007 a 2010, durante o segundo mandato de Luiz Inácio Lula da Silva. É jornalista e trabalhou, dentre outros, na Rede Globo, TV Bandeirantes, Portal IG e jornal O Globo.

Irina Margareta Nistor era tradutora da *Romanian Television* (TVR), quando, no fim da década de 1980, começou a traduzir filmes proibidos copiados e assistidos clandestinamente. Tornou-se voz conhecida em toda Romênia e sua história foi contada no filme *Chuck Norris vs. Communism*. Atualmente é apresentadora de TV e crítica de cinema.

Nikoleta Daskalova coordena o Laboratório de Monitoramento da Mídia da Fundação Mídia Democracia em Sofia e integra a equipe búlgara do projeto Monitoramento do Pluralismo da Mídia, conduzido pela União Europeia. Foi relatora do Barômetro da Mídia dos Balcãs: Bulgária 2014, além de outras pesquisas neste campo.

Pavel Sedláček é professor do Departamento de Estudos de Mídia e Jornalismo da Universidade Masaryk em Brno, República Tcheca. Pesquisa e leciona nas áreas de educação para a mídia, ética e história do jornalismo. Atuou como pesquisador associado da Universidade de Londres e da Universidade Webster.

Raina Konstantinova iniciou sua carreira na *Bulgaria National Radio* (BNR) em 1973. Desde então, ocupou diversos cargos na emissora até chegar a vice-diretora. Foi Diretora do Departamento de Rádio da *European Broadcasting Union* e membro do Conselho da BNR. Ganhou o Prêmio *"Orphan Wanderer"*, concedido pela BNR.

Romina Surugiu é professora associada de Jornalismo e Estudos de Mídia na Universidade de Bucareste. Integrou a diretoria da *Romanian Public Television* (TVR), de 2012 a 2015, e coordena um projeto de pesquisa sobre a história da televisão na Romênia, Bulgária e Bélgica.

Stanisław Jędrzejewski é professor do Departamento de Ciências Sociais da Universidade Kozminski, em Varsóvia, Polônia. Foi membro e vice coordenador do Comitê de Rádio da *European Broadcasting Union*, membro da diretoria da *Polish Radio* (PR), integrante do Conselho Nacional de Radiodifusão e coordenador do Conselho de Administração da PR.

Tereza Cruvinel foi a primeira diretora-presidente da Empresa Brasil de Comunicação (EBC), de 2007 a 2011. É jornalista, tendo trabalhado em O Globo, onde assinou uma das principais colunas de jornalismo político do país por 21 anos, Globonews, Rede TV!, TV Brasília, Jornal de Brasília, Correio Braziliense, Jornal do Brasil e no site Brasil 247.

Václav Mika foi Diretor-Geral da Rádio e Televisão Eslováquia (RTVS), de 2012 a 2017. Antes, foi Diretor-Geral da *TV Markíza* e da *Radia Express* e presidente da Associação de Emissoras Independentes de Rádio e Televisão, dentre outros cargos e atividades no setor de mídia desde 1986.

O FIM

II

No dia 7 de outubro de 1989, Erich Honecker deveria estar feliz. *Deveria.* A Alemanha Oriental, o "Estado socialista dos trabalhadores e do campesinato", completava 40 anos, depois de atingir um estágio de produção e consumo que não se assemelhava à realidade dos demais países socialistas europeus.

No plano social, os índices que mediam a qualidade de vida eram substancialmente mais altos que os presentes nos demais países do bloco, reflexos de uma cultura de políticas públicas típicas de Estados de Bem-Estar Social (HERTLE; WOLLE, 2004). No plano econômico, o país rompera com a tradição agrícola daquela região em prol da indústria pesada e da produção de bens de consumo. A leste do Muro de Berlim, estavam localizadas empresas que eram ou viriam a ser competitivas e até referências internacionais, como, em Jena, a Carl Zeiss, na área de tecnologia ótica. Ainda que convivendo com a escassez de alguns produtos, o consumo florescia no plano nacional.

"*Vamos lavrar, vamos construir/Aprender e trabalhar como nunca antes/E da confiança na própria força/Nasce uma geração livre*". Em 1949, essa estrofe do hino alemão oriental, precedida e seguida de outras que tratavam de paz, igualdade e trabalho em prol do país, anunciou a criação do novo estado alemão, a *Deutsche Demokratische Republik (DDR)*. Até então, a União Soviética, responsável pela região leste da Alemanha depois da partilha pós-guerra celebrada com Estados Unidos, Inglaterra e França, parecia estar satisfeita em manter o território como uma zona de ocupação. No entanto, a inércia soviética não convenceu os partidos e outras entidades políticas locais, que defenderam (e conseguiram) fundar um novo país. Apesar da hesitação da URSS em relação às pretensões dos políticos alemães (BANDEIRA, 2001; HUBER, 2008), nascia, naquele momento, um Estado socialista bem distinto dos demais existentes. Nele vigorou formalmente o multipartidarismo: ainda que o SED tenha ganhado todas as eleições diretas na história do país por margem ampla, aos seus parlamentares se somavam integrantes do CDU, LDP e outros partidos – que não chegavam a ser popularmente conhecidos como oposição ao governo (HUBER, 2008).

Lavrar, construir, aprender e trabalhar como nunca antes. Os verbos presentes na terceira estrofe do hino da DDR valiam, também, para sua vizinha, a Alemanha Ocidental. Ambas estavam destruídas pelos bombardeios dos anos anteriores. Frutos de um mesmo território nacional e de uma mesma guerra mundial, as duas nações eram separadas por uma tênue fronteira ao longo das décadas de 1940 e 1950. Não raro, principalmente na capital da DDR, Berlim, residentes de um país trabalhavam no outro. Bastava atravessar uma rua e voltar no fim do dia, porém nem todos voltavam. O êxodo rumo ao oeste era grande e, com a diminuição crescente de sua população, a DDR começou a restringir o fluxo de saída do país. Surgiram os primeiros rumores de um muro a separar as porções leste e oeste da cidade dividida, prontamente negados pelo governo. No dia 13 de agosto de 1961, alemães orientais amanheceram em meio a tropas nas ruas, que impediam a transposição da fronteira. Começava, então, a construção do muro.

Isso, porém, era passado. No dia 7 de outubro de 1989, Erich Honecker tinha motivos suficientes para comemorar. Mais que o aniversário da *sua* República Popular, a sua própria trajetória: militante do Partido Comunista Alemão desde a adolescência, foi preso pelo governo alemão nazista; libertado, voltou a desempenhar atividades políticas na então zona de ocupação soviética; integrou o SED, ocupou diversas funções no partido até assumir a sua Secretaria-Geral, aos 58 anos, em 1971, ano a partir do qual passou a ser o principal responsável pelo destino da Alemanha Oriental. A partir de 1976, assumiu, também, a presidência do Conselho de Estado.

Em suma, Honecker e seus compatriotas, em outubro de 1989, deveriam estar como os personagens da série de quatro selos e um bloco lançados pela Alemanha Oriental para comemorar o aniversário da República: com sorriso e olhares confiantes, enquanto dedicavam-se a mais um dia de trabalho. Deveriam.

A realidade foi mais cruel: milhares de alemães, nos meses anteriores, haviam viajado para a Tchecoslováquia. Ali tentavam entrar em embaixadas de países ocidentais, principalmente da Alemanha Ocidental, ou viajavam para a Hungria para tentar cruzar a fronteira desse país com a Áustria. No dia 2 de outubro, trens lacrados provenientes da Tchecoslováquia, com mais de dez mil refugiados que buscaram asilo na embaixada da Alemanha

Ocidental, começaram a cruzar o solo alemão oriental rumo ao outro lado do muro. A travessia fora autorizada por Honecker, desde que ninguém deixasse o trem no meio do caminho e que todos aceitassem o confisco dos seus documentos. Em Dresden, os refugiados, de dentro do trem, rasgaram e jogaram seus documentos e dinheiro oriental pela janela. Manifestantes na estação tentaram subir no comboio e foram repelidos pela polícia. A estação foi depredada e a confusão estendeu-se para fora dela. Em Leipzig, no mesmo dia, cerca de 10 mil manifestantes foram às ruas aos gritos de "vamos ficar aqui", anunciando sua disposição de resistir. Dentro de alguns dias, aquelas mesmas pessoas, na mesma cidade, com milhares de novos manifestantes, gritariam "nós somos o povo" (TAYLOR, 2009).

E chegou o dia 7, com direito à presença de boa parte dos líderes políticos dos países socialistas nas comemorações. Mikhail Gorbachev pôde acompanhar as manifestações, algumas das quais ousadas. A História registrou que, na parada comemorativa, militantes dos grupos juvenis gritavam "Gorbi" e, eventualmente, "Gorbi, ajude-nos!" Ao longo das horas seguintes, Gorbachev, teoricamente o representante momentâneo da humanização do socialismo – e sobre este ponto se voltará adiante - teria a oportunidade de trocar provocações com Honecker, ícone da velha-guarda (TAYLOR, 2009).

Não se pode dizer que os acontecimentos na Alemanha Oriental representaram o início do fim. No máximo, eram o meio do fim. No Ocidente, uma imagem marcante do período era a das filas: de fato, elas existiram e cresciam. Em Brno, na Tchecoslováquia, até a fila para pegar papel higiênico estava maior (SEDLÁČEK, 2017); na Romênia, existia uma previsão de ração mensal, que incluía um quilo de açúcar e seis ovos (NISTOR, 2017), mas comprar carne, leite e outros alimentos era muito difícil. Até a década de 1970, era possível comprar mercadorias em todo o país, mas, na segunda metade da década de 1980, quem residia fora de Bucareste, por exemplo, não podia comprar na capital. Às vésperas do Natal de 1989, era preciso aguardar no frio para tentar receber ovos, tão necessários às receitas do período – e nem sempre havia o suficiente para todos (SURUGIU, 2017). Curiosamente, búlgaros associam filas ao período imediatamente posterior ao fim do regime socialista, quando as transformações dos tradicionais parceiros econômicos geraram um curto-circuito na disponibilização de produtos, prateleiras vazias em todo o país e começavam a criar as condições para a hiperinflação que atingiria mais de 2.000% no ano de 1996.

Outros indicativos de grandes problemas também existiam. Na Romênia, provavelmente o país do bloco que mais sofreu com as condições econômicas da década de 1980, blecautes de energia eram comuns e o aquecimento dos prédios foi diminuído ou cortado durante o dia. Nos meses de novembro e dezembro de 1989, quando a temperatura média na capital Bucareste baixou para cerca de -5°C, prédios como o da Faculdade de Direito da Universidade de Bucareste, parcialmente revestidos de mármore, sediaram aulas gélidas. Em Varsóvia, capital polonesa, os letreiros em neon, outrora símbolos da prosperidade da década de 1970, começaram a ser desligados, porque consumiam muita energia. Logo vários seriam descartados (e, somente décadas depois, recuperados) como marcas do passado. Na Alemanha Oriental, crescia a dependência dos marcos ocidentais, parte dos quais obtidos como pagamento da vizinha ocidental pela soltura de dissidentes políticos. Na Tchecoslováquia, cuja economia amparava-se na indústria pesada e na bélica, o Produto Interno Bruto (PIB) ainda cresceu até 1988, mas menos que nas décadas anteriores. Enquanto isso, disseminava-se a falta de credibilidade no regime e aumentava o clamor por liberdade para a realização de viagens ao exterior.

À época, parte da população acumulava um emprego oficial e outros clandestinos. Na Polônia, Andrzej Krajewski, no plano oficial, era editor da revista *Firma*, voltada a pequenas empresas; em um segundo nível, que poderia ser considerado semilegal, era guia e intérprete de correspondentes dos jornais japonês Yomiuri Shimbun e norte-americano *Washington Post*; e, de forma totalmente ilegal, era editor do semanário clandestino CDN, sigla polonesa para "Continua". Na Romênia, Irina Nistor era tradutora da emissora de TV estatal e, a partir das 15h, dublava todos os personagens de filmes norte-americanos proibidos. As fitas eram vendidas ilegalmente para os poucos romenos que conseguiam ter um aparelho de videocassete e que se dispunham a montar cineclubes caseiros frequentados pelos vizinhos. O contrabando de filmes e o comércio clandestino cresceram e a voz de Irina tornou-se famosa, como relatado no filme *Chuck Norris versus comunismo*.

Sons de mudanças ecoaram, ainda no começo da década de 1980, na República Popular da Polônia. Em 1981, o governo tentou conter a insatisfação por meio de uma nova Lei Marcial, alegando que essa alternativa era necessária para evitar a invasão do país por tanques soviéticos, repetindo, por exemplo, o ocorrido na Tchecoslováquia e na Hungria em décadas anteriores:

"Quando a Lei Marcial foi introduzida, no dia 13 de dezembro de 1981, os estúdios e transmissores foram secretamente transferidos para um local secreto, possivelmente localizado na Academia Militar, a cerca de 2km do local original. (...) À meia noite, começaram a prender pessoas, a programação da TV foi interrompida e, na manhã seguinte, todas as crianças polonesas acordaram seus pais: 'Onde está a Teleranek?' [*programação infantil dominical da TV Polonesa – 'ranek', em polonês, significa 'manhã'*]. Em vez disso, lá estava o General Jaruzelski dizendo: 'Chegou o momento...' Essa transmissão não vinha do lugar de praxe, mas do local secreto. As pessoas chegavam ao trabalho e policiais diziam: 'não há trabalho, voltem para casa. Nós avisaremos quando vocês puderem voltar'. Foi uma experiência dramática. As pessoas que apareciam na TV estavam de farda. Alguns deles não eram militares de alta patente, logo a farda estava lisa, não apresentava nenhuma insígnia. Um deles eu encontrei em Nova Iorque, em 1986, e ele estava trabalhando para um canal polonês local (KRAJEWSKI, 2017)."

O episódio guarda trágica coincidência com a história brasileira: exatos doze anos antes daquele 13 de dezembro em que foi decretada a Lei Marcial polonesa, o Brasil mergulhou no Ato Institucional nº 5 e nos anos mais traumáticos da ditadura militar já em curso.

A contestação ao regime polonês ganhou força nos anos seguintes. No primeiro semestre de 1988, trabalhadores em greve exigiram a legalização do sindicato Solidariedade, jogado na clandestinidade depois de ter defendido, durante toda a década, a abertura do regime. Lech Walesa, uma de suas principais lideranças, tornara-se rosto popular, inclusive, fora do continente. O governo aceitou o diálogo e iniciou o processo que ficaria conhecido por "Mesa Redonda". Em abril de 1989, o sindicato foi legalizado e eleições parlamentares foram marcadas para junho. A vitória do Solidariedade foi muito superior à esperada: seus candidatos ganharam todas as vagas possíveis do *Sejm*, a câmara baixa do Parlamento, e 99 de 100 disputadas para o Senado. Em agosto, dois partidos da coalizão socialista romperam a aliança com o PZPR e anunciaram seu apoio ao Solidariedade. Não restava outra solução ao Parlamento que não a indicação de um novo Primeiro-Ministro, depois da renúncia do antecessor. No dia 24 de agosto, Tadeusz Mazowiecki foi confirmado como o primeiro chefe de governo não comunista desde os primeiros anos do pós-guerra – sem manifestação de protesto da União Soviética.

Desde meados da década de 1980, o governo húngaro implementava pequenos passos rumo à liberalização do regime. O pacote de janeiro de 1989 já previa pluralismo sindical, liberdade de associação e de imprensa, uma nova lei eleitoral e a revisão da Constituição. Em maio, ainda antes dos novos ventos poloneses, a Hungria começou a remover o arame farpado para abrir sua fronteira com a Áustria. Por essa fronteira passariam milhares de cidadãos nos meses seguintes. Em junho, Imre Nagy, líder do país executado após a invasão de tropas soviéticas em 1956, foi reabilitado e reenterrado, com honras de chefe de Estado, com quatro outros correligionários. A cerimônia foi transmitida ao vivo e acompanhada, no local, por centenas de milhares de húngaros. Também no primeiro semestre começaram as rodadas de negociação entre as forças políticas locais, que levaram à adoção, nos meses seguintes, de um conjunto de medidas sobre o sistema político, incluindo a decisão sobre eleições multipartidárias para o Parlamento. Até o fim do ano, o Partido Comunista Húngaro passaria a defender um socialismo democrático, comprometeu-se com eleições livres e com o multipartidarismo e o país ganhou novo nome, suprimindo-se o termo "Popular". As eleições aconteceram em março de 1990.

Escancaradas as mudanças na Polônia e na Hungria, a situação estava pronta para degringolar na Alemanha Oriental.

No dia 16 de outubro de 1989, estimava-se que 120 mil pessoas já estavam indo às ruas, em Leipzig, a cada nova manifestação. No dia seguinte, na reunião do Birô Político, Erich Honecker foi destronado: seu afastamento foi pedido por cada um dos membros. Ele próprio, mantendo a disciplina partidária, votou por seu afastamento. Egon Krenz, seu sucessor, mais moderado, estava no lugar errado, na hora errada. A economia estava em situação pior que a esperada, as manifestações só cresciam, medidas de distensão, em vez de conter os ânimos, geravam clamor por mais liberdade.

O que aconteceu no dia 9 de novembro de 1989 não guarda qualquer semelhança com a imagem clássica do planejamento alemão. É verdade que o desespero já devia bater à porta: nas 24 horas anteriores, mais de 20 mil alemães tinham rumado para a Áustria a partir dos países vizinhos. Mesmo assim, a cena de Günter Schabowski, porta-voz do Comitê Central em sua coletiva de imprensa diária, foi atípica. Ele leu um comunicado sobre a iminente adoção de uma nova lei sobre viagens, lembrando que, antes do início de sua vigência, seriam adotadas regras transitórias. Dentre elas, estava a possibilidade de saída permanente da Alemanha Oriental, diretamente para a Ocidental, por meio dos postos de fronteira. Os jornalistas ficaram intrigados: estaria o texto correto? Quando, afinal, seria possível sair do país livremente pelos postos de fronteira? Schabowski olhou novamente o comunicado, pensou, hesitou um pouco e disse: "imediatamente, sem demora".

A situação seria pouco crível, não fossem as imagens até hoje disponíveis. Nas horas seguintes, milhares de alemães orientais chegaram ao muro de Berlim. Os guardas de fronteira não tinham recebido ordens específicas e começaram a liberar a passagem. Era mais um capítulo do desmoronamento do socialismo na Europa, mas as imagens do muro sendo destruído, de pessoas sentadas em cima dele ou atravessando emocionadas pelos postos de fronteira eram impactantes demais. Para muitos da minha geração, aquelas são as principais imagens do fim daquele regime, daquela época, daquela parte da História. Até o fim do ano seguinte, as duas Alemanhas mergulhariam em intensa e frenética transição e voltariam a se transformar em um país (no plano político-formal), entretanto a queda do muro já dava a certeza do que iria acontecer.

Novembro de 1989 também foi um mês decisivo para a Tchecoslováquia. As manifestações cresceram e multiplicaram-se, constituindo o que viria a ser conhecido como a "Revolução de Veludo". No fim do mês, toda a liderança do Partido Comunista renunciou e anunciou o fim do regime de partido único. Em dezembro, o Presidente Gustáv Husak indicou o primeiro governo amplo e não comunista do país desde 1948 e, em seguida, renunciou. No dia 29 de dezembro, Václav Havel foi indicado Presidente da Tchecoslováquia. Alexander Dubček, o lendário Primeiro-Ministro reformista, uma das referências do "socialismo com uma face humana", derrubado, em 1968, durante a Primavera de Praga, foi eleito Presidente da Assembleia Federal, o Poder Legislativo local. Em junho de 1990, ocorreram as primeiras eleições no novo formato e, no dia 1º de janeiro de 1993, seguindo deliberação do Parlamento, o país foi separado em dois – República Tcheca e Eslováquia.

Um êxodo marcou a metade da década de 1980 na Bulgária e, até hoje, causa vergonha a alguns de seus habitantes. Inicialmente o governo búlgaro incentivou cidadãos de origem turca a mudar seus nomes e, por divergências políticas, autorizou-os a deixar o país. Cerca de 200 mil pessoas lançaram-se rumo à fronteira com o que puderam carregar. Até hoje, um dia de eleição na Bulgária é marcado pela chegada de inúmeros ônibus lotados de eleitores vindos da Turquia.

Na década de 1980, o regime era tido como um dos, senão *o* mais leal à União Soviética. O senso de humor marcado pela ironia, tão característico do leste europeu, não economizava piadas: *"na Bulgária, abrimos o guarda-chuva antes de começar a chover em Moscou"*; *"o que é a amizade búlgaro-soviética? É uma vaca alimentada na Bulgária e ordenhada na União Soviética".* Risos, porém, não eram as reações mais comuns no fim da década. Manifestações também começaram a ocorrer, no país, em outubro e novembro de 1989. O marco inicial ocorreu em Ruse, cidade no norte do país, às margens do Danúbio, na fronteira com a Romênia. A poluição causada pela indústria química levou as pessoas às ruas e, aos poucos, protestos inicialmente relacionados à temática ambiental espraiaram-se. No dia 10 de novembro – um dia depois do início da queda do muro de Berlim -, a TV búlgara transmitiu, ao vivo, a reunião do Partido Comunista que culminou no afastamento de Todor Zhivkov, Secretário-Geral do partido desde 1954. Seu sucessor, Petar Mladenov, mais liberal, iniciou o processo de eliminação das restrições às liberdades de expressão e de reunião, o que levou a novas manifestações e à formação de movimentos anticomunistas. Em dezembro, foram anunciadas, para o ano seguinte, as primeiras eleições multipartidárias desde 1931. Antes delas, as forças políticas acordaram regras para a transição rumo à democracia. O Partido Comunista anunciou sua ruptura com o marxismo-leninismo e a adoção de um novo nome – Partido Socialista Búlgaro. Em junho, venceu as eleições.

Nicolae Ceauşescu é um capítulo à parte – e dúbio – nesta história. Pouco mais de três anos depois de assumir o posto de Secretário-Geral do Partido Comunista Romeno, não permitiu que as tropas do país participassem da invasão da Tchecoslováquia e defendeu publicamente uma maior liberalização do regime. No ano seguinte, a emissora de TV mantida pelo regime foi a única, dentre todas as do bloco socialista, a transmitir, ao vivo, a chegada do astronauta norte-americano Neil Armstrong à lua (SURUGIU, 2017b). Por essas e outras demonstrações, o líder romeno ganhou a suspeição da União Soviética, com a qual cultivaria relação de frequente afastamento, e o olhar esperançoso dos países capitalistas. Na Romênia da década de 1960, havia uma oferta razoável de bens de consumo e filmes estrangeiros chegavam aos cinemas locais com, no máximo, um ano de atraso. No fim dessa década, foi promulgada lei anti-aborto, o que levou ao aumento de abortos em clínicas clandestinas e sem os devidos cuidados sanitários, bem como ao nascimento de crianças indesejadas e futuramente estigmatizadas. O problema viria a ser retratado, em 2007, no filme *4 meses, 3 semanas e 2 dias*, vencedor em 38 festivais e premiações do setor audiovisual (NISTOR, 2017). Em 1971, Ceauşescu visitou China, Coréia do Norte e Mongólia e teria ficado impressionado com o regime de Kim Il-Sung. Passou a estimular, na Romênia, culto à personalidade similar ao de sua nova referência.

No fim da década de 1980, a crise romena avolumara-se, em parte, em função de estranhas decisões suas. Decidiu pagar toda a dívida externa do país, supostamente convencido por sua esposa, Elena. Também começou a construir o novo Parlamento Romeno, obra faraônica que, atualmente, é o segundo maior prédio público em uso no mundo. Revestido de mármore, com amplos e gigantescos corredores e salas, o palácio passou, durante as obras, por diversas modificações de projeto decididas, na hora, por Ceauşescu.

Mesmo assim, em novembro de 1989, ele foi reeleito líder do Partido Comunista Romeno para um período de cinco anos.

Em 21 de dezembro, convocou uma manifestação de apoio ao regime, que resultou em vaias enquanto discursava. As imagens de um Ceaușescu atônito, tentando calar a massa, correram o mundo e, até hoje disponíveis na Internet, são surpreendentes. É estranho pensar que o governante de um país, por tanto tempo, pudesse estar tão alienado a ponto de desconhecer o humor de uma sociedade submetida a privações. Pequenas histórias podem ajudar a compreender aquele momento:

"Em cada escola havia uma foto do Ceausescu e, nela, só era possível ver uma de suas orelhas. Em romeno, a expressão 'ter uma só orelha' significa 'ser maluco'. Um dia, alguém percebeu isso e trocou todas as fotos em todas as escolas do país. Na TV, apenas um âncora era autorizado a usar óculos para não lembrar a Ceaușescu que ele estava velho, já que, para ele, óculos lembravam velhice. Também não eram exibidos filmes sobre idosos. Seus discursos eram datilografados em uma máquina de escrever especial com letras muito grandes para que ele não tivesse que usar óculos" (NISTOR, 2017).

Enquanto diligentes assessores preocupavam-se em redefinir a realidade no entorno de Ceaușescu, ocorria a resistência possível, inclusive dentro da TV romena, à época comandada por Constantin Petra:

"Era uma pessoa ponderada. Ele, por exemplo, não parou os elevadores. Você vai achar que isso é pouco, mas o prédio da TV tinha 13 andares. Acredite:

57

não parar os elevadores, naquele momento, apesar de Ceauşescu querer reduzir o consumo de energia, era um ato de coragem. Ele deixou que as equipes continuassem filmando o discurso de Ceauşescu, quando ele começou a ser vaiado e tentou conter a multidão. Não teríamos essas imagens, se a equipe não tivesse continuado a filmar. Mais uma vez, foi um ato de coragem. Ele podia ter mandado parar" (NISTOR, 2017).

A resistência cresceu, o ministro da Defesa apareceu morto e o Exército voltou-se contra Ceauşescu, que ainda tentou acalmar, sem sucesso, manifestantes às portas do Comitê Central do Partido. Ele e sua esposa foram presos quando tentavam fugir e, julgados por um tribunal improvisado, foram executados. Em sua defesa, Ceauşescu teria se negado reconhecer a autoridade do tribunal e cantado "A Internacional" antes de ser fuzilado. Um conselho interino anunciou eleições para 1990, que seriam realizadas em maio. No confuso fim de década romeno, mais de mil pessoas morreram vitimadas por tiros que, até hoje, não se sabe de onde, nem por que foram dados. Um cemitério teve que ser criado, no meio da capital, para receber as vítimas.

Em cerca de um ano, entre 1989 e 1990, desmoronou o socialismo do porto de Gdansk, no norte da Polônia, ao vilarejo de Podkova, no extremo sul da Bulgária, quase na fronteira com a Grécia. Não se tratava, apenas, da transformação dos sistemas políticos de Polônia, Alemanha Oriental, Tchecoslováquia, Hungria, Romênia e Bulgária. A União Soviética perdia, naquele momento, o apoio de uma faixa estratégica de mais de dois mil quilômetros de extensão, cruzando o continente europeu de Norte a Sul, exatamente a oeste do seu território. Nos anos seguintes, ocorreria a derrubada dos outros dois países socialistas do continente, que, no entanto, não se alinhavam incondicionalmente com a União Soviética.

A Iugoslávia diferia-se, em muito, dos demais países socialistas. Tratava-se de uma federação, na qual vigoravam, em proporções consideráveis, diversos direitos sociais. A federação, composta de seis repúblicas e duas províncias autônomas, depois equiparadas às repúblicas, cultural e etnicamente bem distintas entre si, permanecia unida, em grande parte, graças ao Marechal Josip Broz Tito. Após a sua morte, em 1980, as tensões étnicas e as pressões liberalizantes aumentaram. Em 1990, representantes dos partidos comunistas esloveno e croata romperam com a estrutura nacional e negociaram, com os movimentos de oposição dessas repúblicas, a realização de eleições multipartidárias. Em dezembro daquele ano, cidadãos eslovenos votaram pela separação do país em relação à federação. O Exército anunciou que não aceitaria a fragmentação do país e diversas guerras civis apenas retardaram as mudanças. Conflitos espalharam-se por todas as repúblicas, até o fim da federação, ainda na década de 1990.

A Albânia chegou a ser considerada o país mais fechado da Europa. Talvez por isso, já em 1990, quando os países socialistas haviam mergulhado nas transformações aqui descritas, havia quem acreditasse que nada semelhante aconteceria na Albânia (JOFFILY, 1990). A morte do líder de quatro décadas, Enver Hoxha, em 1985, levou ao poder Ramiz Alia. O novo Primeiro-Secretário do Partido dos Trabalhadores Albaneses anunciou medidas liberalizantes e graduais, chegando, em 1990, à liberdade de viagem ao exterior. As eleições de 1991 confirmaram a vitória dos comunistas, com Alia como Presidente, mas protestos levaram à formação de um governo que incluía não comunistas. As manifestações não pararam. Em novas eleições, realizadas em

1992, Sali Berisha tornou-se oficialmente o primeiro chefe de governo não comunista dos últimos 53 anos (ainda que tenha sido membro do Partido dos Trabalhadores Albaneses nas décadas anteriores).

Nesse meio tempo, a própria União Soviética ruíra. Desde 1989, as reformas de Gorbachev vinham enfrentando mais dificuldades, com o reflexo das mudanças nos países aliados e com o crescimento dos problemas econômicos internos. Nas primeiras eleições com oposição real nas 15 repúblicas integrantes da URSS, em 1990, o Partido Comunista foi derrotado em seis. Nos meses seguintes, começaram as declarações de independência. Em agosto de 1991, a linha dura do partido tentou uma insurreição, colocando Gorbachev, então de férias, em prisão domiciliar. O golpe fracassou, sofrendo oposição significativa da população e do Presidente da República da Rússia, Boris Yeltsin, mas os fatos se aceleraram. De agosto a dezembro, dez repúblicas declararam independência. Os líderes de três das mais importantes – Rússia, Ucrânia e Belarus, depois denominada Bielorrússia – anunciaram a criação da Comunidade dos Estados Independentes. No dia de Natal, Gorbachev anunciou sua renúncia, a bandeira soviética foi baixada no Kremlin, sendo hasteado, a seguir, o pavilhão russo. No fim daquele ano, a URSS deixaria formalmente de existir.

As transformações que se seguiram obviamente transcenderam o sistema político e se espraiaram pelo dia-a-dia da população e por todas as áreas econômicas desses países, inclusive o setor da radiodifusão, objeto deste livro. Alguns aspectos dos anos anteriores e da transição parecem ser decisivos para se tentar compreender o setor de mídia nos países do centro-leste europeu.

O primeiro diz respeito à presença dos países capitalistas ocidentais na vida socialista, em múltiplas dimensões: como antagonistas; referências em termos de padrão de consumo; fontes de pressão pública pela abertura política; difusores de propaganda antissocialista; e financiadores de movimentos de oposição aos regimes. Eram, assim, por diferentes motivos, ameaças ao socialismo – e que estudavam e conheciam os países do centro-leste europeu. Antes da derrubada dos regimes locais e depois de os novos ventos soprarem, governos e empresas ocidentais estavam prontos para atuar.

Além disso, vale lembrar a relação cunhada entre a União Soviética e seus principais aliados. A primeira não seria apenas uma referência central para alianças militares - como o Pacto de Varsóvia, que se responsabilizaria por ocupar provisoriamente nações aliadas em meio a distúrbios e revoltas –, mas também estratégicas. No âmbito da radiodifusão, essa aliança materializava-se na Organização Internacional de Rádio e Televisão (OIRT). Fundada em 1946, a entidade congregou, até 1950, inclusive países ocidentais capitalistas. Naquele ano, com exceção da Finlândia, eles deixaram a OIRT para fundar a *European Broadcasting Union* (EBU). Além de contar com os países socialistas europeus, a OIRT incorporou outros países aliados do bloco pelo mundo, em diferentes momentos, como Afeganistão, Argélia, China, Coréia do Norte, Cuba, Iêmen, Nicarágua, Síria e Vietnã. A entidade objetivava fortalecer a cooperação técnica e o intercâmbio de conteúdos entre os países-membros e chegou a criar uma rede entre eles, a *Intervision*. Em 1993, a OIRT foi fundida a EBU. Além dela, era atuante, ainda, a *Intersputnik*, entidade voltada à comunicação via satélite (BEUTELSCHMIDT; OEHMIG, 2014).

A aliança estendia-se ao suporte econômico da União Soviética em relação aos aliados. Valores dependiam de cada realidade nacional e dos problemas enfrentados e geravam polêmicas e disputas internas. A Alemanha Oriental é um bom exemplo: havia um preço extra em financiar a nação que combinava repressão com um padrão de consumo e avanço tecnológico incomparável aos de suas aliadas. Esse preço era pago, em alguma medida, pela URSS. Mais que o restante do bloco, o satélite alemão era encarado como um sorvedouro de recursos soviéticos, gerando críticas contundentes de alguns de seus líderes. Lavrentiy Beria, chefe da NKVD, a polícia secreta soviética, enquanto Joseph Stalin era o líder máximo do país, era um dos mais ácidos nesse sentido, afirmando que a Alemanha Oriental não fazia sentido e não existiria sem a liderança soviética. Parecia corroborar com ele o passado, já que o país, de fato, não existia até que a URSS viesse a ser a responsável por seu território no pós-guerra. Corroboraria com ele o futuro, já que o país foi incorporado pela Alemanha Ocidental, quando escasseou a fonte de financiamento soviético. À época, contudo, o presente teimou em discordar: Beria, aspirante ao legado de Stalin, foi executado nas tramas palacianas que se seguiram à sua morte.

Quando Mikhail Gorbachev reiteradamente declarou, de forma pública, em junho de 1989, que a União Soviética não mais interferiria nas opções internas dos seus aliados relativas à construção do socialismo, não estava apenas aderindo a um princípio de autodeterminação dos povos. O passo político foi acompanhado do corte, em diferentes proporções, do subsídio econômico destinado aos países aliados. Nas quatro décadas anteriores, esses aliados haviam dependido, em grande medida, da economia soviética e, governados por antigas lideranças, há muito encasteladas no poder, não haviam se preparado para um momento de ruptura como esse. Esses mesmos aliados continuariam dependendo de recursos externos e relações econômicas favoráveis, logo o caminho possível seria a adoção do modelo capitalista ocidental. E, assim, largados ao léu, os antigos aliados soviéticos começaram a copiar as soluções adotadas por seus novos parceiros ocidentais, incluindo, no pacote, a abertura do mercado de radiodifusão à iniciativa privada e a transformação das antigas emissoras controladas pelo governo em públicas, conforme o receituário do Public Service Broadcasting (PSB), em voga na Europa, em alguns países, desde antes da Segunda Guerra Mundial. Como se verá, este podia ser o objetivo, porém teria que ser adaptado às contingências do momento.

Havia, neste processo, claro, o componente de insatisfação social com a vigilância imposta pelo Estado nas décadas anteriores e a inexistência de salvaguardas a direitos individuais e coletivos, sob a perspectiva liberal, ainda que eventualmente aparecessem presentes em textos legais. Os serviços secretos dedicavam-se ao monitoramento das atividades dos cidadãos residentes em cada país, além das atividades internacionais, e tinham números expressivos. Mais uma vez, o aparato alemão oriental foi uma referência: a polícia política de lá, a Ministerium für Staatssicherheit - ou, simplesmente, Stasi - é tida como a mais ramificada dentre todos os países alinhados ao bloco soviético e, possivelmente, figuraria nas primeiras posições em uma lista similar envolvendo outras épocas e contextos nacionais. Há estimativas de que um em cada 180 alemães orientais era formalmente um funcionário da Stasi; na URSS, a relação era de 1 para 595 habitantes; na Tchecoslováquia, de 1 para 867; e, na Polônia, de 1 para 1574. Entre profissionais efetivos e colaboradores permanentes ou eventuais, alguns autores avaliam que estava ligado a Stasi um dentre cada quatro residentes no país (FUNDER, 2008; HOFFMANN, 2012).

A sede por menos vigilância e mais liberdade foi um componente do processo de desintegração do antigo modelo socialista e refletiu-se, também, no cenário da radiodifusão. Mais que a troca do espírito estatal pelo público, em tese sujeito a mais participação social, passou a ser praxe a substituição de antigos programas e profissionais identificados com o antigo regime. No primeiro caso, existiu uma dosimetria – afinal, não seria possível substituir a programação inteira de uma hora para a outra. O *Der schwarze Kanal*, noticiário comentado na forma de propaganda política, foi sumariamente eliminado da grade da emissora alemã oriental antes mesmo da queda do Muro de Berlim e depois da afirmação da liberdade de imprensa, um dos direitos assegurados nos dias seguintes à deposição de Honecker. Já a animação infantil *Sandmännchen* sobreviveu à reunificação e é veiculada até o presente. Derivada de um conto escandinavo, tratava de um homem que, fisicamente semelhante ao Papai Noel no imaginário popular brasileiro, era o responsável por trazer sono às crianças. Ainda que a Alemanha Ocidental tenha produzido uma versão da mesma animação para veiculação do lado oeste do muro, foi a animação oriental que se perenizou na televisão local. Não raro, o protagonista encontrava amigos mongóis e vietnamitas - ou seja, originários de países alinhados -, bem como visitava o espaço (ou o cosmos, no jargão do bloco soviético) para comemorar o feito de Sigmund Jähn, primeiro alemão (e oriental) a visitá-lo. Tratava-se, na verdade, de uma homenagem recíproca, já que Sigmund havia levado, em seu voo no âmbito do programa soviético *Interkosmos*, uma miniatura de *Sandmännchen*.

Já a situação dos profissionais politicamente identificados com o antigo regime não se assemelhou ao carinho recebido por *Sandmännchen* na transição. Nos países do antigo bloco, em proporções distintas, passou a ter lugar uma política de lustração, ou seja, a purificação do novo modelo a partir da punição de servidores do antigo regime. Por um lado, não seria possível simplesmente dispensar todos os servidores públicos a ele vinculado, sob pena de não se ter expertise mínima para o desenvolvimento até de atividades básicas da administração pública. Por outro, a ruptura era desejada e vítimas seriam consequência natural deste processo.

A depender da lei de cada país, os desdobramentos incluíam a investigação da vida pregressa, a demissão de cargos públicos, a impossibilidade de nomeação em novos cargos, a exposição pública e a prisão. Na Alemanha já reunificada, partindo da premissa de que os cidadãos tinham direito a conhecer seus arquivos na polícia secreta, o governo designou equipes para organizar a papelada. Antes da ocupação dos escritórios da Stasi pela população, seus agentes picotaram arquivos, mas só conseguiram triturar parte deles. O trabalho de organização dos arquivos consistia, portanto, em grande parte, na tentativa de reconstituir os papéis rasgados largados em grandes sacos. Na República Tcheca, mais de 210 mil pessoas tiveram sua vida pregressa investigada até 1993. Em 1994, antes das eleições parlamentares, 12 mil autoridades húngaras passaram a estar legalmente sujeitas à investigação de suas possíveis colaborações com a polícia secreta. De 1992 a 1994, o governo albanês multou setenta autoridades do período comunista, em valores que chegaram a equivaler a US$60 mil, e dez foram presas. Na Lituânia, uma comissão parlamentar dedicou-se a investigar os arquivos da KGB. Apenas o primeiro carregamento de documentos tinha 2.400 caixas, com mais de 31 mil arquivos de verificação de cidadãos e mais de 11 mil arquivos de investigação (ELLIS, 1996).

Rudolf Zukal recusou-se a aceitar a invasão soviética a Praga em 1968. Votou contra o endossamento da medida em uma assembleia, perdeu seu emprego de professor na Universidade de Ciências Econômicas de Praga e passaria as duas décadas seguintes trabalhando, com uma escavadeira, na limpeza de lagos na Boêmia. Participou da dissidência ao regime tchecoslovaco, foi reabilitado e, em 1990, recuperou seu emprego na universidade e elegeu-se deputado, depois de ter sido cotado para assumir o Ministério da Educação. A vida parecia novamente no rumo, mas, em 1991, recebeu a informação de que tinha sido descoberta a sua cooperação com a polícia secreta. Trinta anos antes, ele ganhara uma bolsa para estudar em Viena. Lá, conviveu, em encontros sociais, com um antigo colega de faculdade que sabia ter sido contratado pelo Ministério do Interior, ao qual se vinculava a polícia secreta. Conversava com ele e respondia suas perguntas sobre a vida na universidade, diálogo que se ampliou quando foi chantageado por ter sido descoberto um caso extraconjugal seu com uma mulher. Recebeu dinheiro, eventualmente, para participar de festas e sair com os colegas universitários. Em 1991, depois de ter vivido longamente como dissidente, Zukal recebeu duas alternativas: poderia renunciar ao cargo de deputado, ou ter seu nome publicamente revelado e tentar se explicar aos seus colegas. Seis parlamentares haviam renunciado por motivos similares, mas ele optou pela segunda alternativa. Teve seu nome lido, bem como informações sobre a sua colaboração, ao lado dos de outros dez parlamentares, no saguão lotado da Assembleia Federal. Zukal explicou a situação, mas passou a ser evitado no Parlamento. Recebeu cartas que o chamavam de agente. Não quis se candidatar a novo mandato (ROSENBERG, 1999).

Jenny Gröllmann foi uma atriz importante na Alemanha Oriental e deu sequência à carreira depois da reunificação. Em 2006, uma surpresa: seu ex-marido, pai de sua filha e também ator, Ulrich Mühe, que interpretou o agente arrependido da Stasi em *A vida dos outros*, filme vencedor do Oscar de Melhor Filme Estrangeiro de 2006, deu uma entrevista a um livro sobre o filme no qual acusou a ex-mulher de ter sido informante da Stasi. Gröllmann negou as acusações e o caso passou a ser publicamente debatido, com supostos indícios e interpretações usados como argumento para ambos os lados. Em 2008, a Corte Suprema de Berlim julgou que a acusação era infundada e proibiu que a imprensa se referisse à atriz como informante da Stasi. Nenhum dos protagonistas desta história sobreviveu para ver o resultado da contenda judicial: Gröllmann faleceu em agosto de 2006; Mühe, em julho de 2007; e Helmut Menge, o agente da polícia secreta que a mencionava em seus relatos, em 2008 – todos de câncer (SCHNEIDER, 2015).

Esses dois casos tornaram-se famosos e chegaram a ser relatados em livros traduzidos, inclusive, para o português. Outros tantos não se tornaram tão famosos, mas, mesmo assim, acontecimentos ocorridos anos ou décadas antes acabaram por interromper a carreira de diversos profissionais, inclusive nas emissoras de radiodifusão.

Os dois exemplos citados também demonstram que as punições não se restringiam a autoridades inequivocamente vinculadas ao regime anterior e que tenham praticado diretamente violações a direitos individuais. Ou seja, em um contexto marcado pela busca por mais liberdade, a punição, nem sempre pela via judicial, não garantia o direito à ampla defesa, nem previa a prescrição de supostas infrações cometidas décadas antes.

A plena garantia de direitos era, de fato, a meta a ser alcançada, ou a transição era um processo de construção do possível, da liberdade regulada e da concessão de avanços limitados, com abertura ao capital, redistribuição das riquezas (para poucos) e diminuição do autoritarismo do Estado? A busca por uma resposta desviaria o foco deste trabalho; no entanto, é uma sinalização interessante a continuidade no poder, mesmo depois da derrubada do socialismo, de políticos e partidos que antes já governavam a Romênia, a Bulgária e a Albânia, dentre outros países, eventualmente com nova roupagem de abandono do marxismo-leninismo clássico.

As contradições estendiam-se às assertivas de Gorbachev. Não restam dúvidas sobre o papel central que ele desempenhou na transformação do mundo entre o fim da década de 1980 e o início da de 1990, o que geraria consequências para as décadas seguintes, incluindo a necessária busca de outros modelos pelas forças políticas de esquerda. Mas até que ponto a adesão ao princípio da autodeterminação representava, de fato, a defesa da ampliação de direitos próprios de uma democracia? Sua *Perestroika* entrou para a História como uma defesa da reestruturação do Estado e de seu papel; não menos importante foi a *Glasnost*, ligada à ideia de transparência do Estado no diálogo com o cidadão, de abertura cultural e de liberdade de expressão. Já fazendo uso de ambas as expressões, Gorbachev escreveu sobre a liberdade de imprensa:

> "Um dos sinais da revitalização geral é que nossa imprensa prefere cada vez mais o diálogo ao monólogo (...). É muito mais proveitoso se diversificar a autoria para que todos os cidadãos tenham oportunidade de se manifestar, para que o pluralismo socialista, por assim dizer, seja representado em cada publicação em sua totalidade (...). Nem todo mundo gosta do nosso estilo, entretanto. Isso ocorre sobretudo com aqueles que não estão acostumados a viver e a trabalhar nas condições da glasnost e da crítica explícita, que não conseguem ou não querem fazer isso. São eles que expressam descontentamento com nossos meios de comunicação de massa e às vezes até exigem que a

glasnost seja refreada, reprimida" (GORBACHEV, 1987, p. 85-86).

A função da imprensa, porém, não se restringiria à promoção do debate e à defesa da transparência e da abertura cultural:

> "A imprensa deve se tornar cada vez mais eficaz. Não deveria deixar preguiçosos, aproveitadores, oportunistas, repressores das críticas e demagogos em paz; mas antes ajudar de forma ativa àqueles que trabalham altruisticamente pela perestroika (...). É importante enfatizar que a imprensa deve unir e mobilizar as pessoas, em vez de desuni-las e criar insatisfação e falta de confiança (...). Os interesses de se aprofundar a democracia socialista e intensificar a maturidade política das pessoas requerem uma utilização mais completa dos meios de comunicação de massa para a discussão de questões públicas e estatais, para a ampliação do controle pelo público, para o ativo empenho a fim de se obter maior responsabilidade, para uma disciplina mais rígida no trabalho, para a observância da lei e ordem socialistas, e contra violações dos princípios sociais e padrões éticos do modo soviético" (GORBACHEV, 1987, p. 87-88).

Assim, a imprensa deveria fomentar o debate público e, simultaneamente, cooperar com os trabalhadores altruístas defensores da perestroika (ou seja, em grande parte, o próprio governo), sem criar insatisfação e desconfiança. Deveria colaborar com a disciplina no trabalho, a observância da lei e da ordem e contra a violação dos padrões éticos.

Nesse cenário de contradições começaram a se reestruturar as emissoras de radiodifusão dos antigos países socialistas europeus.

III

A política de radiodifusão dos países socialistas tinha duas frentes. A primeira dizia respeito à sua relação com as emissoras estrangeiras, cujos sinais dirigiam-se aos seus territórios. A questão era polêmica: ainda que tenha sido reconhecido, nas décadas de 1920 e 1930, o direito de cada país de controlar as ondas em seus próprios territórios, inexistia consenso sobre quais seriam os limites da transmissão de um país para outro. No contexto de polarização ideológica, de expansão das emissoras em ondas curtas e médias e de maior popularização dos receptores para captar sinais nessas faixas, o problema aumentou.

Já na Primeira Guerra Mundial, a Alemanha usava o rádio com fins de propaganda, não respeitando seus limites territoriais. Na década de 1920, a URSS também o utilizava para fins de propaganda. Em 1939, 25 países já faziam transmissões internacionais. Os Estados Unidos criaram a emissora A Voz da América em 1942. Todos os principais combatentes da Segunda

Guerra Mundial operavam serviços semelhantes. O problema aumentou nas décadas seguintes e, em 1983, governos de pelo menos 80 países já transmitiam em mais de 30 línguas. Emissoras privadas faziam o mesmo (KRASNER, 1991).

A TV oferecia potencial ainda maior como instrumento de propaganda, no entanto a ela estavam associadas complexidades técnicas extras. A primeira delas referia-se ao alcance dos sinais, inferior às das faixas de rádio citadas, o que levava (e leva) a uma cobertura menor. Além disso, diferentemente do rádio, o novo meio operava segundo padrões técnicos distintos nos países ocidentais e nos do centro-leste europeu. Havia duas formas de driblar esse obstáculo: adaptar a emissão ou a recepção.

Os padrões da televisão em preto-e-branco eram os mesmos na Alemanha Oriental e na Ocidental. Quando a primeira adotou um novo padrão de TV colorida, incompatível com o padrão da segunda, essa passou a emitir nos dois padrões como forma de permitir que sua programação continuasse chegando àquela população. Já na Hungria e na Tchecoslováquia, era comum a adaptação dos receptores pela população para que pudessem assistir as programações ocidentais (KRASNER, 1991).

Outras formas de propaganda foram possíveis com a popularização da TV e tecnologias subsequentes, uma delas relatada no documentário romeno *Chuck Norris versus comunismo*. O contrabando de fitas de videocassete com filmes norte-americanos narrados e dublados em romeno tornou-se comum. Os filmes eram assistidos em cineclubes improvisados, na casa de alguém que dispusesse do caro equipamento de exibição e que vendia ingressos aos vizinhos. O negócio cresceu e gerou uma rede ampla de pirataria, ao mesmo tempo em que os filmes ajudavam, como instrumentos de propaganda, a revelar os bens de consumo e padrão de vida disponíveis (à parte da população) no Ocidente. A distribuição e a exibição de filmes americanos em circuito doméstico eram proibidas.

A forma de lidar com as emissoras estrangeiras indesejadas era a montagem de estruturas que causavam interferências propositais e embaralhavam os sinais, impedindo-os de chegar aos ouvintes, prática conhecida como *radio jamming*. Vários países, com governos adeptos de distintas correntes políticas, adotaram e adotam essa prática ao longo do tempo. A União Soviética praticou-a desde a década de 1930; Áustria, Alemanha e Itália, durante toda a 2ª Guerra Mundial, assim como, logo depois, a Espanha governada por Franco. O mesmo acontece, ainda hoje, na Coréia do Norte e na do Sul e em outras regiões do mundo. Nem sempre esses esforços atingem o sucesso esperado, porque a tentativa de contenção pode ser driblada pela transmissão – programações voltadas para a União Soviética eram realizadas em mais de 60 frequências distintas.

A outra vertente da política de radiodifusão dos países socialistas dizia respeito às emissões internas, ou seja, os conteúdos disponibilizados para a população local. A preocupação era necessária, já que o número de lares com aparelhos de televisão crescia em proporção semelhante ao dos países ocidentais.

Tabela 3: Número de habitantes por aparelho de TV

País	1965	1975	1980
Estados Unidos	3.6	3.1	2.8
Reino Unido	4	3	2.9

País	1965	1975	1980
França	7.4	3.5	n.d.
Itália	8.6	4.6	4.2
Portugal	48.8	12.8	7.1
Alemanha Ocidental	5.1	3.4	2.6
Alemanha Oriental	5.3	3.2	2.9
Tchecoslováquia	6.6	4	3.6
Hungria	12.2	4.4	3.9
União Soviética	14.4	4.6	3.5
Iugoslávia	34.3	7.7	5.9
Bulgária	44.5	5.8	5.3

Fonte: MIHELJ, 2012

Em 1980, o indicador de número de habitantes por aparelho de TV da Alemanha Oriental assemelhava-se aos de Estados Unidos e Reino Unido; os de Tchecoslováquia, Hungria e União Soviética eram mais baixos que o da Itália; e os de todos os países socialistas listados eram inferiores ao de Portugal.

A função de propaganda do rádio e da TV já foram abordadas e são evidentes: o dia-a-dia do líder máximo de cada país era acompanhado; havia ênfase nas demonstrações internacionais de parcerias, o que sugeria a importância do país em questão para o restante das nações; discursos e eventos político-partidários ocupavam longas horas da programação. Havia, porém, uma outra TV e um outro rádio, nem sempre imaginados por quem não assistia a esses conteúdos.

Em meados dos anos 1960, começou a pressão para que as programações no centro-leste europeu fossem mais adequadas a uma comunicação de massa que dialogasse com um número crescente de residências. O lançamento do primeiro satélite *Sputnik*, em 1957, e de seus sucessores sinalizaram as mudanças que impactariam a troca e a transmissão de conteúdos pelo mundo. Para o público, isso significava maior possibilidade de acesso a diferentes conteúdos, ainda mais clara em regiões aonde chegavam os sinais de emissoras ocidentais. Mesmo onde isso não acontecia, como em parte da Romênia, era possível assistir programações de emissoras de regimes proporcionalmente mais liberais ou com acesso a conteúdos mais diversificados, como os da Hungria, Iugoslávia e Bulgária.

Assim, os países socialistas europeus inauguraram, na década de 1960, uma rotina cautelosa de licenciamento de conteúdos estrangeiros e de produções nacionais e locais mais relacionadas com a cultura popular, além de manter as transmissões esportivas, de dramaturgia e de conteúdos educativos que acompanhavam as emissoras desde o seu nascimento (IMRE, 2012). Nos anos seguintes, a mesma tendência permaneceu. Honecker, em uma convenção do partido, chegou a descrever a TV da Alemanha Oriental como chata e demandou que a programação contivesse mais entretenimento. Na União Soviética, Leonid Brezhnev teria discorrido sobre a necessidade de entretenimento, lembrando que "o soviético tem o direito de relaxar na frente de uma televisão depois de um dia de trabalho" (MIHELJ, 2012, p. 18).

Garantir entretenimento não apenas afastaria das emissoras ocidentais os cidadãos residentes em países socialistas. Ajudaria, também, a preservar a televisão como um meio importante de comunicação entre o Estado e a sociedade. Do contrário, a emissora que reunisse apenas propaganda tenderia à irrelevância como meio de informação minimamente crível.

Havia, ainda, uma razão pragmática para a veiculação de conteúdos licenciados. A decisão de importar não estava relacionada apenas com a qualidade dos conteúdos, mas também com o objetivo de se transmitir pelo máximo de tempo possível, já que localmente ainda não se produzia o suficiente. Assim, os conteúdos estrangeiros ocupariam os buracos na grade de programação e eventualmente passariam a ser as grandes atrações de cada canal.

Assim foi feito. No início dos anos 1970, 32% do conteúdo da TV húngara eram importados do Reino Unido, França e Alemanha Ocidental. Na TV Belgrado, da Iugoslávia, 80% do conteúdo estrangeiro foram produzidos em países que não integravam o bloco socialista, sendo 40% proveniente dos Estados Unidos. No início da década de 1980, 43% do conteúdo importado no centro-leste europeu fora originalmente veiculado em emissoras de TV ocidentais e apenas um pouco mais, 45%, em emissoras de outros países socialistas. A maior parte das importações era de programas de variedades, desenhos animados, séries de TV e filmes. *Lassie* tornou-se popular na Iugoslávia; *Flipper, Joe Mannix* e *Chicago*, na Romênia, nas décadas de 1960 e 1970; *Forsythe Saga* e *David Copperfield,* na União Soviética; e *Zorro, Mickey Mouse Club* e *Disneyland*, na Polônia, entre 1959 e 1962 (MIHELJ, 2012).

Em 1989, quando o bloco socialista já começava a se desintegrar, as redes de TV locais já cobriam boa parte dos países.

As localizações das principais estações foram obtidas na edição de 1990 do *World Radio TV Handbook*, cujo objetivo central tem sido, desde 1947, listar as estações de rádio e de TV de todo o mundo, com suas características técnicas básicas (ou, pelo menos, as principais estações dos maiores países). Os mapas foram elaborados por mim, com o objetivo de proporcionar ao leitor uma visualização de como as estações distribuíam-se pelo território nacional, de forma aproximada. Além disso, é resumida a transição dessas emissoras em direção ao modelo de PSB, depois da derrocada do regime socialista.

Três modelos distintos de transição poderão ser observados nas páginas seguintes: (a) o de **incorporação**, no qual a emissora do bloco socialista foi incorporada por outra, antes pertencente a um país distinto (caso da Alemanha Oriental); (b) o de **desagregação**, em que a emissora foi cindida, tal como o país ao qual pertencia (casos de Iugoslávia, Tchecoslováquia e União Soviética); e (c) o de **continuidade**, em que a transição rumo ao PSB foi feita a partir da mesma estrutura existente antes da derrocada do regime socialista (demais países).

Albânia

Em 1989, a *Radiotelevisione Shqiptar* transmitia uma só programação de TV das 17h às 21h e, aos domingos, também de 9h às 14h30. As principais estações estavam localizadas, conforme o mapa, nas cidades de Berat (canal 9), Elbasan (6), Gjirokaster (7), Kükes (12 e 39), Peshkopl (8), Pogradec (11), além da capital Tirana (10).

A transição albanesa rumo à democracia negligenciou, segundo alguns autores, a reforma da administração pública. A situação levou a um sistema de governança considerado fraco e à disseminação da corrupção, o que, aliás, não foi exclusividade do novo regime albanês. As reformas teriam tentado atender a diretrizes internacionais, mas a administração pública continuou caracterizada pelas estruturas hierárquicas rígidas (CEPIKU; MITITELU, 2010).

Figura 1: Estações de TV da Albânia

Fonte: Elaboração do autor, baseado em WRTH (1990)

Em 2006, a empresa pública RTSH era responsável pela emissora pública de TV, TVSH, que transmitia um canal nacional e três locais, e a Rádio Tirana, com dois canais nacionais e quatro locais, sendo uma programação para albaneses que residiam fora do território nacional e outra em língua estrangeira. A cobertura da emissora pública girava em torno de 80% do país (LONDO, 2006). Nos anos seguintes, com o aprofundamento da digitalização, a empresa criou um segundo canal nacional, além de multiplexar seus canais para a transmissão simultânea de programações temáticas, como, por exemplo, esportes e artes e cultura.

Alemanha Oriental

A transição da radiodifusão na Alemanha Oriental foi bem diferente da ocorrida nos demais países do bloco europeu. Em primeiro lugar, a emissora local tinha infraestrutura e tempo de transmissão diário compatíveis com as estações de diversos países ocidentais.

Na divisão do país depois da 2ª Guerra Mundial, ficou em território oriental parte importante da infraestrutura de transmissão de radiodifusão. A Alemanha Oriental herdou, por exemplo, a torre de Inselsberg, de 1939 (à qual se somaria outra, construída no mesmo parque de transmissão, no início da década de 1970), e montanhas que seriam bons sítios para a instalação de outras torres, como Brocken e Helpterberg.

Figura 2: Estações de TV da Alemanha

Fonte: Elaboração do autor, baseado em WRTH (1990)

As emissoras de rádio e as de TV eram geridas por entidades diferentes. A *Rundfunk der DDR* era a responsável pelas primeiras e, no fim da década de 1990, responsabilizava-se por duas programações nacionais, uma com foco em Berlim, uma de programação voltada à juventude, emissoras temporárias, regionais e outras voltadas ao cenário internacional.

Em 1989, as principais estações transmissoras de TV da Alemanha Oriental estavam na capital Berlin (canal 5), Brocken (6), Cottbus (4 e 53), Dequede (12), Dresden (10), Helpterberg (37), Inselsberg (5), Karl-Marx-Stadt (8, atual Chemnitz), Leipzig (9), Löbau (27), Marlow (8), Schwerin (11) e Sonneberg (12), cobrindo virtualmente todo o país. Naquele ano, a *Fernsehen der DDR*, denominada, até 1972, de *Deutscher Fernsehfunk* e, desde então, conhecida pela sigla DFF, mantinha

79

duas programações nacionais regulares. No fim da década de 1980, apenas o canal principal transmitia 105 horas semanais. Na mesma época, as emissoras públicas da Itália (RAI), Portugal (RTP) e Grécia (ET-1) transmitiam, respectivamente, cerca de 86, 85 e 56 horas semanais (WRTH, 1990).

Esses não eram, contudo, os concorrentes diretos da DFF. Ela teria que tentar superar as emissoras públicas alemãs ocidentais, mas essa era uma batalha desigual contra um dos principais sistemas públicos da Europa e do mundo, já naquele tempo. Esse país, aliás, é tido como um dos berços da TV pública no mundo, com programação regular, ainda em 1935, e um dos primeiros a fabricar aparelhos receptores para venda.

Mesmo assim, a DFF não se furtou ao combate. Não por acaso, a TV nasceu na Alemanha Oriental, quando seus principais países aliados estavam mais atinados ao rádio e à massificação desse meio. Em junho de 1950 (portanto, pouco antes da primeira transmissão brasileira, por exemplo), deu-se início à construção do centro estatal de TV em Adlershof, Berlim. Em dezembro de 1952, no dia do aniversário de Joseph Stalin, começaram as transmissões regulares de duas horas diárias. Nesse mesmo ano, a Alemanha Ocidental retomou sua operação experimental de TV. Em janeiro de 1956 terminou um período de expansão da transmissão do lado oriental, que, a esta altura, já ultrapassava Berlim e atingia diversas outras cidades, e foi criada oficialmente a DFF.

De 1956 a 1989, o total de horas transmitidas aumentou com constância, o que foi possível, também, pela criação do segundo canal do país, o DFF2, concomitantemente ao início das transmissões a cores em 1969 (três anos antes da primeira transmissão no Brasil). Em janeiro de 1957, a principal emissora pública alemã ocidental, ARD, realizou transmissões, durante 31 dias, de 6930 minutos, ao passo que a DFF, em 27 dias, transmitiu

5335 (HEIMANN, 2006). Como, à época, a emissora oriental não veiculava programação às segundas-feiras, a média de tempo transmitido por dia, nesta particular competição, era muito próxima: 233,5 minutos para a ARD versus 197,6 para a DFF. Os números aumentaram nos anos seguintes, principalmente com a entrada em operação do segundo canal em 1969: a DFF transmitiu 3007 horas de programação em 1960, 6028 em 1970 e 8900 em 1989. Programas estrangeiros compunham 35% das horas transmitidas em 1964, contra 45% em 1972, fruto de uma política de ampliação de parcerias internacionais. Em meados da década de 1970, a DFF tinha acordos comerciais com emissoras de mais de 70 países. O maior parceiro no bloco socialista era a União Soviética e, no capitalista, a grande adversária, a Alemanha Ocidental. Os principais conteúdos contratados tratavam de esportes, noticiário político e entretenimento (BEUTELSCHMIDT; OHEMIG, 2014).

A competição entre as emissoras da Alemanha Ocidental e da Oriental, contudo, já era muito desigual na década de 1960. Em 1966, as emissoras públicas ocidentais tinham 20 estúdios e 10.775 empregados, contra respectivamente um e 2.354 da DFF. O orçamento anual das primeiras era de 1,11 bilhão de marcos ocidentais, contra 127 milhões de marcos orientais. Oficialmente as moedas tinham a mesma cotação, mas, na prática, operava-se uma proporção de um para quatro - ou seja, diferença de 1 para 38 em orçamento (DITTMAR, 2005). No plano internacional, no caso do rádio, a distância era ainda mais significativa. A *Deutsche Welle* da Alemanha Ocidental, desde 1953, transmitia em 29 idiomas diferentes para diversos países do mundo. A partir de 1992, passou a funcionar como emissora de TV, quando incorporou a equipe e a estrutura da RIAS-TV, estação ligada a USIA norte-americana, usada para transmitir propaganda para o centro-leste europeu. A RIAS-TV não fazia mais sentido no mundo pós-guerra fria, mas, antes, somava-se aos esforços de transmissão de programação com viés antissocialista (CHALABY, 2010).

No fim da década de 1960, começou a ocorrer uma mudança importante para a história da TV na Alemanha Oriental. Na vizinha Tchecoslováquia, a TV local defendera o socialismo mais aberto vivido durante a Primavera de Praga, dialogando com os anseios de parte significativa da população. O SED, partido governante na Alemanha Oriental, parece, então, olhado com mais atenção para o potencial da TV como meio de comunicação de massa. Em setembro de 1968, unificou todos os órgãos responsáveis por lidar com a DFF e produtores passaram a ter que justificar suas sérias continuamente, comprovando que estavam afinadas ideologicamente com o governo. Com a substituição de Walter Ulbricht por Erich Honecker como líder máximo do país, em 1971, a programação começou a apresentar um viés mais liberal e aberto a novos formatos internacionais e de entretenimento. Foi criada uma comissão estatal, no âmbito do Conselho de Ministros da Alemanha Oriental, para tratar da radiodifusão, e o nome da emissora de TV deixou de ser *Deutscher Fernsehfunk* para se tornar *Fernsehen der DDR*. Até meados da década de 1960, a DFF lutava para ser assistida por telespectadores da Alemanha Ocidental; a partir do fim da década, a emissora volta-se mais para a audiência interna, o que se aprofundou em 1972 (DITTMAR, 2005; KOCHANOWSKY; TRÜLTZSCH; VIEHOFF, 2012).

Ainda assim, a competição entre as emissoras de ambos os países era diuturna. Imagens de protestos na Alemanha Oriental, notadamente dos que começaram em Leipzig e se expandiram por todo o país no fim da década de 1980, chegavam aos lares das famílias orientais graças à programação ocidental. Era ela, também, a responsável por dar voz a dissidentes e críticos ao regime socialista. Paradoxalmente, em um Estado autoritário, marcado pela vigilância da sociedade, o pluralismo fazia-se presente na vida da maior parte dos cidadãos: no fim da década de 1980, estimou-se que entre 11% e 13% dos residentes na DDR assistiam apenas a DFF; cerca de 20%, apenas as emissoras ocidentais; e o restante, a ambas. De certa forma, os números surpreendem, já que o imaginário popular sugeria que a irrelevância da DFF seria grande até para os seus compatriotas. No entanto, estudos como esse demonstram que ela era mais importante do que se supunha (BRÜCHER, 2000; DITTMAR, 2005).

De certa forma, a própria estruturação das grades de programação contribuía para esse fenômeno: transmitido pela DFF, às 19h30, desde 1957, com meia hora de duração a partir de 1972, o *Aktuelles Kamera* ficava imprensado entre os telejornais *Heute* (da emissora ocidental ZDF, veiculado às 19h) e *Tagesschau* (da ARD, também ocidental, que começava às 20h). Assim, o telespectador alemão poderia acompanhar, em sequência, três telejornais, de três emissoras, de dois países distintos. Com o passar do tempo, em meio aos problemas econômicos e políticos que aumentavam no país, a audiência da DFF e da DFF2 caíram, o que era, em parte, atribuído à falta de credibilidade do seu noticiário. Em 1982, a audiência média da programação era de 33%, índice mais baixo até então. Em 1989, às vésperas da derrubada do regime, o *Aktuelles Kamera* tinha uma audiência média de 4%. Os índices de audiência de programas de auditório e shows ainda eram consideravelmente mais altos (BRÜCHER, 2000; BEUTELSCHMIDT, 2001).

Semanas antes da abertura do muro de Berlim, no dia 9 de novembro de 1989, e das demais fronteiras da Alemanha Oriental, a DFF começou a mudar – de novo, mas, desta vez, em outra direção. Em meio aos esforços do comitê central do SED para afrouxar o cerceamento de liberdades como forma de acalmar os manifestantes, foi abolido, em 19 de outubro, o controle sobre a imprensa. Era a senha para que, imediatamente, a programação fosse virada do avesso: debates sobre temas como liberdade para viagens e a situação de Leipzig, berço dos protestos, passaram a ser veiculados no rádio e na TV; autoridades eram submetidas a críticas e a perguntas difíceis; reportagens chegavam a mostrar imagens até de casernas da Stasi; e programas voltados à propaganda política, como o *Der Schwarze Kanal*, foram destronados da grade (OBERST-HUNDT, 2000).

No dia 3 de outubro de 1990, a Alemanha concluiu seu processo de reunificação. A DFF teve uma sobrevida um pouco maior. Até 31 de dezembro de 1991, a DFF mudou de nome; reviu sua programação; teve que competir com a TV via satélite, nova moda também no território oriental; e preparou-se para ser integrada ao sistema de radiodifusão pública ocidental, como se verá a seguir. No dia 1º de janeiro de 1992, os aparelhos de TV não recebiam mais qualquer sinal da DFF.

Antes disso, em dezembro de 1989, o novo e transitório governo alemão oriental traçava seus planos para o futuro. Hoffman-Riem (1991) falava em estágios do desenvolvimento: (a) ainda sem a confirmação da reunificação, naquele mês, o governo montou uma comissão para debater uma nova lei de comunicação para o país. Ela foi promulgada, em fevereiro de 1990, e previa liberdade de opinião, informação e comunicação. Também previa um novo órgão regulador, que deveria monitorar, e não controlar, os meios de comunicação de massa. Até o jornal do SED declarou-se rompido com o partido. Essa transição legal foi conduzida pelos mesmos que comandavam o SED, o que gerou muitas dúvidas; (b) a seguir, ocorreu a entrada, no novo mercado oriental, dos meios de comunicação impressos ocidentais; (c) depois, começou a cooperação forçada entre entrantes e os que lá estavam, afetados por uma crise de credibilidade, curiosidade pelos produtos ocidentais e condições econômicas dos concorrentes; na radiodifusão, meios ocidentais não quiseram cooperar com os orientais, que lutavam para se reestruturar e sobreviver; (d) e foram constatadas lacunas legal e regulatória que, conforme foi se aproximando a reunificação, foram ocupadas por regras e práticas da Alemanha Ocidental, bem como assistência técnica dessa, ainda que houvesse um país vizinho, cada vez mais fraco, a ser respeitado.

Em meados de 1990, começou a funcionar a *Treuhandanstalt* (THA), órgão da Alemanha Oriental responsável por administrar as antigas empresas estatais e prepará-las para a privatização. Foi considerada a maior *holding* do mundo, à época. No campo da radiodifusão, a redefinição do mercado alemão oriental seguiu o modelo ocidental, não sendo uma oportunidade para amplas reformas. Assim, foi garantido, também no leste do novo país, o modelo de radiodifusão pública e a entrada em operação de emissoras comerciais (HOFFMAN-RIEM, 1991).

A estrutura da radiodifusão proveniente do leste, no entanto, estava ultrapassada, do ponto de vista tecnológico, e era vista como inchada, chegando a ter 13 mil funcionários, parte significativa dos quais comprometida, no plano político, com o antigo regime. Rapidamente começaram as demissões na DFF. Em 1990, lá trabalhavam 7500 profissionais; no fim de março de 1991, o número caiu para 4700; e, em setembro, só havia 3500. Até a metade de 1990, as principais demissões foram de pessoal ligado a *Stasi*, normalmente funcionários da administração e de áreas técnicas. Em julho de 1990, o Estado deixou de aportar recursos na DFF, cabendo à empresa obtê-los por conta própria. À época, não aconteceram muitas demissões entre os 5400 funcionários das rádios. Quando Rüdolf Mühlfenzl, vindo da Alemanha Ocidental, assumiu as emissoras, apresentou um plano, em janeiro de 1991, de demissão de mais da metade dos 12.900 funcionários nos meses seguintes. Dos restantes 6300, outra metade deveria ser demitida até setembro. Esses números não foram atingidos. Também no início daquele ano, foram distribuídos 9600 questionários entre os funcionários, que deveriam responder sobre a sua ligação com a *Stasi*. Foram separadas as respostas que mereciam uma atenção mais detalhada. Dois representantes da Igreja foram os responsáveis por esta análise, que constataram: 162 trabalhadores deveriam ser chamados a esclarecer pontos duvidosos de seus questionários; 202 (93 das emissoras de TV) haviam mantido relações com a Stasi; 197 (106) deveriam ser demitidos; 627 (375) não deveriam ocupar mais cargos de chefia; 45 saíram da empresa durante a pesquisa por vários motivos; e contra 646 (375) não havia qualquer recomendação de demissão. As consequências foram pequenas. Existiam situações não definidas por completo em dezembro de 1991, quando a emissora seria extinta: os 659 funcionários da orquestra e do coral, bem como os 40 bailarinos, teriam um contrato temporário até o fim de junho de 1992; entre 3 e 4 mil dos 13 mil funcionários foram empregados em outras funções nas emissoras estaduais, como técnicos, jornalistas e cantores. Novo coral e orquestra foram criados e eles viriam a absorver parte dos músicos. Ao todo, cerca de metade dos empregados foi realocado. Cerca de 5.300 empregados da estrutura de radiodifusão proveniente da Alemanha Oriental foram demitidos no processo, com indenizações de 2 mil a 29 mil marcos alemães. A NFL, empresa liquidante, pagou cerca de 9 milhões de marcos de indenizações em 1991 e outros 14 em 1992 (HICKETHIER, 1998; DOHLUS, 2014b).

Além do pessoal, havia o legado de equipamentos e de infraestrutura. Os primeiros foram divididos entre as novas emissoras públicas estaduais. Seus diretores técnicos selecionaram, a partir de inventários, o que precisavam. Até os primeiros meses de 1992, 70% dos equipamentos já tinham sido redistribuídos. Vários equipamentos ultrapassados e bens "genéricos" foram vendidos a emissoras de outros países ou a profissionais de todo tipo na própria Alemanha. Para esse último grupo, as vendas somaram cerca de 25 milhões de marcos alemães. Em termos de instalações construídas, o patrimônio total era de 48 sítios com 231 prédios, de 173.000 m² a 451 m², somando cerca de 760.000 m², dois terços dos quais em Berlim. A maior parte dos imóveis foi vendida e os demais, incorporados ao patrimônio das emissoras públicas. Havia todo tipo de construção: apenas em Berlim, instalações de 173.000 m² em Adlershof e de 110.000 m² em Johannisthal, uma área de filmagem em Köpenick, um estacionamento em Alt-Glienicke, estrutura para abrigar máquinas em Schönefeld, um complexo em Grünau, além de dezenas de escritórios, armazéns, oficinas, estúdios, ilhas de edição e diversas outras estruturas. Além desses, existiam os complexos de Rostock, Dresden, Halle, Gera, Leipzig e Karl-Marx-Stadt (depois rebatizada de Chemnitz). E ainda havia o arquivo das produções de rádio e TV da Alemanha Oriental: cerca de 390.000 fitas com produções musicais, 134.000 fitas de vídeo e 120.000 latas de filme com programas ou produções, seis milhões de recortes de notícias divulgadas na imprensa, 5.400 metros lineares de arquivo de escrita, mais de 250.000 fotos, 2,3 milhões negativos, dentre outras. A organização ocidental *Deutsche Rundfunkarchiv* responsabilizou-se pelos arquivos da DFF, que seriam mantidos, por dois anos gratuitamente, nos espaços físicos onde já estavam, custeados por cada estado (DOHLUS, 2014a; DOHLUS, 2014b).

Os novos estados provenientes da Alemanha Oriental puderam escolher, no momento da reunificação, se manteriam uma emissora pública ou se as fundiriam com as emissoras públicas já existentes, com o compromisso de que a DFF deixaria de transmitir no primeiro minuto de 1992. A opção adotada pela direção da DFF foi por integrá-la completamente ao sistema de radiodifusão pública da Alemanha Ocidental. Na primeira metade de 1991, ficou claro que, por questões financeiras, não seria realista falar em mais de duas novas emissoras nos cinco estados. De forma razoavelmente rápida, em fevereiro de 1991, os estados de Thüringen, Sachsen-Anhalt e Sachsen definiram a criação da *Mitteldeutsche Rundfunk (MDR)*, o que foi facilitado pelo contexto político, já que os três estados, à época, eram governados pela CDU. Os cargos mais altos da empresa foram assumidos por trabalhadores oriundos da ARD, sendo apenas os cargos mais baixos ocupados por profissionais orientais. Os outros estados, Mecklenburg-Vorpommern e Brandenburg, além da capital Berlim, cogitaram juntar-se no âmbito da SFB, estação que operava a partir de Berlim Ocidental. A solução adotada, contudo, foi diferente: a estação de Mecklenburg-Vorpommern uniu-se a NDR, de estados ocidentais já existentes; Brandenburg criou sua própria estação, a *Ostdeutschen Rundfunk (ORB)*, e Berlin juntou-se a SFB. Em 2003, ocorreu a fusão entre SFB e ORB, criando a *Rundfunk Berlin-Brandenburg (RBB)*. Todas se filiaram a ARD. Assim, foi integral a adesão dos novos estados ao modelo já praticado na Alemanha Ocidental. Lá havia um canal nacional de radiodifusão pública, o ARD, que reunia programação dos parceiros públicos regionais, vinculados aos governos locais, para a montagem da grade nacional. Assim, beneficiou-se da incorporação dos novos estados a esta estrutura e pôde usar os antigos canais da DFF1 para a veiculação da programação nacional. Já as frequências utilizadas para a veiculação do DFF 2 foram disponibilizadas às novas emissoras regionais formadas. O ZDF, segundo canal público nacional já existente na Alemanha Ocidental, porém em operação como uma estrutura centralizada, começou a transmitir para os novos estados usando canais até então não utilizados. Outras operações que não tinham um correspondente claro na estrutura ocidental foram canceladas ou totalmente reformuladas. Uma dessas mudanças foi a atribuição da frequência da emissora de rádio *Jugendsenders DT 64*, emissora oriental com programação voltada para a juventude, tendo boa aceitação, para a RIAS (rádio norte-americana em Berlim), sem discussão com os funcionários da emissora, que, aliás, já buscavam parcerias com a iniciativa privada visando sua sobrevivência. (HICKETHIER, 1998).

Como se pode imaginar, esse processo de extinção das emissoras orientais não foi simples, nem tampouco consensual. Reproduziu, em menor escala, crítica corrente a outras transições no processo de reunificação - a de que os ocidentais pareciam se considerar superiores, devendo reduzir ou simplesmente extinguir o legado oriental, que não funcionaria a contento. A essa postura de superioridade – que, claro, não deve ser generalizada – os orientais começaram a reagir com um misto de sensação de inferioridade e de revolta (HOFFMAN-RIEM, 1991).

Nesses termos, a reunificação, na verdade, poderia ser vista como um processo de anexação e de substituição das condições de vida antes existentes. Esse sentimento é explorado fartamente no filme *Adeus, Lenin*, que fez sucesso também fora da Alemanha. Para além da sensação de culpa e da abnegação do filho em relação à sua mãe, o filme retrata a *Ostalgie* (trocadilho, em alemão, para caracterizar a nostalgia em relação à Alemanha Oriental), então em curso em parte dos antigos moradores do leste. O filme foi elogiado por esse debate, mas, por outro lado, recebeu críticas por supostamente ter romanceado uma sociedade marcada pela submissão a um regime autoritário e a sua estrutura diuturna de vigilância.

No campo da radiodifusão, a crítica ao novo modelo, formulada, por exemplo, por Hoffman-Riem (1991) e Hickethier (1998), centra-se no fato de que havia vários caminhos possíveis, inclusive capazes de reestruturar o modelo de radiodifusão pública de toda a Alemanha. Discussões foram feitas neste sentido, mas, na radiodifusão (e em outros setores), a decisão ficou restrita a um grupo pequeno de pessoas provenientes, em grande parte, da Alemanha Ocidental, ainda que momentaneamente deslocadas para trabalhar nas estruturas orientais.

Bulgária

Nos meses que sucederam a *Perestroika*, os trabalhadores da rádio búlgara começaram a receber listas de pessoas que não poderiam ser entrevistadas. Até então, os dirigentes confiavam na autocensura dos seus subordinados. A medida revoltou os profissionais, que, se contrapondo à regra, continuaram a realizar as entrevistas, mesmo sabendo que jamais seriam transmitidas (KONSTANTINOVA, 2017).

Na TV, uma das primeiras mudanças percebidas na programação, assim que Zhivkov deixou o poder e o socialismo começou a ruir na Bulgária, foi a saudação feita pelos âncoras: o "boa noite, camaradas" deu lugar ao "boa noite, senhoras e senhores", antes considerada uma expressão burguesa (DASKALOVA, 2017).

Figura 3: Estações de TV na Bulgária

Fonte: Elaboração do autor, baseado em WRTH (1990)

À época, a *Bâlgarska Televizija* transmitia duas programações nacionais, sendo a principal delas com duração de nove horas durante a semana (à exceção de segunda-feira) e de 17 horas aos sábados e domingos. Na sexta à noite, eram transmitidos programas da *Ostankino*, o canal soviético. As principais estações estavam na capital Sofia (canal 10) e nas cidades de Belogradcik (12), Botev Vrâh (11), Burgas (7), Kjustendil (10), Sliven (12), Strumni Rid (9), Shumen (5), Tolbukhin (12, atualmente Dobrich) e Varna (9). Assim como observado em outros países do bloco socialista, também na Bulgária as emissoras de rádio eram de responsabilidade de outra entidade. Ambas as entidades são referenciadas, na literatura internacional, pelas siglas de seus nomes em inglês, BNT (*Bulgaria National Television*) e BNR (*Bulgaria National Radio*, também chamada de *Radio Bulgaria*).

A primeira estação de rádio no país data da década de 1930, tendo sido posteriormente estatizada. Já a operação da BNT começou em 1959. As duas programações nacionais de televisão mantiveram-se com o passar do tempo, acrescendo-se a elas conteúdos produzidos em centros regionais. Em 2002, os canais regionais da BNT transmitiam entre 4 e 5 horas diárias, das quais apenas uma ou duas horas são de programas produzidos originalmente por essas estações (RAYCHEVA, 2004).

Hungria

A TV húngara nasceu cedo, em 1936, quando foram feitas as primeiras transmissões experimentais. No dia 1º de maio de 1957, a *Magyar Televizió* realizou sua primeira transmissão regular, cobrindo as festividades do Dia do Trabalho. Também neste ano, a Hungria estabeleceu o primeiro programa de intercâmbio de conteúdos entre países de blocos socialistas, a *Intervision*, com Tchecoslováquia, Polônia e Alemanha Oriental. A veiculação de conteúdos estrangeiros aumentou com o passar do tempo e, no início dos anos 1970, 32% do conteúdo da TV era importado do Reino Unido, França e Alemanha Ocidental (IMRE, 2012; MIHELJ, 2014).

Na primeira metade da década de 1960, o total de horas semanais transmitidas saltou de 22 para 40. Em 1989, eram transmitidas duas programações distintas, sendo a principal com aproximadamente 74 horas semanais. As estações mais importantes funcionavam em Budapeste (canal 1), Csávoly (28), Györ (8), Kab-hegy (12), Kékes (8), Komádi (7), Miskolc (9), Nagykanizsa (1), Pécs (2), Sopron (9), Szentes (10) e Tokaj (4). Atualmente são transmitidas quatro programações nacionais, além de uma voltada para residentes no exterior e de programações de rádio.

Figura 4: Estações de TV na Hungria

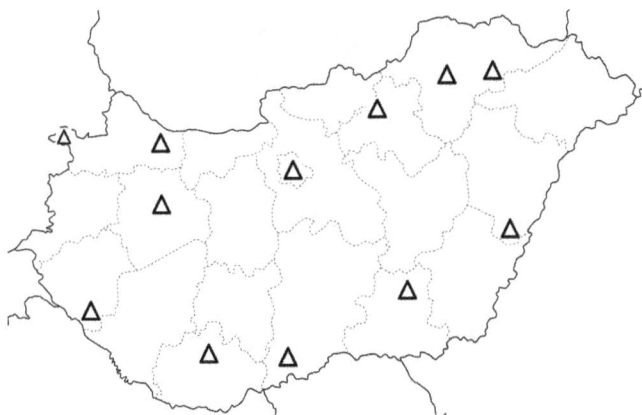

Fonte: Elaboração do autor, baseado em WRTH

Iugoslávia

Em 1989, a *Jugoslovenska Radiotelevizija* estava presente em todas as repúblicas socialistas da federação, com boa capilaridade. Na Bósnia Hezergovina, as principais estações estavam em Bjelasnica (canal 5), Hum (8), Kozara (6), Majevica (5), Pljesevica (10, na Croácia, mas na divisa com a Bósnia), Trovrh (9), Velez (7), Vlasic (11); na Croácia, em Beli Manastir (8), Biokovo (9), Cerovac (8), Kalnik (5), Labistica (4), Mirkovica (7), Pljesevica (5), Psunj (4), Sljeme (9), Srdj (6), Ucka (11); na Macedônia, em Crn Vrv (6, na montanha de Maja e Zezë, entre o Kosovo e a Macedônia), Mali Vlaj (9) e Pelister (4); em Montenegro, em Bjelasica (12), Durmitor (10), Lovcen (8), Mozura (33), Sudjina Glava (6); na Sérvia, em

93

Avala (6), Besna Kobila (8), Crni Vrh (11), Deli Jovan (43), Jastrebac (5), Kopaonik (3), Ovcar (8), Tupiznica (10); e, na Eslovênia, em Krvavec (5), Kum (3), Nanos (6), Plesivec (6) e Pohorje (11). A emissora também cobria bem as duas províncias autônomas do país - Kosovo, com estações importantes em Cviljan (9 e 21) e Goles (7 e 44), e Vojvodina, com estações em Crveni Cot (10 e 24), Subotica (5 e 43), Venac (41) e Vrsac (56). O tempo de transmissão era variável, a depender da república ou da província em questão.

Figura 5: Estações de TV na Iugoslávia

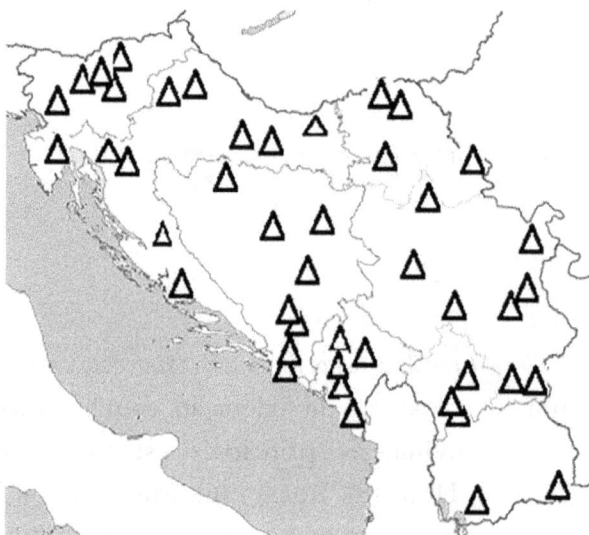

Fonte: Elaboração do autor, baseado em WRTH (1990)

A Iugoslávia guardava diversas particularidades em relação às demais nações socialistas europeias. Não integrava, por exemplo, o Pacto de Varsóvia, capitaneando, desde 1961, um movimento em paralelo de países não-alinhados. Também era distinta a concepção sobre direitos, o que se refletia na comunicação de massa.

O art. 167 da Constituição Iugoslava de 1963 previu, de forma pioneira, o direito de os cidadãos expressarem e publicarem suas opiniões nos meios de comunicação públicos. Faltava, porém, regulamentação para efetivar esse direito. Ponto importante da sua consagração ocorreu em 1985, ainda sob o regime socialista, quando a Suprema Corte da Eslovênia determinou que o jornal *Delo*, o principal daquela república, publicasse um artigo de um cidadão que criticava um alto funcionário do partido. O artigo havia sido rejeitado pelo editor. Em 1991, depois da ruptura com o antigo sistema, um ministro chegou a sugerir, em proposta sobre nova legislação, suprimir esse direito; ele entendia que, no sistema capitalista, a competição já garantiria a publicação de opiniões que fossem importantes para todos (SPLICHAL, 1995).

A mídia iugoslava era mais numerosa e plural que em qualquer outro país socialista. Em 1989, os 23,72 milhões de cidadãos lá residentes assistiam nove programações distintas de TV (uma para cada república da federação e três para minorias), ouviam 202 estações de rádio (com 28% do tempo total dedicado a noticiários), liam 27 jornais nacionais diários e 17 revistas. A *Tanjug*, a agência de notícias que chegou a estar entre as dez maiores do mundo, tinha 12 escritórios em diferentes países e, no ranking de livros publicados, o país ocupava a 14ª colocação (KREŠIC, 2012).

Quando a emissora estatal da Eslovênia começou a operar, em 1958, havia cerca de 700-800 televisores na república e 4 mil em toda Iugoslávia, enquanto 90% dos lares dos EUA já dispunham do equipamento. Em 1989, havia mais de 4 milhões receptores de TV em todo o país. O financiamento das operações de radiodifusão também era incomum, se comparado ao modelo adotado em diversos países socialistas. A receita com publicidade da TV, na Iugoslávia, aumentou sua participação no orçamento total de 6,8% para 23,1%, de 1966 a 1971. Além disso, havia conteúdos críticos na programação. Uma série veiculada na década de 1960 tratava de problemas sociais, como, por exemplo, o desemprego (IMRE, 2012; MIHELJ, 2014).

A gestão descentralizada, com poderes concentrados fora do Estado Nacional, era tradicional. O movimento *partizan* de resistência à invasão alemã na 2ª Guerra Mundial já era descentralizado, com cada grupo agindo por conta própria nos diferentes estados da federação (a essa altura, cada um fora integrado a um país diferente). Além de expulsarem os alemães, derrotaram, ainda, grupos de direita que apoiavam a monarquia – alegadamente, sem o apoio do Exército Vermelho, o que sugere um afastamento em relação à União Soviética desde então (AGUIAR, 2010).

Na administração das organizações, inclusive a mídia, prevalecia a autogestão, que encantou estudiosos desse campo ao longo das décadas de 1970 e 1980. Essa prática foi introduzida em 1950 e, até 1955, o plano de proporções básicas introduziu o sistema de mercado e o sistema de descentralização por equilíbrios regionais. O planejamento centralizado perdeu força, substituído por um planejamento indicativo e descentralizado, inspirado no modelo de Estados de Bem-Estar Social. O planejamento deveria expressar todas as formas de relações políticas, sociais e econômicas, bem como suas obrigações deveriam ser estabelecidas pelos trabalhadores por meio da autogestão e de pactos sociais. A propriedade dos meios de produção era da sociedade, e não do Estado, cuja intervenção funcionaria apenas para garantir a autogestão. A governança desse modelo envolvia diferentes organizações atuantes em distintos âmbitos, mas, em cada unidade, a principal instância de poder era a assembleia geral, que elegia o Conselho de Trabalhadores. Este supervisionava a atividade empresarial, escolhendo os dirigentes e executivos eleitos para mandatos de quatro anos, permitidas reconduções. Os preços pagos por produtos e serviços eram definidos pelo mercado e os salários eram variáveis, mês a mês, em função do faturamento (MOTTA, 1980).

Em consonância com esse sistema, na mídia impressa iugoslava, os organismos de controle social tinham o dever de zelar pelos interesses sociais na comunicação de massa. Eram compostos por dois grupos de delegados, um representando os empregados dos meios e outro, o da comunidade atendida. Entre as suas atribuições estavam a indicação e a demissão do diretor de comunicação da empresa e seus editores, mas o editor-chefe e o editor-executivo eram nomeados diretamente pelo partido (SPLICHAL, 1995).

A situação mudou a partir da derrocada do socialismo e da fragmentação do país, ocorridas em meio a guerras civis que se alastraram por diversas repúblicas. Na Croácia já independente, de acordo com lei de 1991, o governo definiria quais empresas controladas pela sociedade passariam a ser controladas pelo Estado (em um processo conhecido por "nacionalização") e quais seriam privatizadas. Foi criada a Agência para Reestruturação e Desenvolvimento (ARD), cujos dirigentes eram indicados pelo governo, e sua função era supervisionar esse processo e definir diretorias de cada empresa que, por sua vez, definiriam os rumos das empresas (nem sempre com o apoio dos trabalhadores e dirigentes anteriores). Como resultado, a maior parte dos meios de comunicação passou a ser estatal ou de propriedade de correligionários do HDZ, o principal partido local (KREŠIC, 2012).

Variaram as situações das emissoras mantidas nas antigas repúblicas socialistas, ora em processo de transição para o modelo ocidental. Uma das situações mais dramáticas, considerando todo o continente europeu, foi a vivida pela Bósnia e Herzegovina, país dividido em duas entidades razoavelmente autônomas, a Republika Srpska e a Federação da Bósnia e Herzegovina. Em 2008, mesmo após a realização de consultorias internacionais, ainda não havia uma emissora pública totalmente operacional na Bósnia. Um plano desenhado, em 2000, por um especialista da BBC previa duas entidades responsáveis por emissoras de TV e rádio, sendo uma para a Republika Srpska e outra para a Federação, uma empresa de radiodifusão nacional e uma empresa também nacional que funcionaria como coordenadora técnica e de distribuição de conteúdos entre as três outras entidades. A Rádio e TV Republika Srpska manteve-se no ar e a Federal TV foi criada das cinzas da BHTV, sucessora da RTV Sarajevo, existente antes da guerra e considerada símbolo de unidade e resistência contra a agressão sérvia. A emissora nacional nova, BHRT, tinha regras estritas de paridade linguística (bósnia, croata e sérvia) e de alfabeto (cirílico e latim). Começou a operar em 2001 e, em 2004, passou a transmitir nacionalmente. A quarta corporação não havia sido criada até 2008. Em 2016, a BHRT, em meio à crise econômica, chegou a ameaçar a interrupção de suas transmissões, o que gerou críticas por parte da EBU. Se isso ocorresse, seria o primeiro caso de emissora pública a falir e a interromper suas transmissões em todo o continente (HOZIC, 2008).

No fim de 1989, a *Telewizja Polska* transmitia duas programações nacionais, sendo a principal delas durante 81 horas semanais. As principais estações estavam na capital Varsóvia (canais 2 e 27) e nos municípios de Bialystok (8), Bydgoszcz (1), Gdansk (10), Jelenia Góra (30), Kielce (3), Katowice (8), Klodzko (38), Kraków (10), Koszalin (8), Lódz (7), Lublin (9), Olsztyn (9), Opole (43), Pila (2), Plock (29), Poznan (9), Przemysl (24), Rabka (36), Rzeszów (12), Sledice (52), Suwalki (5), Szczecin (12), Wroclaw (12), Zamosc (10), Zielona Góra (3). As emissoras de rádio eram operadas pela *Polskie Radio*. A radiodifusão pública polonesa ganharia mais complexidade nos anos seguintes, principalmente depois do início do processo de digitalização: em 2017, existiam doze canais de TV nacionais no ar, sendo dois generalistas e os demais voltados a públicos específicos, além de dezenas de canais regionais e de emissoras de rádio.

A pauta da comunicação, diferentemente de outros países do bloco socialista, já estava presente nas discussões antes mesmo do fim do regime. Desde o início desse período, sempre houve oposição organizada na Polônia, vez ou outra resultando em demonstrações públicas, ainda que não tenham chegado ao nível do ocorrido na Hungria, em 1956. Essas organizações articulavam-se em ambientes específicos, o que contribuiu, por exemplo, para o fortalecimento do sindicato Solidariedade.

A oposição manifestava-se, também, por meio de suas mídias. A Igreja Católica tinha, desde 1956, o direito de publicar jornais. A partir de meados da década de 1970, aumentou o número de publicações ilegais. Em dezembro de 1981, com a declaração da lei marcial, cerca de 1.200 jornalistas foram expurgados da mídia oficial, enquanto estimadas duas mil publicações eram editadas.

Figura 6: Estações de TV na Polônia

Fonte: Elaboração do autor, baseado em WRTH

Em 1988, um grupo integrado por Stanisław Jędrzejewski, entrevistado para este livro, e Karol Jakubowicz, cuja trajetória será abordada adiante, dentre outros, dedicava-se a elaborar um pré-projeto de lei para a radiodifusão, que previa, por exemplo, a criação de um modelo regulatório semelhante ao francês. Em 1989, a oposição, que até então pleiteava espaço para veiculação de programação de sua autoria, defendeu a "socialização" da comunicação de massa polonesa nas reuniões com o governo (SPARKS, 2008; STĘPKA, 2010; JĘDRZEJEWSKI, 2017). Por algum tempo depois do fim do regime, no entanto, as velhas práticas teimariam em bater à porta – como no fim do primeiro semestre de 1990:

> "Comecei como correspondente internacional, nos Estados Unidos, em agosto de 1990. Meu antecessor era efetivamente comunista. A emissora não o utilizava, mas levou nove meses para trocá-lo. Quando fui assinar meu contrato, percebi que o salário era muito baixo. Eu havia morado por três anos nos Estados Unidos e conhecia a realidade local. Reclamei e a funcionária disse: 'Mas, Sr. Andrzej, esse não é o seu salário inteiro.' 'E a outra parte?' 'Como de hábito!', ela respondeu. Os correspondentes recebiam parte do salário do Ministério das Relações Exteriores – eles eram espiões, eram agentes! Ninguém falou isso, mas era óbvio. Felizmente minha esposa é jornalista e não precisei ser um espião (KRAJEWSKI, 2017)".

Romênia

A primeira transmissão da *Televiziunea Română* foi ao ar no último dia de 1956. Em 1968 começaram as transmissões do segundo canal local. As emissoras de rádio eram atribuição de outra entidade, a *Radio Română*.

Até o fim da década de 1960, de acordo com Mustata (2012), a televisão romena viveu o que chegou a ser chamado de "era da escassez", marcada por falta de identidade estética, institucional e profissional. Mesmo assim, alguns programas chegaram a ganhar prêmios internacionais. Os conteúdos principais da grade foram adaptados do rádio, como ocorreu em diversos outros países. Desde aquela época, ainda com Gheorghiu-Dej à frente da Secretaria Geral do partido e, portanto, atuando como líder máximo do país, a TV era pensada como meio para "educar" e entreter simultaneamente. Nomeado diretor, Silviu Brucan teria tido autonomia, a partir do início da década de 1960, para mudar a programação. Em 1964, a TVR e a BBC assinaram acordo de cooperação técnica e os formatos ingleses viriam a influenciar a programação local. Começaram a ser veiculadas, então, sátiras políticas e séries da BBC.

Com o falecimento de Gheorghiu-Dej, em 1965, Nicolae Ceaușescu assumiu a Secretaria Geral e o leme do país. Mantido no posto em 1967, com a aprovação do IX Congresso do Partido Comunista, Ceaușescu, em busca de afirmação política, passou a criticar mais frequentemente o período anterior e a propor mudanças. A década de 1970 ficou conhecida como a grande fase da TV romena. Tornaram-se populares séries infantis, como *Aventurile lui Val Vartej*, e revistas semanais, como a *Telecinemateca* e a *Teleenciclopedia*. Surgiram, ainda, programas críticos e populares, como o de jornalismo investigativo *Reflector*. Apenas a partir de 1977, o programa teria aderido a uma linha governista, com seu formato revisto diretamente pelo Diretor de Propaganda do partido. Aumentou substancialmente, naquela década, o total de horas transmitidas: em 1957, a TV transmitiu 571 horas; 1.369 em 1961; 3.161 em 1971; 4.642 em 1975 e 5.377 em 1980. Chegara a "era da disponibilidade" (MUSTATA, 2012).

A bonança, no entanto, logo teve um fim. A situação econômica do país deteriorou-se no início da década de 1980, em meio às novas obras faraônicas implementadas pelo regime e à determinação no pagamento da dívida externa. As medidas exigiam sacrifícios em todas as áreas, incluindo um corte severo no fornecimento de energia.

Dos cerca de 100 jornais em circulação no país, sobraram 40. A partir de 1985, a rádio romena, no ar desde 1928, reduziu pela metade seu tempo de transmissão, que chegara a 230 horas semanais, somando-se os dois canais nacionais. O segundo canal de TV saiu do ar. Foi reduzido drasticamente o tempo de transmissão do principal canal, cuja programação passou a ter apenas 2h por dia, no período noturno, durante os dias úteis. Esse tempo era ampliado aos sábados e domingos, porém o canal não transmitia mais de 22 horas por semana.

Desde o início da década, crescia o controle político sobre a emissora. Nos dias úteis, até metade do tempo era gasto com a transmissão de programas que poderiam ser enquadrados como peças de propaganda. Os conteúdos estrangeiros a serem exibidos eram definidos por um comitê, integrado, dentre outros, pelo presidente e pelo vice-presidente da emissora. Evitavam filmes que contivessem cenas de igrejas, sexo ou beijo na boca – nesse último caso, aceitavam-se beijos de até 3 segundos ou as imagens eram editadas. Por outro lado, eram bem-vindos filmes com famílias muito numerosas, que supostamente estimulariam o crescimento populacional. Estranha contradição: se sexo era indesejado e beijos na boca deveriam ser curtos, como estimular a procriação? (NISTOR, 2017)

Os únicos meios de comunicação de massa disponíveis para toda a população eram os estrangeiros que transmitiam em romeno, como a rádio *Free Europe*, a Voz da América e a BBC, dentre outros. Parte deles dedicava-se, com afinco, à propaganda antissocialista (MARINESCU, 1995). Outra opção era recorrer, em algumas cidades, a emissoras dos países socialistas vizinhos: no oeste romeno, era possível assistir a programação húngara e a iugoslava, mais especificamente, à proveniente da estação sérvia; na capital Bucareste a alternativa era a TV búlgara, que transmitia filmes legendados na sexta à noite. Em ambas, o culto à personalidade de governantes não era, nem de longe, tão intenso quanto ao praticado pela emissora romena. *Leka nosht, detsa!* ("boa noite, crianças!") é expressão búlgara que, até hoje, pode ser repetida por romenos nascidos no fim da década de 1970 ou início da seguinte (NISTOR, 2017; SURUGIU, 2017).

Figura 7: Estações de TV na Romênia

Fonte: Elaboração do autor, baseado em WRTH

No inverno de 1989, as principais estações de TV da Romênia estavam na capital Bucareste (canal 4) e nas cidades de

104

Arad (12), Bacau (10), Baia Mare (10), Birlad (5), Bistrita (3), Brasov (10), Bucegi (6), Cimpulung (8), Cluj (11), Comanesti (12), Constanta (8 e 10), Cozia (12), Craiova (8), Delta (6), Deva (12), Dobrogea (3), Galati (7), Gheorghieni (5), Iasi (9), Magura (9), Mangalia (11), Oradea (3), Petrosani (10), Piatra (6), Semenic (3), Sibiu (7), Suceava (4), Tirgu Mures (12), Timisoara (9), Tulcea (12), Turnu Magurele (2), Varatec (7), Vascau (8), Zalau (6).

Nos dias seguintes à derrubada de Ceauşescu, as emissoras de rádio e de TV passaram a se intitular "livres". Por um bom tempo, as transmissões da TV eram acompanhadas das letras FRT (*Free Romanian Television*). O segundo canal de TV voltou a funcionar. Isso não significou, porém, a imediata adoção de uma programação marcada pela independência em relação ao governo. Irina Nistor (2017) lembra ter dublado o filme *A Revolução dos Bichos*, baseado no livro homônimo de George Orwell sobre o autoritarismo e exibido em janeiro de 1990. A ousadia gerou reclamações de um diretor da emissora, que lembrava que a oposição a Ceauşescu não significava uma crítica ao socialismo como um todo – era preciso buscar a "face mais humana" do sistema. Outro episódio, com repercussão mais profunda, ocorreria na sequência: quando começaram os protestos contra quem tomou o poder – ex-partidários de Ceauşescu e socialistas, ainda que um pouco mais liberais – a TV não exibiu os protestos, argumentando que não conseguiriam boas imagens, porque o tempo estava nublado e não havia luz suficiente. Naquele momento, ficou claro que a expressão *Free Romanian Television* deveria ser relativizada (NISTOR, 2017).

Inicialmente as emissoras públicas continuaram sendo reguladas por um decreto de 1990, que as mantinha sob o controle da Presidência da República. Seu diretor era indicado pelo presidente romeno e os dois diretores-gerais (um da TV, outro da rádio), pelo Primeiro-Ministro. Nova lei para essas emissoras só foi aprovada em 1994 (MARINESCU, 1995).

O tempo total de transmissão começou a subir rapidamente. As emissoras públicas de rádio transmitiam 30.148 horas em 1989; 52.309 em 1990; e 118.619 em 2002. Eram 5 canais: de notícias, dois de música, um da juventude e um sobre programação rural, além de uma estação internacional, com 6 estúdios em cidades diferentes e 2.301 empregados. As transmissões das emissoras de TV públicas saltaram de 1.795 horas em 1989 para 8.541 em 1990; 9.997 em 1993; 13.095 em 1996; 14.197 em 1999; 25.111 em 2002; e 35.040 em 2005, com três canais nacionais, um internacional e cerca de 2.700 empregados (COMAN, 2009).

Esse movimento foi acompanhado de uma ampliação da infraestrutura empregada na produção e na transmissão das emissoras. O principal canal público, em meados da década de 1990, já cobria 98% do território e transmitia 144 horas por semana, ao passo que o segundo canal voltou a funcionar, cobria 60% do território com 93 horas semanais transmitidas. A *Televiziunea Română* mantinha 49 estações e 12 estúdios de produção. 70% das horas transmitidas eram de programas originais e o restante era composto por conteúdos estrangeiros (MARINESCU, 1995).

Produções estrangeiras, aliás, desempenharam um papel importante na reestruturação da TV romena. Imediatamente depois da derrubada do regime, a emissora pretendia sair das 2h diárias, com um canal, para transmissões durante dias inteiros em dois canais. Como não havia produção local suficiente para atender a essa demanda, a solução imediata foi a retransmissão de cada vez mais programas ocidentais. O segundo canal transmitiu telejornais de emissoras espanhola, francesa, alemã e inglesa durante três anos, até aumentarem as produções locais na escala necessária. Tentou-se, também, reavivar programas romenos antigos, mas aqueles identificados com a fase final do socialismo não tiveram sucesso. O contrário ocorreu com formatos como *talk shows* e programas de perguntas e respostas. Além deles, programas religiosos ganharam espaço na grade no domingo de manhã (MUSTATA, 2012).

Essa retomada ocorreu em um cenário de gravíssima crise, agravada logo depois da derrocada do socialismo, e reduziu a economia romena a patamar bem inferior ao observado na década de 1980. Reformas econômicas naufragaram por quase vinte anos. Entre 1993 e 1996, o Produto Interno Bruno romeno despencou 30%. No ano seguinte, foi tentado um plano de estabilização, porém ele falhou e o PIB ainda tombou 12% (CEPIKU; MITITELU, 2010). Na primeira década do novo século, a situação econômica melhorou e o país voltou a crescer com regularidade.

Tchecoslováquia

No fim de 1989, as principais estações de TV da Tchecoslováquia estavam na capital Praga (canais 1 e 7), Banska Stiavinica (40), Bardejov (4), B. Bystrica (7), Borský Mikulás (42), Bratislava (2 e 31), Brno (9 e 49), Ceské Budejovice (2 e 36), Cheb (26), Domazlice (24), Gottwaldov (41), Hradec Králové (6), Jáchymov (7), Jeseník (4), Jihlava (11), Klatovy (6), Kosice (6), Liberec (8), Modrý Kamen (12), Námestovo (4), Nové Mesto (12), Ostrava (1 e 42), Plzen (10), Poprad (5), Ruzomberok (9), Stúrovo (9), Susice (9), Trencín (10), Trutnov (11), Uherský Brod (21), Ustí n. Labem (12), Zilina (11). A elas somavam-se mais de mil retransmissoras. À época, eram transmitidas duas programações e a principal delas tinha 97 horas semanais.

Figura 8: Estações de TV na Tchecoslováquia

Fonte: Elaboração do autor, baseado em WRTH

Havia um clima de prosperidade nas emissoras. Em Bratislava, futura capital da Eslováquia, o prédio que sediava a emissora de rádio foi inaugurado em 1985, depois de dezesseis anos de obras. Até hoje, a pirâmide invertida, eventualmente chamada de nave especial, é uma referência arquitetônica na cidade. O prédio imponente que sediava a emissora de TV, nas imediações do zoológico, foi o mais alto da cidade de 1974 a 2002, mas atualmente está fechado. Em 1987, a emissora atingiu alguns dos seus melhores resultados até o presente: naquele ano, foram produzidos 140 conteúdos de ficção, além de muitos programas infantis (MIKA, 2017).

A transição foi rápida: os jornalistas da emissora de rádio decidiram cobrir as manifestações do fim de 1989 e a direção da emissora de TV aderiu à mesma linha (SKOLKAY, 2017). Nesse período, em uma semana, foram reestruturados os departamentos de jornalismo das emissoras de rádio e de TV e, a seguir, em poucos dias, o de relações públicas e a identidade visual da programação.

Em janeiro de 1990, foram separadas duas unidades na CST, uma com atuação na futura República Tcheca e outra, na Eslováquia. Na prática, isso iniciava o processo de separação das emissoras, que viria a se aprofundar com o descolamento entre a TV e o rádio. Também naquela época começaram os procedimentos de separação dos direitos patrimoniais das obras entre as novas unidades dos futuros países. Como parte significativa dos artistas era identificada como apoiadora da Revolução de Veludo, o elenco das emissoras foi, em geral, preservado (MIKA, 2017).

Em 1991 foi publicado o novo *Broadcasting Act* e a Tchecoslováquia foi o primeiro país do bloco socialista a ter uma nova lei neste setor. Ainda antes da separação dos dois países, nesse mesmo ano, foi promulgado o *Slovak Television and Slovak Radio Act* (SMATLAK, 2000). A separação das emissoras ocorreu de forma pacífica, tal como a mudança de regime e a divisão da Tchecoslováquia. A história da radiodifusão pública no país, contudo, ainda viveria momentos de tensão, conforme se relatará adiante.

União Soviética

Até 1991, todas as emissoras de rádio e de TV soviéticas eram financiadas e controladas pela entidade estatal monopolista do setor, o *State Committee for Broadcasting (Gosteleradio)*. Havia cinco canais nacionais de TV, sendo dois com cobertura quase universal. O Primeiro Canal, com cobertura de 99,8% dos domicílios, tinha uma programação generalista com ênfase em noticiários; o segundo, com 95%, transmitia documentários, programas culturais e infantis, drama e conteúdo proveniente das unidades regionais.

Os enfoques centrais do terceiro e do quinto canais eram, respectivamente, os acontecimentos em Moscou e São Petersburgo. O quarto veiculava programação educativa para crianças e adultos. As 14 emissoras nacionais de rádio e diversas locais cobriam todo o território (VARTANOVA; ZASSOURSKY, 2003).

Na TV, a importação de conteúdos era bem menor que a observada nos demais países do bloco socialista: 5%, contra números que variavam de 17% na Polônia a 45% na Bulgária, na década de 1970. Dez anos depois, eram de 8% na URSS e iam de 24% na Tchecoslováquia a 30% na Alemanha Oriental (MIHELJ, 2012). Alguns autores ponderam que chegou a existir, ao longo do tempo, um certo grau de independência nas emissoras soviéticas (BECKER, 2004). A esse cenário somava-se um robusto sistema de mídia impressa: chegou a ser estimado que, no ano de 1974, apenas na capital Moscou, foram publicados impressionantes 18 bilhões de exemplares de jornais e outros periódicos - em média, mais de 49 milhões por dia, provavelmente voltados, também, a outras regiões do país (BALANENKO; BEREZIN, 1974).

As principais estações de TV apresentadas no mapa estavam localizadas na capital de cada república: Yerevan (Armênia), Baku (Azerbaijão), Minsk (Bielorrússia), Tallin (Estônia), Tblisi (Geórgia), Alma Ata (Casaquistão), Riga (Letônia), Vilnius (Lituânia), Kishinev (Moldova), Moscou (Rússia), Kiev (Ucrânia) e Tashkent (Uzbequistão). A elas se somavam as retransmissoras do interior. O principal canal soviético veiculava, então, 60 horas semanais de programação.

O sistema de transmissão era, de longe, o mais complexo do bloco socialista, em função das condições geográficas do país. Onze fusos horários cortavam a imensidão do território soviético, logo os conteúdos tinham que ser coordenados para fazer sentido na grade. Havia cerca de 900 estações consideradas principais no país e 4.000 retransmissoras, além de 3.000 sistemas de distribuição por cabo e 90 estações *Orbita*, sistema soviético que distribuía os sinais de TV via satélite.

Figura 9: Estações de TV na União Soviética

Fonte: Elaboração do autor, baseado em WRTH (1990)

A União Soviética mantinha, ainda, um serviço internacional de TV, que consistia na veiculação da principal programação local também nos países aliados. Vale lembrar que o ensino do idioma russo, nessas nações, era corrente em diferentes níveis. A programação estava disponível em canais da Bulgária, Tchecoslováquia, Alemanha Oriental, Hungria e Polônia.

As emissoras das antigas repúblicas soviéticas viveram transições bem diferentes entre si. Havia situações mais simples, como a da Letônia, que passou a ter quatro emissoras de rádio públicas e duas de TV. E havia situações bem mais complexas, como a da Rússia, cujo território compreende nove fusos horários.

A história da radiodifusão *pública* russa está condicionada a investidores *privados*. A *Russian Public TV,* na década de 1990, era operada por uma entidade de capital aberto, cujas ações ainda eram detidas majoritariamente por entidades estatais.

Em 1999 foi criada uma nova holding estatal de mídia, a VGTRK, responsável pelos canais de TV *Rossia* (ou *Channel 1,* ou ORT), *Sport, Vesti-24, Bibigon* e *Kultura,* de rádio *Mayak, Kultura* e *Rossii* e 89 emissoras regionais de TV (alguns desses criados nos anos seguintes). Em 2002, emissoras regionais, antes controladas pelas autoridades locais, perderam independência financeira e passaram a ser subordinadas à *holding* mencionada. Em 1999 toda a infraestrutura técnica de transmissão desses canais passou a ser responsabilidade da *holding,* porém, dois anos depois, foi repassada a outra companhia estatal, RTRS. Essa entidade chegou a ter 10.500 retransmissoras. O orçamento estatal cobria, porém, apenas cerca de 10% dos gastos da RTRS (KIRIYA; DEGTEVERA, 2010).

A experiência da radiodifusão pública sofreu uma reviravolta em 2001, ano em que a ORT foi transformada em emissora comercial (então também chamada de *Channel 1* ou *Pervyi kanal*), ainda que o Estado tenha mantido 51% das ações. Em 2012, o então presidente Dmitri Medvedev, depois de declarar apoio à criação de uma TV Pública, editou decreto e nova lei foi, a seguir, promulgada: estava criada a *Obshchestvennoye Televideniye Rossii* (OTR – não confundir com a ORT), cuja operação começou em 2013 (VARTANOVA, 2015).

O papel do governo russo na comunicação de massa vai além. O Estado e suas entidades vinculadas tornaram-se os principais proprietários de empresas de mídia em geral, o que se agravou nos anos 2000. O mesmo ocorria nos setores de impressão e de distribuição, nos quais os municípios também desempenhavam função importante. A transmissão da radiodifusão também era realizada pelo Estado. Desenvolveram-se a *holding* VGTRK e as agências de notícias ITAR-TASS e RIA Novosti. Entre 2010 e 2012, estimava-se que o Estado russo tivesse gastado 174 bilhões de rublos no suporte à mídia por diferentes formas (VARTANOVA, 2015).

Uma das antigas repúblicas soviéticas guarda uma semelhança especial em relação à situação brasileira. Situado na fronteira entre o leste europeu e o sudoeste asiático e com uma população pouco inferior a 10 milhões de habitantes, o Azerbaijão optou por um caminho diferente no processo de transição da radiodifusão: criou uma emissora pública, porém manteve uma estatal e reconheceu, legalmente, a radiodifusão estatal – curiosamente, mantendo a ideia de operação simultânea de dois sistemas, o estatal e o público, tal como na Constituição Federal brasileira. No processo de privatização que se desenrolou naquele país, o governo comprou 51% das ações da AzTV. A emissora pública nasceu a partir desta, recebendo recursos e equipamentos do antigo segundo canal estatal. Foi constituída uma entidade específica, que passou a operar a emissora pública, desde 2005, sob o nome de *Ictimai TV* ou ITV – até aqui, uma transição da emissora estatal para um modelo de PSB. Houve, porém, uma diferença: a emissora estatal, AzTV, depois, expandiu-se novamente para outras duas programações e continuou desempenhando a função de comunicação institucional de governo (ABASHINA, 2016). A existência das duas emissoras chegou a gerar uma polêmica na EBU: ambas gostariam de se integrar à entidade internacional em 2007. A decisão foi favorável a ITV, devendo-se a recusa da AzTV supostamente à sua conexão com o governo.

No fim da década de 1980, e, o acesso à programação de emissoras de radiodifusão estrangeiras era escasso. Essa possibilidade estava restrita a quem morava perto das fronteiras e conseguia assistir sinais vindos dos países vizinhos ou aos que recebiam canais via satélite ou por prestadoras de TV por assinatura, ambos indisponíveis, em geral, nos países socialistas.

A *Ostankino*, nome adotado para a emissora estatal soviética, no entanto, inovou. Naqueles anos, o governo começou a montar, em países do bloco, redes de retransmissão via terrestre, que recebiam os sinais originais da emissora por satélite. Assim, a programação da *Ostankino* podia ser assistida em Sofia (canal 31), Praga (41), Bratislava (50), Brno (52), Dresden (32), Karl-Marx-Stadt (27), Cottbus (8), Budapeste (11), Györ (5), Varsóvia (51) e outras 29 cidades de cinco países (WRTH, 1990). Apenas os países socialistas mais críticos à União Soviética – especificamente Albânia, Iugoslávia e Romênia – foram privados das emissões em russo.

Não que a receptividade tenha sido boa – longe disso. Faltam dados confiáveis sobre a audiência da *Ostankino* nos países socialistas, porém é curioso notar que mesmo especialistas no setor, como os entrevistados nesta pesquisa, sequer se lembravam das transmissões. Era comum aprender russo nas escolas; mesmo assim, assistir a *Ostankino* era uma prática associada, para alguns, a soldados estacionados nos países aliados ou a russos porventura aí residentes (MIKA; 2017; SKOLKAY, 2017).

Mais curioso ainda é imaginar como essa epopeia acabou – afinal, a rede começou a ser montada já nos derradeiros momentos dos regimes socialistas. Novamente, há poucas informações a respeito, ainda que pareça razoável supor que os primeiros anos de transmissão tenham sido fruto do acordo político entre regimes parceiros. Essa relação seria marcada pelo intercâmbio, com transmissões dos canais estrangeiros na União Soviética, o que parece não ter se concretizado. De qualquer forma, as mudanças políticas forçaram uma repactuação. Na Polônia, por decisão do órgão regulador, a emissora pública assumiu os custos de transmissão da *Ostankino*. O presidente do órgão regulador polonês, Marek Markiewicz, chegou a classificar as transmissões como "de interesse do Estado". Dirigentes da TVP protestaram recorrentemente até que, em 1996 ou 1997, as transmissões foram interrompidas. Especificamente na Polônia, por acordo semelhante, foi transmitida também a RAI italiana.

Essa história é envolta em mistério – talvez não por qualquer tentativa de esconder o passado, e sim em função do esquecimento das pessoas e das barreiras linguísticas. Não estão claros os limites da transmissão, nem se outros países ainda mantiveram o sinal da *Ostankino* por muito tempo. Mesmo esse breve relato sobre o caso polonês só foi possível, porque um dos entrevistados, Andrzej Krajewski, a meu pedido, resgatou a troca de mensagens entre o órgão regulador e um usuário, de nome "Adam", em um arquivo público polonês na Internet.

Cerca de sete anos depois da derrocada socialista na Polônia, a *Ostankino* deixou formalmente o país. Já estava em curso um tempo de corte ou redução das amarras, em busca de um novo modelo de radiodifusão.

O MEIO

IV

Não se pode dizer que a radiodifusão pública tenha nascido, no Brasil, com a criação da Empresa Brasil de Comunicação (EBC) em 2007. Nem tampouco com a menção à complementaridade dos sistemas estatal, público e privado na Constituição Federal de 1988. Ainda que tenham mudado a perspectiva para a radiodifusão pública no país, esses dois fatos encaixam-se no meio de um processo que se confunde com a história do rádio no país.

Nas comemorações do centenário da independência no Brasil, começou a operar, em 1922, de forma experimental, e, no ano seguinte, de forma regular, a Rádio Sociedade do Rio de Janeiro, patrocinada pela Academia Brasileira de Ciências. Quase uma década depois, quando o governo federal começou a regular o serviço por meio dos decretos nº 20.047 de 1931 e 21.111 de 1932, a radiodifusão (que, até então compreendia apenas o rádio) foi definida como serviço de interesse nacional com finalidades educativas, devendo a União constituir uma rede nacional. Foi, ainda, explicitado que os aparelhos receptores poderiam ser usados sem objetivo comercial, mediante inscrição e pagamento de uma taxa anual – ou seja, o embrião de uma *licence fee*. Ou seja, o rádio nasceu, então, público: não era vinculado ao governo, nem a empresas privadas. Como meio público foi regulamentado, na década de 1930, já se prevendo fonte de financiamento compatível com emissoras públicas de outros países - a taxa paga pelos detentores de aparelhos receptores (ainda que o decreto não deixasse claro para que entidades deveria ser revertida a taxa).

No centro deste nascimento estava um grupo de cientistas liderado por Edgar Roquette-Pinto. Dentre as suas múltiplas formações, vocações e ocupações profissionais – médico legista, antropólogo, professor, escritor, membro da Missão Rondon e da Academia Brasileira de Letras, dentre outras –, destacava-se a de educador. Roquette-Pinto defendia que o novo meio seria fundamental para "educar" a população, tendo em vista a alta taxa de analfabetismo no país. Em 1936, decidiu doar ao Ministério da Educação e Saúde a emissora, que se tornou conhecida, a partir de então, como Rádio Ministério da Educação ou Rádio MEC. Entre esse ano e setembro de 1955, a emissora veiculou 66.197 horas de programação (média de 3.484 por ano). No início desse período, transmitia 849 horas por ano (média de 2,32 por dia) e, no fim, 6 mil (16,4 por dia), mantendo a tendência de crescimento nos anos seguintes (MILANEZ, 2007a). A estação segue em operação no presente, com linha editorial totalmente diferente, e vinculada a EBC.

As décadas seguintes ao lançamento do rádio no Brasil, no entanto, demonstrariam como a realidade pode rapidamente se descolar da legislação. Nesse período, surgiram as primeiras emissoras privadas e a publicidade comercial passou a ser a sua principal fonte de financiamento. A TV começou a operar, em 1950, lançada pelo maior grupo econômico de mídia do país à época, os Diários Associados. O Código Brasileiro de Telecomunicações (CBT) foi aprovado, em 1962, já olhando para o setor de radiodifusão como segmento eminentemente privado. Foi criada a principal entidade nacional de defesa dos interesses desse segmento, a Associação Brasileira de Emissoras de Rádio e Televisão (Abert), com forte participação das principais emissoras comerciais. E todos os vetos ao CBT, de autoria do Presidente da República, João Goulart, foram derrubados, em votação nominal, pelo Congresso Nacional, depois de intensa mobilização da Abert (PIERANTI; MARTINS, 2007). Com a derrubada dos vetos morriam, também, iniciativas de regular o setor de forma mais incisiva.

Enquanto isso, complementava esse sistema um grupo de emissoras vinculados ao governo federal. Não havia, na década de 1960, iniciativas relevantes de emissoras públicas, programadas ou patrocinadas por entidades da sociedade civil, nos moldes do que, um dia, foram a marca do rádio no Brasil. Existiam quase 40 emissoras não privadas em atuação no país, pulverizadas em diversos ministérios, como os do Trabalho, Agricultura, Fazenda, Comunicações, Educação e Cultura. Normalmente estavam voltadas à transmissão de conteúdos que não interessavam à iniciativa privada, como aqueles focados na prestação de serviços públicos, para cobrir áreas sem grande potencial econômico.

Uma emissora destacava-se neste grupo: desde a década de 1940, a Rádio Nacional era a joia da coroa. À época, o governo federal decidira estatizar empresas mantenedoras de ferrovias em débito com a União, suas subsidiárias e outras entidades nas quais elas tivessem participação. Esse movimento resultou na criação das Empresas Incorporadas ao Patrimônio da União (EIPU), um grupo diversificado de operações que incluiu, além de ferrovias, armazéns frigoríficos, fabricantes de papel, jornais e emissoras de rádio. Quando a Companhia Estrada de Ferro São Paulo-Rio Grande passou por esse processo, conforme o decreto-lei nº 2.073 de 1940, a Rádio Nacional foi incorporada à União.

Enquanto o mundo vivia a Grande Depressão, o Edifício Joseph Gire foi inaugurado, em 1929, como o maior arranha-céu da América Latina. Com 22 andares, destacava-se na paisagem da Praça Mauá – e de todo o Rio de Janeiro -, marcada pelas construções baixas. Logo viria a ser conhecido como Edifício A Noite, em alusão ao jornal que ali funcionava (também incorporado ao patrimônio da União). Mas sua mais famosa ocupante, ao longo das décadas seguintes, seria a Rádio Nacional, fadada a ser uma das líderes de audiência no país. Seus estúdios acompanharam a convivência de alguns dos principais artistas e técnicos; batizaram ícones da comunicação popular brasileira; conferiram popularidade aos principais times e atletas em atuação no país; emitiram para o exterior, em ondas curtas, dirigindo-se, a partir de 1942, aos Estados Unidos, Europa e Ásia em quatro idiomas; e impulsionaram a chamada "Era de Ouro do Rádio".

Quando o mundo começava a experimentar um novo meio que unia imagem ao áudio, a Rádio Nacional realizou, no fim da década de 1940, os primeiros testes para a implantação da televisão no Brasil. A emissora receberia duas outorgas, em breve, para explorar o novo meio de comunicação – uma no Rio de Janeiro, que acabaria revogada e, depois, concedida à empresa dona do jornal O Globo; e outra, em Brasília, que originaria a TV Nacional em 1960, dez anos depois de Chateaubriand lançar a primeira emissora brasileira (JAMBEIRO, 2002; SAROLDI; MOREIRA, 2005). Assim nascia a TV Globo, que, depois de alcançar a liderança dentre as emissoras brasileiras, jamais a deixaria; assim o governo federal fincava um pé na TV.

No Rio de Janeiro, outra iniciativa de radiodifusão educativa teria um final mais feliz, ainda que depois de longas décadas. Em 1952, a Prefeitura recebeu outorga precária de uma emissora de TV, que teria, à frente, Roquette-Pinto e Fernando Tude de Souza. Depois da elaboração do projeto e encomenda dos equipamentos a fornecedores norte-americanos, uma mudança no comando da cidade interrompeu os planos. Como a emissora não foi instalada, a outorga foi revogada pelo Presidente Juscelino Kubitschek, que atribuiu o canal 2 à Rádio Mayrink Veiga. De novo, a emissora não foi instalada e, em 1963, a outorga foi transferida a TV Excelsior. A nova operação teve vida curta: sufocada pela pressão do regime militar, a TV Excelsior deixou de operar o canal 2, no Rio de Janeiro, em 1970. Seu próximo ocupante, a partir de 1973, foi a Fundação Centro Brasileiro de Televisão Educativa (FCBTVE), que deu origem a TV Educativa, vinculada ao governo federal. A entidade fora criada cerca de seis anos antes e, até então, responsabilizara-se pela produção de conteúdos educativos que eram usados por diversas emissoras do país, incluindo as comerciais, como forma de cumprimento da cota destinada à programação educativa na TV.

Como operavam essas iniciativas do governo federal no âmbito da radiodifusão? O que as unia era o termo "educativa": tratava-se de um grupo de emissoras que deveria educar, ensinar à distância. Em alguns casos, como o da Rádio Nacional, a programação ia bem além dessa necessidade, oferecendo entretenimento; em outros, o objetivo principal era a oferta de serviços públicos. Tudo isso viria a ser chamado de "radiodifusão educativa", depois da regulamentação deste serviço (inicialmente, no meio TV) pelo decreto-lei nº 236 de 1967.

As iniciativas da chamada "teleducação" nasceram antes do regime militar, foram por ele encampadas e, nas décadas seguintes, outras surgiriam. Havia, por exemplo, a Campanha Nacional de Radiodifusão Educativa (CNRE), subordinada ao Ministério da Educação e Cultura, criada pelo decreto nº 49.259 de 1960; a política de reserva de canais, pelo órgão regulador da época, o Conselho Nacional de Telecomunicações (Contel), para a televisão educativa; a criação de um grupo de trabalho, pelo decreto nº 63.592 de 1968, para afinar, no plano jurídico, a situação das emissoras educativas e outro, pelo decreto nº 65.239 de 1969, com o objetivo de montar um "sistema avançado de tecnologias educacionais", incluindo a radiodifusão; a implementação do Plano Nacional de Teleducação (Prontel); aspirações de investimentos em um satélite doméstico voltado ao desenvolvimento da "teleducação"; e o "Projeto Minerva", curso supletivo criado em 1970 e suspenso vinte anos depois, quando já era conhecido como "Projeto Me Enerva" (OLIVEIRA, 1992; 2006; BUCCI, 2008):

"Nesse período em que eu estive no Contel, nós tivemos muita ligação com o Ministério da Educação, que estava interessado em ampliar o número de emissoras que trabalhassem educação, não necessariamente televisões educativas – não só de televisão, de rádio também. Se não me engano, em 1967, o representante do Brasil na Unesco trouxe a informação de que, no Canadá, já estava sendo projetado um sistema de televisão educativa via satélite. Isso era um fato novo, que deveria ser considerado (...). O Ministério da Educação tinha uma ligação muito íntima com o Contel e com o Ministério das Comunicações no princípio, de acordo com essa ideia base, de como levar a educação aos lugares mais afastados. É interessante ver o seguinte: a ideia de ter um satélite brasileiro originou-se do interesse do Ministério da Educação junto ainda ao Contel. O segundo ponto era o Prontel, que não sei se existe mais. Era o Programa de Educação pela Televisão, uma coisa assim. Era um órgão dentro do próprio Ministério da Educação e ele estava interessado nisso. Depois ele começou a ficar preocupado com um problema que também surgiu em outros países, em outras áreas: o que iria acontecer quando, através da televisão, chegassem também sinais de fora, transmissão do exterior? Aí o próprio Ministério da Educação começou a ser contrário ao sistema de satélite" (OLIVEIRA, 2006b).

O grande indutor do avanço da radiodifusão educativa, no entanto, foi mesmo o decreto-lei nº 236 de 1967. A partir dele, a União, estados, municípios, universidades e fundações encontraram a base jurídica necessária para deter outorgas e operar as emissoras sem necessidade de processo seletivo. A programação destinava-se à transmissão de aulas, conferências, palestras e debates – uma visão de educação à distância que, salvo espaços restritos na grade de programação, não sobreviveria por muito tempo. Essa construção teórica chegou a ser encarada como uma resposta a pressões de organismos internacionais, como a Unesco, esperançosos com o novo meio, e, simultaneamente, uma tentativa desesperada de capacitar, em massa, toda a mão-de-obra demandada pela crescente industrialização do país (JAMBEIRO,

2002). Ficava registrada pelo decreto-lei, ainda, uma das marcas da história da radiodifusão pública no país: a vedação à publicidade comercial. De 1967 a 1975, foram criadas nove emissoras educativas, das quais seis vinculavam-se a secretarias estaduais de Educação ou de Cultura, como a TV Cultura de São Paulo, e três subordinavam-se ao Ministério da Educação e Cultura, dentre as quais a TV Educativa do Rio de Janeiro, operada pela FCBTVE, e a pioneira, vinculada à Universidade Federal de Pernambuco (PIERANTI, 2007).

As emissoras vinculadas ao governo federal iam além da programação. Os estúdios da Rádio MEC eram usados para a gravação de discos, totalizando oito mil até 1955, o que equivalia a uma média de 400 por ano. Além disso, havia as atividades de assistência técnica e de formação. Antes mesmo de operar uma estação, a FCBTVE capacitava profissionais para a TV educativa. Em 1969, foram mais de 150 (MILANEZ, 2007a; MILANEZ, 2007b).

Em meados da década de 1970, o Brasil já contava com dezenas de emissoras educativas, vinculadas à União, aos estados, municípios e universidades, bem como não faltavam planos à sua utilização para a "teleducação", precursora da educação à distância. Os planos de capacitação em massa por esse meio naufragariam em pouco tempo; as emissoras, contudo, eram uma realidade. Pulverizadas entre ministérios diversos, sem coordenação, pouco representavam. Em 1971, foram objeto de análise na Exposição de Motivos nº 118 de 1971, um documento visionário sobre o futuro iminente do setor das comunicações no Brasil, assinado pelo então ministro das Comunicações, Hygino Corsetti. O texto defendia a criação, no futuro próximo, de uma entidade capaz de coordenar os serviços de rádio e de televisão explorados diretamente pela União. Esse momento chegou em 1975, já na gestão de Euclides Quandt de Oliveira:

"Não sei exatamente onde começou, mas em algum ponto começou a surgir a ideia: por que não juntam todas as rádios em um grupo só, em uma administração só, aí passa a ser gerido pelo poder público? No início do governo Médici, quando entrou o Corsetti, ele fez um estudo prévio, que fez parte da primeira mensagem enviada pelo Médici ao Congresso. Era preciso unir todos os órgãos que fazem radiodifusão sob uma única gestão. E o mais interessante é que a Rádio Nacional não gostou da criação da Radiobrás. Isso era uma coisa que estava em andamento, mas não chegou a ser realizada. Quando chegou no governo Geisel, levantaram lá pras tantas o projeto de unificação da empresa e o ministério estava completamente voltado só para o problema de rede das telecomunicações... e disseram 'se organiza e vai' e foi dada a obrigação ao ministério de se organizar. Já tinha sido reduzida a ideia básica... no primeiro projeto, essa estação da Rádio Nacional teria cobertura internacional. Pra que faríamos programa para o exterior? Muito pouca gente ia ouvir nossos programas, então vamos cobrir essa área... a missão básica da Radiobrás era gerir aquelas empresas e fazer a cobertura da área da Amazônia" (OLIVEIRA, 2006c).

A saga da radiodifusão educativa, contudo, não se restringiu, à época, às expectativas sobre a nova fase. Enquanto o Ministério das Comunicações planejava a expansão da infraestrutura no país, a opressão, a violência e a tortura impunham-se à margem da construção do Brasil Grande. A Rádio Nacional vivenciou, à época, um expurgo de profissionais supostamente identificados com a oposição ao regime militar. Mas outra emissora sofreria um revés bem maior.

Vlado nasceu, em 1937, no Reino da Iugoslávia. Com a ascensão do nazismo, sua família, de origem judaica, decidiu deixar o país. Emigrou para a Itália, onde viveu clandestinamente, e, depois, para o Brasil, onde Vlado formou-se em Filosofia e tornou-se o jornalista Vladimir Herzog. Trabalhou, dentre outros, no jornal O Estado de S. Paulo e na inglesa BBC, além de lecionar na Escola de Comunicação e Artes da USP. Enquanto isso, militava clandestinamente no Partido Comunista Brasileiro. Em 1975, era diretor de jornalismo da TV Cultura, vinculada ao governo de São Paulo, e enfrentava a oposição ferrenha, na Assembleia Legislativa, de deputados do partido governista Arena, como Wadih Helu, ex-presidente do Corinthians, e José Maria Marin, futuro presidente da Confederação Brasileira de Futebol (CBF). Foi convocado a depor pelo II Exército. Decidiu ir, voluntariamente, na manhã seguinte. Nunca mais voltou. A nota oficial dizia que ele havia se suicidado, sendo acompanhada por uma foto que circulou pelo mundo: Vlado aparecia enforcado, preso por um cinto amarrado a uma grade, com os joelhos dobrados. Como a grade era mais baixa que ele próprio, não poderia ter se enforcado naquela posição. Fora assassinado, e sua morte seria o estopim de uma série de atos de resistência: das cobranças por investigação ao ato ecumênico em sua homenagem, jornalistas se mobilizaram. Dentro de alguns anos, o regime militar desmoronaria, não sem antes negociar uma transição lenta, gradual, restrita e capaz de extinguir a punibilidade de quem havia praticado crimes desse tipo.

Tortura e violência, contudo, não eram práticas do Ministério das Comunicações. O órgão tratava da infraestrutura do setor e sequer atuava na regulação de conteúdo. A prática da censura, por exemplo, era atribuição de outros órgãos. À época do assassinato de Vlado, o ministério implementava a recém-criada Radiobrás. O sonho de cobrir a Amazônia, mencionado anteriormente, substituiu, na verdade, o projeto de direcionar as emissoras em ondas curtas ao exterior, nos moldes do que era feito por emissoras públicas estrangeiras e, no Brasil, pela Rádio Nacional. Mesmo mudando o foco das emissoras mais potentes, a Empresa Brasileira de Radiodifusão (Radiobrás), criada pela lei nº 6.301 de 1975 e vinculada ao Ministério das Comunicações, oferecia uma rara oportunidade de organizar as estações vinculadas à União, planejar e potencializar sua atuação. Essa expectativa, contudo, durou pouco, submergindo com o fracasso das políticas de "teleducação" e da própria economia brasileira, que dava seus primeiros passos para ingressar na era da hiperinflação. Na prática, a Radiobrás tornou-se um receptáculo de emissoras pequenas, deficitárias, sem grandes projetos de programação e muito menos importantes que a imponente, porém fragilizada, Rádio Nacional. Também essa encontraria a crise econômica, depois de viver o expurgo, de seu quadro de pessoal, de supostos adversários do regime (SAROLDI; MOREIRA, 2005).

Na década de 1980, a Radiobrás já havia se tornado empresa indesejada na frenética disputa por cargos pelos partidos aliados. Nem a publicação da nova Constituição Federal, que preconizou a complementaridade dos sistemas público, estatal e privado de radiodifusão, interrompeu a rota descendente. Algumas emissoras simplesmente pararam de funcionar; outras, principalmente no início da Nova República, foram doadas ou colocadas à venda pelo governo federal. O decreto nº 95.955 de 1988, por exemplo, autorizou a alienação de catorze emissoras de rádio, das quais doze em FM e duas em OM, e uma emissora de TV em Porto Velho, vendidas para a iniciativa privada, governos estaduais e municipais. Ativos da empresa foram simplesmente entregues, sem observar os ritos necessários, parindo pendências burocráticas (BUCCI, 2008). O total de emissoras vinculadas à União começou, então, a cair:

Gráfico 1: Oscilação no Número de Emissoras Federais no Brasil (1982-1988)

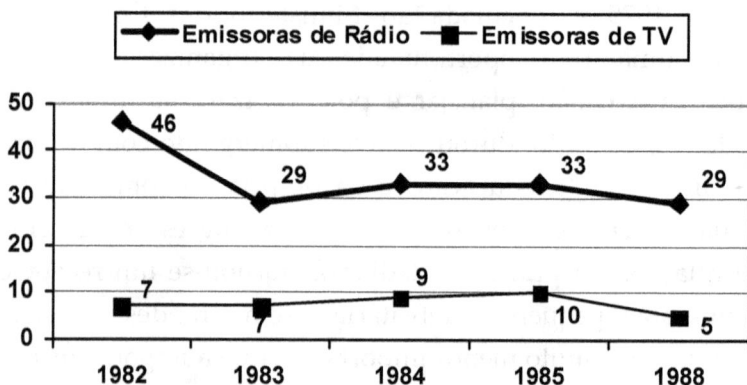

Fonte: PIERANTI (2011)

A situação piorou nas décadas seguintes. A Radiobrás dispunha de outorgas para novas emissoras, em Porto Velho e em Manaus, porém elas jamais foram instaladas. De 1990 a 1992, 439 funcionários foram demitidos, outros 32 pediram demissão e a empresa esteve prestes a ser fechada durante o governo de

Fernando Henrique Cardoso. Enquanto isso, vagava por diferentes estruturas da administração pública, ora vinculada ao Ministério das Comunicações, ora à Secretaria de Comunicação Social da Presidência da República, ora à Casa Civil.

Nesse meio tempo, o serviço de radiodifusão educativa expandiu-se por três caminhos bem distintos. Universidades públicas obtiveram suas outorgas e não se subordinaram à Radiobrás, reiniciando o ciclo de pulverização que a criação dessa empresa justamente tentou interromper. Estados e alguns poucos municípios também obtiveram suas outorgas, oscilando entre adotar a TVE do Rio de Janeiro ou a TV Cultura de São Paulo como suas cabeças-de-rede. Por fim, fundações de direito privado, não necessariamente ligadas a instituições de ensino, implementaram emissoras, porém não se alinharam à forma esperada de execução de um serviço de radiodifusão educativa. Como essas outorgas eram expedidas de forma discricionária pelo governo federal, tornaram-se instrumentos para a prestação de favores e para a solução de problemas políticos. Várias operavam como se fossem emissoras privadas, ainda que nem sempre veiculando publicidade comercial.

Mesmo no âmbito do governo federal a Radiobrás não era uma unanimidade. A ela não se vincularam as TVE do Rio de Janeiro e do Maranhão e a Rádio MEC, que, a esta altura, já veiculava programação focada na música clássica. Estiveram subordinadas a diferentes entidades ao longo das décadas e, em 2002, eram de responsabilidade da Associação de Comunicação Educativa Roquette Pinto (Acerp), uma organização social vinculada ao governo federal. Nesse ano, a Radiobrás, onde trabalhavam 1.147 funcionários, mantinha quatro emissoras de rádio, duas de televisão e uma agência de notícias na Internet; na Acerp, trabalhavam outros 1.302 servidores nas emissoras de televisão educativas do Rio de Janeiro e do Maranhão e em outras duas emissoras de rádio (BUCCI, 2008).

A TV Educativa do Maranhão foi um projeto totalmente diferente dos demais. Em 1969, o governo estadual começou a operá-la com o objetivo de expandir o ensino secundário. A programação deveria ser recebida em instituições de ensino, assistida pelos alunos e acompanhada por monitores, seguindo à risca as expectativas da metodologia de "teleducação". Em 1986, a emissora foi federalizada, mas a operação foi mantida, em parceria com a Secretaria de Educação do estado. Em 1996, avaliava-se que 46.944 alunos eram atendidos; dez anos depois, apenas 492, matriculados em uma escola em São Luís e outra em Peri-Mirim. Nesse ano, o projeto de "teleducação", nos moldes mencionados, foi abandonado e a emissora passou a retransmitir a programação da TVE do Rio de Janeiro, com inserção de conteúdos jornalísticos locais (MILANEZ, 2007b).

Além das emissoras educativas, outras iniciativas ampliavam o campo da comunicação pública no país. A lei nº 8.977 de 1995, conhecida como Lei do Cabo, deu ensejo à criação de canais comunitários e universitários, já que previu sua distribuição gratuita e obrigatória. Além disso, a lei nº 9.612 de 1998 criou o serviço de radiodifusão comunitária e, com ele, permitiu o surgimento de milhares de rádios comunitárias.

Estagiário da TVE do Rio de Janeiro em 2002, lembro-me de como esperávamos transformações na emissora durante o governo de Luiz Inácio Lula da Silva, a se iniciar no ano seguinte. Na festa de Natal, nos corredores e nos restaurantes da região, imaginávamos que o futuro governo investiria na combalida TVE, atentando para sua importância histórica e seu potencial no campo da comunicação. Não sabíamos que as mudanças ainda demorariam alguns anos – assim como não intuíamos que elas seriam profundas.

V

O primeiro mandato de Lula como Presidente da República foi complicado. É certo que ali foram lançadas e começaram a ser implementadas políticas públicas que contribuíram decisivamente para mudar as condições de vida de milhões de brasileiros, porém, também naqueles anos, ocorreram as primeiras crises políticas do período. E, com elas, a constatação de que a comunicação do governo não funcionava bem: o Presidente da República não contou com espaço em nenhum meio de comunicação, dentre os mais importantes, para se defender; as importantes medidas do mandato não receberam o destaque merecido; e a forma de distribuição de publicidade oficial reproduzia modelo anterior, concentrando parte imensa dos recursos nos meios tradicionais. Esse parecia ser um enredo para transformar o sistema *estatal*, a comunicação *de governo*.

Parecia. No início do segundo mandato de Lula, Franklin Martins assumiu a Secretaria de Comunicação Social da

Presidência da República e, com ele, seu secretário-executivo, Otoni Fernandes Jr., ambos jornalistas de sucesso. Juntos, revolucionaram a comunicação de governo, bem como atraíram a antipatia de meios de comunicação que continuaram se comportando como oposição. No governo, criaram regras para a distribuição da publicidade oficial, o que incluía a definição de critérios técnicos para os aportes e a incorporação de milhares de novos meios de comunicação a um clube, antes, fechado; foram protagonistas dos principais processos referentes às comunicações, como, por exemplo, a I Conferência Nacional de Comunicação (Confecom) e o grupo de trabalho que propunha a criação de um novo marco regulatório para o setor; e capitanearam a criação da Empresa Brasil de Comunicação (EBC).

Na administração pública, outro ator importante desse processo foi o Ministério da Cultura. Desde que Gilberto Gil assumira o órgão, sendo sucedido por seu secretário-executivo Juca Ferreira, as preocupações acerca da radiodifusão deixaram de ser exclusivas do Ministério das Comunicações. Inicialmente, o Ministério da Cultura preocupava-se com o fomento de conteúdos audiovisuais; depois, com os gargalos para sua veiculação, já que as emissoras comerciais, em grande parte, não a desejavam; depois, com fontes alternativas para a distribuição desse material. Assim, políticas e programas como Pontos de Cultura, DocTV, AnimaTV, FicTV, Nós na Tela e tantos outros, criados em um ambiente de intensa participação social, passaram a tratar de comunicação.

Nunca o setor ligado à comunicação pública estivera tão organizado e unido. A atuação conjunta de Abepec, Astral, ABTU e ABCCom, que representavam, respectivamente, as emissoras educativas, legislativas e canais universitários e comunitários disponíveis por TV a Cabo, deu relevância ao que viria a ser conhecido como "campo público". O maior expoente desse movimento foi o I Fórum Nacional de TVs Públicas, ocorrido em diferentes fases, no biênio 2006-2007 (portanto, último ano do primeiro mandato e primeiro do segundo de Lula). No encerramento do evento, o próprio Presidente da República criticou a TV brasileira e declarou que seria criada uma nova emissora para exibir o que a televisão não mostrava. Em termos técnicos, a mensagem não era clara; no plano político, era inequívoca e evidente:

> "Não diria que Lula tinha uma visão conceitualmente muito clara da TV Pública. Ele dizia: 'não quero uma TV chapa-branca, não quero uma TV de governo, quero uma TV que ajude a pensar, ajude as pessoas a conhecer o país, que tenha um jornalismo sério'. O Ministério da Cultura, com o Gilberto Gil à frente, tinha uma visão muito próxima da nossa, da Secom e do presidente sobre a TV Pública. Então com muita rapidez e tranquilidade se construiu dentro do governo a visão que levou à criação da EBC e da TV Brasil" (MARTINS, 2013).

Soma-se a este rol Tereza Cruvinel. Jornalista responsável por uma das mais prestigiosas colunas políticas do país, publicada há décadas em O Globo, foi convidada a assumir a EBC, como sua primeira Diretora-Presidente. Sua relação com parlamentares dos mais diferentes partidos seria decisiva para garantir a aprovação e conversão em lei da medida provisória que criou a empresa e para seus primeiros passos, assim como atiçaria a oposição dos meios de comunicação tradicionais.

Nos anos anteriores, a Radiobrás já havia se dedicado a tentar implementar um projeto de radiodifusão pública, sob a gestão de Eugênio Bucci. Em substituição à missão de comunicação institucional da antiga empresa, foi realçado, então, o direito à informação - ou seja, o direito da sociedade de receber uma informação objetiva e fiel aos fatos, abandonando a lógica da informação veiculada sob a ótica governamental. Para ele, aliás, "o estatal deve ser entendido como uma subcategoria do público, ou seja: embora nem tudo que é público seja estatal, tudo o que é estatal só pode ser público" e emissoras que se comportam como governistas acabam por "conceder ao patrimonialismo" (BUCCI, 2008, p. 260-1).

Ainda que a iniciativa tenha sido importante, seu sucesso foi relativo: a Radiobrás tinha uma sólida tradição de comunicação governamental, não dispunha de previsão legal para mudar sua forma de atuação, não geria meios de comunicação nacionalmente importantes, não contava com mecanismos institucionalizados de participação social e era uma empresa frágil, do ponto de vista administrativo. Já a Acerp não passou por nenhum processo semelhante no primeiro mandato de Lula.

A Medida Provisória nº 398 de 2007 previu que a Empresa Brasil de Comunicação (EBC) seria uma empresa pública, vinculada à Secretaria de Comunicação Social da Presidência da República, com capital social integralizado e patrimônio constituído pela União. Ela deveria incorporar a Radiobrás – processo concluído meses depois - e, por conseguinte, as antigas emissoras estatais, além dos seus funcionários. Como ela não poderia legalmente incorporar a Acerp, por se tratar de uma organização social, passaria a ser responsável pela operação das emissoras a ela vinculadas, contando com seu apoio operacional. A EBC seria a responsável pela prestação de serviços de radiodifusão pública e, simultaneamente, por prestar serviços de comunicação (institucional) ao governo federal. Ou seja, conviveriam, na mesma empresa, a radiodifusão pública, tendo à frente a TV Brasil (reconhecida como a TV pública e substituta das antigas TVE e da TV Nacional de Brasília) e por um conjunto de rádios, dentre as quais a Rádio Nacional, e a comunicação de governo, produzida por contrato e cujos maiores símbolos eram o canal de TV NBr, distribuído inicialmente por assinatura e via satélite, e os programas de rádio Voz do Brasil e Café com o Presidente. Suas finalidades iam muito além da tradicional radiodifusão educativa, incluindo, por exemplo, além dessas, o oferecimento de mecanismos para o debate público, o desenvolvimento da consciência crítica, o fomento à construção da cidadania, o apoio a processos de inclusão social e socialização da produção de conhecimento e o estímulo à interatividade. A receita da empresa poderia originar-se de múltiplas fontes, como, por exemplo, orçamento público, patrocínio, prestação de serviços – mas não publicidade comercial. Seu Diretor-Presidente passava a ter um mandato fixo, não podendo ser demitido, a qualquer tempo, pelo Presidente da República, prática até então recorrente. Além disso, a estrutura de governança incluía um Conselho Curador com 22 membros, com mandatos fixos, dos quais quinze eram provenientes da sociedade civil e deveriam refletir critérios de diversidade cultural e de profissões. Esse conselho passaria a ser o responsável por acompanhar a programação dos canais públicos, verificar se ela condizia com o previsto na legislação e pelo afastamento de qualquer diretor, se por duas vezes apresentasse moção de repúdio em relação a ele ou ela. Ficavam previstas, ainda, cotas de programação, como mínimo de exibição de 10% de conteúdo regional e de 5% de conteúdo independente na programação semanal. Outro dos objetivos da EBC era o estabelecimento de parcerias com outras entidades com vistas à formação de uma Rede Nacional de Comunicação Pública.

Durante a tramitação do texto no Congresso Nacional, foram incorporadas inovações importantes. A principal foi a criação da Contribuição ao Fomento da Radiodifusão Pública, que deveria ser paga por todas as prestadoras de serviços de telecomunicações e emissoras de radiodifusão visando o sustento da EBC. A medida provisória foi aprovada no seu último dia de vigência, de madrugada, em sessão tumultuada, com a saída de parte dos parlamentares de oposição do plenário. Assim nascia a lei nº 11.652 de 2008, um dos diplomas mais inovadores na história da radiodifusão no Brasil.

VI

O primeiro grande desafio a ser enfrentado pela EBC estava relacionado à sua caracterização como representante genuína da radiodifusão pública, e não como a "TV do Lula", alcunha conferida por seus críticos. Quando cheguei a EBC como chefe-de-gabinete da Presidência, na segunda metade da gestão de Tereza Cruvinel, essa disputa ainda estava em pauta.

Havia, pelo menos, duas razões para a força do discurso que teimava em tentar carimbar a empresa como um conjunto de emissoras estatais com nova roupagem. A primeira dizia respeito à tradição; a segunda, à própria estrutura da empresa. O Brasil nunca havia tido, até então, uma entidade que se intitulasse - e fosse legalmente reconhecida como tal – protagonista da radiodifusão pública. Várias outras ocorrências anteriores, no campo da radiodifusão pública, tangenciavam esse conceito: a Constituição Federal, desde 1988, previra três sistemas (portanto, diferentes) de radiodifusão, o público, o estatal e o privado;

mecanismos de participação social no dia-a-dia das emissoras eram previstos, por lei, em rádios comunitárias; canais universitários e comunitários eram realidade na TV a Cabo (e, com a aprovação de nova lei em 2011, passariam a estar presentes em todas as prestadoras de TV por Assinatura); e a Radiobrás ensaiara brevemente alguns passos no sentido de tentar se distanciar da comunicação de governo. No entanto, a imagem das emissoras vinculadas à União, a partir da qual se originava a EBC, e a das emissoras educativas estaduais, que deveriam ser suas parceiras na construção de uma Rede Nacional de Comunicação Pública, estava historicamente associada à comunicação de governo que, no Brasil, passou a ser chamada de estatal, em clara confusão entre os conceitos de "Estado" e "governo", o que não deixou de ser criticado (RAMOS, 2013). Elas refletiam as opiniões dos governos federal ou estaduais, que escalavam dirigentes de confiança para comandá-las normalmente sem o monitoramento de instâncias de participação social. Em geral, seu jornalismo carecia de credibilidade e sua programação era valorizada pelos conteúdos infantis, esportivos, de debate e educativos. Nos países vizinhos, a situação não era muito melhor, faltando referências claras de radiodifusão pública nas proximidades. Havia um legado de comunicação de governo embutido nessas emissoras – e a EBC, tal como suas coirmãs do centro-leste europeu, teve que incorporar esse legado.

A própria estrutura da empresa contribuía para esta confusão. A EBC foi criada para gerir as emissoras de radiodifusão pública, porém, conforme previsto em lei, prestava serviços de comunicação institucional ao governo federal, sendo para isso remunerada. Com isso, era e é a responsável por produtos plenamente identificados com o governo federal, como, por exemplo, A Voz do Brasil e a NBr, que, frise-se, até 2016, jamais se confundiram com os produtos de radiodifusão pública.

A maior parte das equipes que os produziram, o enfoque, os formatos, as estruturas narrativas eram quase totalmente diferentes – e, quando não eram, deveriam ser.

Havia um consenso de que essa mistura não era o cenário ideal, o que acarretou, inclusive, críticas posteriores (RAMOS, 2013). No país perfeito, o reconhecimento da radiodifusão pública como elemento fundamental para a construção da democracia seria natural, podendo a comunicação de governo ser feita por outra entidade.

Ainda que concorde com esse consenso, alinhei-me à corrente minoritária e sempre entendi, por razões pragmáticas, que seria possível e razoável tratar de radiodifusão pública e de comunicação institucional de governo em uma mesma estrutura. Em primeiro lugar, há referências internacionais similares: como ainda se verá neste livro, algumas entidades do centro-leste europeu responsáveis pela radiodifusão pública também programam o canal legislativo, bem como são remuneradas pelo governo para produzir produtos específicos, como programações voltadas à diáspora (nacionais residentes no exterior). Além disso, em um país com as dificuldades conhecidas em termos de administração pública, seria injustificável abandonar a estrutura existente, no momento de criação da EBC, para montar uma organização inteiramente nova dedicada à radiodifusão pública. Isso envolveria, dentre outros aspectos, inúmeros concursos públicos para contratação de mão-de-obra, duplicação de investimentos e disputa por espaço no espectro, com grandes chances de insucesso, já que a transição para TV Digital, em curso à época, saturou as frequências disponíveis nas grandes cidades. Por fim, ainda que o governo federal contasse com significativa base parlamentar naquele momento, seria inviável, no plano político, a aprovação de uma estrutura completamente nova para a radiodifusão pública. Aliás, a medida provisória de criação da EBC esteve prestes a perder a validade, sendo aprovada nos momentos finais de sua vigência. Entendo, portanto, que o Brasil seguiu corretamente o modelo adotado pelo centro-leste europeu, que fez transição semelhante. Esse era o modelo possível. Nessa fase inicial, enfrentar críticas era uma atividade rotineira:

"A TV Pública começou a enfrentar críticas da mídia ainda antes da edição da medida provisória. Acho que, de alguma forma, a minha escolha como Presidente aguçou essa postura. Eu escrevia uma coluna prestigiosa no Globo, era comentarista da Globonews, era parte da elite do jornalismo. Como a TV Pública foi vista desde o início como uma revanche do governo ao tratamento inamistoso que lhe era dispensado pela imprensa política, minha escolha para a presidência também despertou reações. Viram nisso uma espécie de 'traição corporativa', algo que não seria perdoado durante minha gestão, e mesmo depois. Havia, também, e continua havendo, muito desconhecimento sobre a diferença entre comunicação pública e governamental e sobre o papel de uma TV Pública. Quando citávamos o exemplo da BBC, havia quem se surpreendesse ao saber que a emissora inglesa é pública. No Congresso, havia, claro, um ambiente de radicalização política entre oposição e governo. Havia quase um juramento de que a medida provisória não seria aprovada, embora a coalizão de apoio a Lula, no segundo mandato, tenha se ampliado com a inclusão oficial do PMDB. No Senado a situação era ainda mais complicada. O governo foi derrotado na votação da emenda que prorrogava a CPMF, que tramitava junto com a MP da EBC" (CRUVINEL, 2013).

As críticas a EBC eram frequentes e vinham de fontes diversas, incluindo grande parte dos meios de comunicação tradicionais. A direção da empresa, com Tereza Cruvinel à frente, e o governo federal, com destaque para o então ministro Franklin Martins e o próprio Presidente da República, defendiam a EBC. Explicavam que a radiodifusão pública era uma necessidade democrática, entendida como tal nos Estados Unidos, na Europa, no Japão e em diversas regiões do mundo, não se confundindo com comunicação de governo.

Um critério inicial para se medir relevância da radiodifusão pública é sua defesa como uma forma alternativa de se fazer comunicação, não se confundindo com a radiodifusão estatal (para usar o termo consagrado na legislação brasileira) ou privada, com o governo ou com o mercado. Ela é diferente justamente por se pretender independente e equidistante em relação a ambos, sendo necessários alguns elementos para se garantir essa independência, como será discutido adiante. Na primeira gestão da EBC, essa defesa política da empresa foi feita recorrentemente, expondo sua relevância. Aos poucos, esse discurso tornou-se menos frequente, raro e, passados alguns anos, perdeu-se por completo. Em 2017, na contramão de princípios básicos da radiodifusão pública, rumores sinalizavam uma possível fusão dos canais públicos com os produtos de comunicação institucional de governo. Este não foi o único problema vivido pela EBC em sua implantação. Outros diziam respeito à estrutura da empresa:

"Quando fui convidada para presidir a empresa, os demais diretores já estavam escolhidos. Foi um erro aceitar o cargo nestas condições, paguei um preço altíssimo por isso, mas não me arrependo. Foi um bom combate e o legado foi bom. Poucos dias depois de empossada, percebi o tamanho das dificuldades que enfrentaria para implantar e dirigir a empresa com uma diretoria colegiada, onde decisões são tomadas por voto, que não fora escolhida por mim. Logo, os diretores não me deviam a escolha e a nomeação, e isso teria implicações em termos de hierarquia. Os três mais importantes (Diretor-geral, diretor de Programação e Conteúdo e diretor de Relacionamento e Rede) haviam sido indicados pelo ministro da Cultura, Gilberto Gil, e pareciam ver em mim uma intrusa no projeto. Afinal, eu vinha das Organizações Globo e esta origem, embora representasse experiência ou algum valor profissional, despertava preconceito e desconfiança. Naturalmente os conflitos não demoraram em se manifestar de forma aguda. Mas todos sabiam que, com meu trânsito no Congresso, eu teria um papel fundamental para a aprovação da medida provisória. Logo depois que isso aconteceu, e antes mesmo da sanção, comecei a ser abertamente desafiada" (CRUVINEL, 2013).

Os dois principais dirigentes da entidade eram nomeados pelo Presidente da República. Simbolicamente, estavam em patamares semelhantes, e o diretor-geral não era escolha de confiança do diretor-presidente. Também não havia, nessas escolhas, uma mediação com o Congresso Nacional, tal como em outros países, nem uma sabatina dos indicados pelos parlamentares, à exemplo do adotado, no Brasil, para as agências reguladoras (RAMOS, 2013). Além de Tereza Cruvinel, apenas dois diretores permaneceram no cargo até o fim da primeira gestão: José Roberto Garcez, oriundo da antiga Radiobrás e diretor de Serviços da EBC, a área responsável pela comunicação de governo, e Roberto Gontijo, diretor de Suporte. Parte dos primeiros diretores ocupava, antes, cargos no Ministério da

Cultura, órgão fundamental no suporte político para a criação da EBC. Todos deixaram a empresa antes do fim da gestão:

> "Não acho que ela deveria ficar vinculada ao Ministério das Comunicações, pois esse ministério lida mais com a questão tecnológica, a base física, e não com conteúdo. Poderia perfeitamente ter sido o Ministério da Cultura. Na verdade ela foi uma construção conjunta, não foi só a Secom que a construiu. Eu e o Juca (Ferreira), que era o secretário-executivo do MinC, trabalhamos juntos. No início, várias pessoas vieram do Ministério da Cultura para a EBC, inclusive o Diretor-Geral. Foi uma composição e foi um erro. Porque quem deveria nomear o Diretor-Geral era a Presidente da empresa. Depois de um tempo foi necessário trocá-lo, independente da pessoa. É a mesma coisa que um Secretário-Executivo de um ministério não ser nomeado pelo Ministro. Não dá certo, porque a lealdade e a cumplicidade positiva não funcionam dessa forma. A EBC poderia ter se vinculado ao MinC e até acho que, no médio prazo, deveria ir para a Cultura. É bom lembrar que o MinC tinha jogado um papel-chave no Fórum de TVs Públicas, que subsidiou a criação da TV Brasil. Mas talvez o Presidente Lula tenha achado que a Secom, em um novo momento, teria boas condições de tocar o projeto, tanto é que ele já falou isso no convite que me fez" (MARTINS, 2013).

O problema de divisão não se resumiu à diretoria. A EBC reuniu, em seus primeiros anos, profissionais egressos da Radiobrás e da Acerp, duas entidades com culturas internas bem diferentes. A primeira tinha sede em Brasília; a segunda, no Rio de Janeiro. A primeira era reconhecida por sua atuação mais voltada à comunicação de governo, porém nos anos imediatamente anteriores à sua extinção tentara se dedicar à radiodifusão pública. Como a primeira foi incorporada à EBC e a segunda não, estabeleceu-se, durante alguns anos, uma dupla cadeia de comando: chefes da EBC não poderiam comandar diretamente equipes formadas majoritariamente por profissionais da Acerp. E essa situação ocorria em grande parte das unidades do Rio de Janeiro, como, por exemplo, nas áreas de jornalismo e de produção. Dependia-se, então, da boa vontade do coordenador ligado a Acerp. Esse duplo comando reproduzia-se nos escalões superiores de ambas as entidades, já que a Acerp não era subordinada à EBC – era, na verdade, contratada por esta para prestar determinados serviços.

Do ponto de vista legal, a medida provisória que deu ensejo à criação da EBC é fruto de um grupo de trabalho que desenvolveu seus estudos por poucos meses. Não seria possível perder o tempo preciso para a apresentação da proposta, ainda contando com o eco e a mobilização do I Fórum Nacional de TVs Públicas. A conversão do texto em lei demonstrou que esse prazo político estava correto. No entanto, deixaram de ser construídas soluções jurídicas ao longo deste processo, que só vieram a se confirmar anos depois.

Uma delas dizia respeito à natureza das outorgas: a EBC jamais conseguiu reunir todas as emissoras vinculadas ao governo federal, incluindo as de universidades federais e suas fundações de amparo à pesquisa, o que, um dia, foi o sonho da Radiobrás. Essas emissoras continuaram atuando de forma autônoma e sua vinculação à Rede Nacional de Comunicação Pública era frágil e sujeita às intempéries da conjuntura política. Mesmo a autorização de novas emissoras a EBC só foi regulamentada em 2014, quando o Ministério das Comunicações disciplinou o rito de novas consignações para a União. Reconheceu, então, a EBC como entidade que poderia dispor dessas consignações, mais céleres que as outorgas tradicionais. Havia, ainda, outros problemas de fundo:

"O GT tem muitos méritos e conseguiu formular algumas soluções importantes, no plano institucional, mas acho que cometeu muitos equívocos, relacionados com as questões operacionais futuras. Por exemplo: a opção pelo formato de empresa pública. Foram estudados outros modelos, como uma fundação ou um instituto? Não sei. O GT pensou em uma empresa pública não dependente, com plena autonomia financeira para gerir o sistema público. A autonomia editorial foi assegurada pela subordinação das diretrizes de programação ao Conselho Curador, mas como garantir autonomia financeira a uma empresa que não nasceria dispondo de receitas próprias suficientes para se manter, ainda mais não podendo explorar a publicidade comercial? Esse foi um problema que depois eu vim a enfrentar. Tivemos que alterar a natureza da empresa, de estatal não dependente para dependente. É claro que eu gostaria de presidir uma empresa não dependente, que pudesse aplicar suas verbas orçamentárias da melhor forma, remanejar recursos sem depender do Congresso, fixar sua própria política salarial, entre outras vantagens. Mas, para isso, eram necessárias as receitas próprias. Sem explorar publicidade comercial, o que é correto, herdando estruturas sucateadas, que precisariam ser modernizadas à custa de grandes investimentos, herdando passivos trabalhistas, de onde viriam as receitas? Como empresa dependente, entretanto, a EBC teve que subordinar-se ao conjunto de regramentos do Orçamento da União, embora em minha gestão os recursos prometidos sempre foram garantidos. Quando a área econômica criava embaraços, Franklin entrava em campo, ia ao presidente e a coisa se resolvia." (CRUVINEL, 2013).

Depois que Tereza Cruvinel deixou a EBC ao fim do seu mandato, assumiu, como Diretor-Presidente, Nelson Breve, ex-secretário de Imprensa da Secom durante o governo Lula. A gestão de Breve foi marcada por uma forte preocupação com a estrutura da empresa e a definição e seu planejamento estratégico. Poucos meses antes do fim do seu mandato, Breve reassumiu a Secretaria de Imprensa e, em seu lugar, assumiu Américo Martins, que renunciou ao cargo pouco antes de completar seis meses. À época, diversos meios de comunicação (LIMA, 2016; MELO, 2016) divulgaram que a saída poderia ser fruto de ingerências políticas do governo. Martins negou essa interpretação, ao comunicar oficialmente que sua saída ocorria por motivos pessoais (AGÊNCIA BRASIL, 2016). De fevereiro a maio de 2016, durante um período em que a crise política no Brasil se agravava a passos largos, a EBC não teve diretor-presidente nomeado. Naquele mês, poucos dias antes de seu afastamento da Presidência da República, Dilma Rousseff nomeou Ricardo Melo, até então Diretor de Jornalismo, como o novo Diretor-Presidente da empresa. Melo seria afastado nos primeiros dias do novo governo, ainda interino, voltaria ao cargo por decisão liminar e, depois, voltaria a ser afastado como fruto de um conjunto maior de alterações na situação da EBC.

Logo no início do governo Temer, foi encaminhada ao Congresso Nacional a Medida Provisória nº 744 de 2016, depois convertida na lei nº 13.417 de 2017. Ela alterou pontos importantes da lei que embasava a atuação da EBC: foi extinto o mandato fixo do diretor-presidente e, na sequência, Laerte Rímoli assumiu o cargo; foi extinto o Conselho Curador da EBC, que foi substituído por um anódino Comitê Editorial e de Programação, criado nas discussões no Congresso Nacional, e cujas principais atribuições foram vetadas no momento de sanção da lei. Esse comitê não foi implementado, pelo menos até o fim de 2017. Assim, caíram por terra dois institutos muito ligados à independência da radiodifusão pública – o mandato-fixo dos principais dirigentes e a garantia de instâncias de participação social -, como será discutido adiante. Poucas, pouquíssimas manifestações seguiram-se a essas medidas duras.

O silêncio quase total pode ser atribuído a uma fase de fragilização da EBC. Parte do corpo funcional da empresa já questionava, há anos, a chegada de gestores vinculados, até semanas antes, ao governo federal. Utilizava-se, inclusive, o termo "porta giratória" para caracterizar a entrada de ex-funcionários da Secom na EBC. Talvez isso ajude a explicar a simpatia, de parte dos profissionais da empresa, dirigidas ao novo diretor-presidente, que prontamente anunciou que parte dos cargos de direção seria ocupada por funcionários de carreira.

Além disso, a EBC patinava para afirmar sua liderança no setor de radiodifusão pública. O movimento de adaptação das antigas emissoras educativas vinculadas a governos estaduais à lógica da radiodifusão pública jamais ocorreu. Algumas iniciativas de criação de instâncias de participação social chegaram a ser tentadas, na Bahia e em Sergipe, dentre outros, mas os estados não adotaram, por exemplo, a lógica de mandatos-fixos para diretores-presidentes. Além disso, a TV Brasil continuou disputando com TV Cultura e Rede Minas a liderança da rede integrada pelas emissoras educativas:

Tabela 4 – Programação-base transmitida pelas emissoras educativas

Programação-base	Nº de emissoras	% de emissoras
TV Brasil	27	19,1
TV Cultura	26	18,4
Rede Minas	26	18,4
Programação Religiosa	22	15,6
Programação Própria	18	12,8
Canal Futura	9	6,4
Record News	5	3,6
Rede NGT	4	2,8
Outros	4	2,8
Total	**141**	

Fonte: PIERANTI; FERNANDES, 2017.

A TV Brasil liderava por pouco, em 2017, a preferência dentre as emissoras educativas em atuação no país. Essa liderança apertada decorria, em grande parte, da preferência pela TV Brasil por emissoras educativas vinculadas ao poder público. Se analisadas apenas as outorgas vinculadas a entidades de direito privado, a preferência era por programação religiosa, ficando a TV Brasil na quarta colocação (PIERANTI; FERNANDES, 2017).

O modelo brasileiro de estruturação da rede pública é absolutamente incomum: a EBC deve sensibilizar emissoras autônomas, várias das quais vinculadas a fundações privadas ou a governos comandados por partidos de oposição à administração federal. Trata-se de um obstáculo à ampliação da capilaridade da TV Brasil, já que a adesão das emissoras estaduais à rede, em municípios estratégicos, é instável. O governo federal também não implementou alternativas efetivas, a exemplo de uma política de novas consignações, em todas as capitais, para a própria EBC. Essa falta de capilaridade contribui para a perda de relevância da radiodifusão pública.

A EBC não dispõe, assim, de uma estrutura de estações próprias semelhante às dos países do centro-leste europeu, nem tampouco é fruto de um sistema de governança no qual tenha ascendência sobre os demais parceiros, como no caso da ARD alemã. O problema de um modelo dependente do convencimento de emissoras autônomas aumenta em um cenário de recorrente baixa audiência, como discutido adiante.

Outro aspecto não equacionado é o financiamento da EBC. A criação da Contribuição ao Fomento da Radiodifusão Pública – que poderia, em tese, cumprir o papel da *licence fee* – foi uma inovação importante, mas, desde seu início, é objeto de contestação na Justiça pelas prestadoras de serviços de telecomunicações, que seriam as grandes devedoras. Os valores são depositados em juízo e não são utilizados. A negação *a priori* da publicidade comercial como fonte de financiamento da radiodifusão não privada no Brasil acabou por lançar a EBC nos braços do orçamento público. Nesse sentido, vale analisar os números do orçamento nos anos recentes:

Tabela 5: Orçamento da Empresa Brasil de Comunicação - EBC (2007 a 2016)

	2007	2008	2009	2010	2011	2012	2013	2014	2015	2016
1) Orçamento LOA (R$)	156040170	323720716	290422280	453911395	471116957	416332681	533510760	538362975	627526080	657433054
1.1) Variação ano anterior (%)		107,46	-10,29	56,29	3,79	-11,63	28,15	0,91	16,56	4,77
2) Orçamento executado (R$)		259378380	383005483	471566261	424495347	455560734	482937855	535646005		
2.1) Orçamento executado (%)		80,12	131,88	103,89	90,1	109,42	90,52	99,5		
2.2) Variação ano anterior (%)			47,66	23,12	-9,98	7,32	6,01	10,91		
3) Pessoal e encargos (R$)	91954680	69917719	100543070	140138748	158331780	220449902	238283994	268663242	283669165	350114832
4) Investimento (R$)	10000000	104382941	111847704	109435587	93696953	29342328	58000000	18213000	26000000	31429128
4.1) Variação ano anterior (%)		943,83	7,15	-2,16	-14,38	-68,68	97,67	-68,6	42,76	20,88
4.2) Investimento executado (R$)		121970139	95216110	94534180	44457831	44215635	30387301	32713000		
4.3) Variação ano anterior (%)			-21,93	-0,72	-52,97	-0,54	-31,27	7,65		

Fonte: PIERANTI (2017)

153

O orçamento da EBC tem aumentado ao longo dos últimos anos. Teve, por exemplo, variação positiva de 16,56% em 2015 e de 4,77% em 2016. No entanto, a maior parte desses montantes é utilizada para o custeio da empresa. Mais importante é examinar o item 4.2, que revela o orçamento executado em investimentos. De 2009 a 2013, houve queda de investimentos ano a ano, até um tímido aumento de 7,65% em 2014. Esses números refletem não só a crescente indisponibilidade de recursos para investimentos – que possibilitariam, em tese, uma melhora da qualidade da programação ou da qualidade técnica das transmissões -, como também sugerem um decréscimo da importância da empresa para o governo federal. É certo que recursos disponíveis para investimentos não garantem o sucesso da empresa; no entanto, a indisponibilidade desses recursos assegura que a EBC não disporá do básico para competir com as outras emissoras. Em poucas palavras, esse é mais um sinal de que a EBC, com o passar do tempo, perdeu importância para o governo federal.

VII

Antes da criação da EBC e nos anos imediatamente posteriores, a EBC encontrou apoio na Secom-PR, órgão ao qual estava vinculado, e no MinC, que participara do projeto desde o seu início e indicou alguns dos dirigentes da empresa, como já visto. Por vezes, contava com outros aliados no governo, como, por exemplo, com o Ministério da Educação, cuja participação foi importante em diversas reuniões do Conselho Curador.

Até então, a atuação do Ministério das Comunicações em relação ao estabelecimento da empresa havia sido tímida, em patamar inferior ao dos órgãos mencionados, ainda que não tenha criado obstáculos à sua criação. A partir de 2011, sob nova gestão, o ministério passou a ecoar o discurso sobre a importância da radiodifusão pública e, mais importante, a buscar soluções para os problemas desse segmento. O objetivo direto dessas ações não era o fortalecimento da EBC em específico, mas a consolidação do campo no qual ela se inseria. Participei diretamente dessas iniciativas, ao assumir diferentes cargos no ministério, até 2016, relacionados com a radiodifusão pública.

Ainda em 2011, a gestão já percebia que os problemas enfrentados por esse segmento eram bem diferentes dos observados no sistema privado de radiodifusão. Soluções distintas seriam, portanto, necessárias. Tão importante quanto elas, porém, seria a construção de uma nova forma de trabalho, com enfoque na formulação e na implementação de políticas públicas, além da revisão dos processos tradicionais inerentes ao órgão. Ou seja: não bastava apenas outorgar e tratar as demandas das entidades já detentoras de outorgas; era necessário estabelecer novas regras, mudar o rito, conferir a ele celeridade e fomentar a transparência. Desde os primeiros meses, foi imaginada uma nova estrutura para a então Secretaria de Serviços de Comunicação Eletrônica que separasse, em departamentos, os sistemas de radiodifusão privada dos sistemas de radiodifusão estatal e pública, o que só veio a se consolidar em 2016.

A primeira grande mudança foi conferir previsibilidade e transparência às outorgas futuras. O principal instrumento para isso foram os Planos Nacionais de Outorgas (PNOs), calendários com as listas de municípios que seriam contemplados com avisos de habilitação e editais de seleção pública para diferentes serviços de radiodifusão. Os critérios para a inclusão de municípios variavam a cada plano, porém sempre eram divulgados. Incluíam, por exemplo, demanda reprimida oficialmente cadastrada, viabilidade técnica e localidades sem outras outorgas. Com os PNOs, todas as entidades interessadas podiam, com meses de antecedência, preparar-se para as concorrências. Os planos foram inicialmente concebidos, em fevereiro de 2011, para atender a demanda por novas outorgas de rádios comunitárias. Em poucos meses esse mesmo modelo foi adotado para retransmissoras de

TV e emissoras educativas, as parceiras naturais da EBC. Para esse último grupo foram elaborados três PNOs: o primeiro, para o biênio 2011-12, contemplaria 475 municípios, mas foi interrompido; o segundo, para o biênio 2015-16, atenderia 375 municípios, sendo que foram publicados todos os editais previstos, à exceção do último, não publicado pelo governo Temer, que sucedeu o de Dilma Rousseff; por fim, o terceiro, para o biênio 2016-17, voltava-se, em sua primeira fase, a 235 municípios, mas não foi implementado pelo novo governo até a conclusão deste livro.

Dinamizar o processo de outorga era essencial, mas não bastaria. Alguns serviços de radiodifusão eram submetidos a um processo de outorga sinuoso, desnecessariamente penoso, com regras ultrapassadas; outros sequer eram sujeitos a regras claras. Esse era o caso da radiodifusão educativa: até 2011, não existiam critérios públicos para definir a vencedora de uma concorrência. A outorga era discricionária e poderia ser conferida, pelo Poder Executivo, a qualquer entidade que se candidatasse, preenchesse requisitos documentais mínimos e tivesse perfil compatível com o definido em lei. A tabela a seguir reflete no que a falta de critérios objetivos resultou:

Tabela 6: Outorgas de radiodifusão educativa (até 2010)

Classificação	Total de outorgas	Percentual
Universidades públicas (e fundações de apoio)	35	6
Estados (administração direta e indireta)	32	5,5

Classificação	Total de outorgas	Percentual
Municípios (administração direta e indireta)	21	3,6
Universidades privadas (e fundações de apoio)	26	4,4
Fundações de direito privado	472	80,5
Total	**586**	**100**

Fonte: PIERANTI (2016)

Mais de 80% das outorgas de radiodifusão educativa eram detidas por fundações de direito privado, que nem sempre guardavam vínculos com instituições de ensino. Esse cenário ajuda a explicar o alto número de emissoras educativas com programação majoritariamente religiosa, já que, por meio dessas outorgas, várias entidades religiosas começaram a operar no rádio e na TV.

De 2011 a 2015, diferentes portarias do Ministério das Comunicações disciplinaram o rito de novas outorgas de radiodifusão educativa. Entre elas havia alguns pontos em comum, sendo um deles fundamental: a preferência a entes e entidades públicos e, na ausência desses, a instituições de ensino, o que, no médio prazo, poderia implicar na efetiva instalação de emissoras com perfil compatível ao que se imaginou originalmente para a radiodifusão educativa:

Tabela 7: Perfil das entidades vencedoras das concorrências de radiodifusão educativa (de 2011 a 2016)

Classificação	Total	Percentual
IES públicas (e fundações de apoio) e IFETs	59	62,8
Estados (administração direta e indireta)	4	4,2
Municípios (administração direta e indireta)	4	4,2
Universidades privadas (e fundações de apoio)	4	4,2
Fundações de direito privado	23	24,6
Total	94	100

Fonte: PIERANTI (2016)

A tabela anterior desconsidera as concorrências sem vencedores ou desertas (sem concorrentes) realizadas no período. Mais de 70% dos vencedores das demais eram entidades de direito público, quase invertendo a proporção da tabela anterior. Esses números, no entanto, são um resultado intermediário: para que essas outorgas se concretizassem, o Ministério das Comunicações deveria terminar o rito burocrático e analisar o projeto técnico (de engenharia) das estações. No entanto, a maior parte das concorrências não foi concluída, no governo Temer, pelo Ministério da Ciência, Tecnologia, Inovações e Comunicações (MCTIC), que absorveu o antigo ministério. Em livro anterior (PIERANTI, 2017), analisei a interrupção desse processo. Aqui, vale lembrar que, se fossem concluídas, as concorrências poderiam gerar um outro panorama no segmento da radiodifusão pública, incorporando novos atores públicos e possibilitando a expansão das redes.

Também no livro anterior, expliquei em detalhes o esforço, durante esse período, de regulamentação e implantação de canais públicos de TV Digital. O primeiro foi o Canal da Cidadania, que deveria veicular programações institucionais do estado, do município e de associações comunitárias abertas à participação social. Depois foram regulamentados, em parceria com os órgãos por eles responsáveis, os canais da Educação e da Cultura.

Em 2015, além da TV Brasil, outros canais de TV vinculados ao Poder Executivo já estavam em operação, porém eram distribuídos apenas em plataformas por assinatura, Internet ou via satélite. O Ministério das Comunicações coordenou, então, grupo de trabalho que possibilitou a migração desses canais também para a TV aberta digital. Assim, NBr, o canal institucional do Poder Executivo; TV Escola, programado pelo MEC, em parceria com a Acerp; e Canal Saúde, uma iniciativa da Fiocruz, passaram a ser veiculados, em multiprogramação com a TV Brasil, no Rio de Janeiro, em São Paulo e Brasília. Na sequência, segundo o plano original, essas quatro programações deveriam começar a ser veiculadas nos municípios com população superior a cem mil habitantes, com espectro livre ou onde fosse feito o desligamento da TV analógica, liberando frequências. Mais uma vez, o governo Temer interrompeu uma ação importante no campo da radiodifusão pública e não deu sequência ao projeto.

Essas ações foram implementadas, depois de serem asseguradas as condições técnicas necessárias. Municípios foram incluídos nos PNOs depois de serem estudados e previstos os canais. Os processos do Canal da Cidadania tiveram sequência, depois de constatada a viabilidade para sua implantação em cada município. Após teste público realizado em 2014, coordenado pelo Ministério das Comunicações e pelo Inmetro e acompanhado por várias entidades, com resultados divulgados posteriormente, foi assegurada a possibilidade de transmissão de TV Digital nos canais de 7 a 13. Na sequência, essa faixa foi atribuída aos novos canais públicos nos municípios onde não houvesse outras frequências disponíveis. A multiprogramação também foi objeto de testes, feitos pelo ministério em parceria com a EBC, que asseguraram a possibilidade de transmissão simultânea, em um mesmo canal digital, de cerca de sete programações distintas.

É verdade, entretanto, que desse mesmo governo era esperado mais, em se tratando de radiodifusão. Em 2010, o governo Lula terminou um biênio exitoso nessa área: mesmo com muita disputa e críticas, realizou a I Conferência Nacional de Comunicação, organizou e conduziu um GT para elaboração de um novo marco regulatório para o setor e terminou a gestão com popularidade recorde. Havia uma expectativa de que o novo governo continuasse esse processo, com a conclusão de um projeto de lei, seu encaminhamento ao Congresso Nacional e a disputa por sua aprovação. Isso não foi feito. Por mais que medidas importantes tenham sido tomadas no âmbito do Ministério das Comunicações, como as apresentadas, faltou a revisão legal do modelo. Se tivesse ocorrido, a interrupção de iniciativas importantes, no campo da radiodifusão pública, teria sido mais difícil.

Assim, à vontade política de expansão da radiodifusão pública somaram-se as garantias técnicas para que esse movimento ocorresse sem prejuízo direto das emissoras já em funcionamento no país. Vontade política, neste caso, não se confunde com as incertezas e discricionariedades que marcaram a radiodifusão (não apenas pública) na história das novas outorgas do país. Deve ser entendida, sim, como uma decisão soberana que levou à construção de uma política pública consciente, ainda que pouco explicitada em documentos oficiais do período. Pode-se dizer que essa política começou a se amoldar durante o I Fórum Nacional de TVs Públicas; apresentou-se, em sua forma mais explícita, na criação da EBC; aprofundou-se nos anos seguintes, até 2016, mesmo sem a revisão legal do modelo geral para o setor – e foi, em grande parte, interrompida pelo novo governo.

O INÍCIO

VIII

No novo cenário vivido pela radiodifusão pública no centro-leste europeu, também começou a operar um novo e pujante mercado de mídia. Não apenas haveria concorrência, como, também, em diversos casos, ela rapidamente ultrapassaria as antigas emissoras na busca por audiência e recursos.

Aqui reside uma importante diferença entre o centro-leste europeu e o caso brasileiro. O sistema privado já estava totalmente consolidado, com emissoras e redes comerciais em funcionamento há décadas, quando a EBC foi criada. A resposta da radiodifusão pública foi distinta, se comparados os meios rádio e TV. No primeiro caso, as emissoras, nos momentos seguintes à criação da empresa, mantiveram sua forma de operação, ainda que adotando princípios legais da radiodifusão pública: suas principais praças continuaram sendo Rio de Janeiro e Brasília, além das operações na faixa de fronteira amazônica. Já no meio TV, a alteração foi considerável: seria preciso fundir as operações da TVE e da TV

Nacional; obter uma consignação em São Paulo e instalar a emissora; garantir o uso do nome TV Brasil e divulga-lo; estabelecer uma rede em torno da nova programação; e disputar audiência. Tratava-se, na prática, de uma nova entrante no setor, com todos os ônus que isso representa.

Finalizados os regimes socialistas no centro-leste europeu, aparentemente as emissoras já instaladas poderiam dispor de certa vantagem. Essa visão, porém, não é de todo verdadeira – afinal, elas estavam identificadas com o passado rejeitado por parte significativa da sociedade. Além disso, como a ideia de "democracia" e "democratização dos meios de comunicação", na época, passava por afastar o Estado de sua operação direta (HRVATIN, MILOSAVLJEVIC, 2003), rapidamente começaram, em alguns países, os movimentos para a instalação de novas emissoras privadas. A abertura do mercado foi comemorada, de forma idealística, por representar autonomia em relação ao Estado; porque se acreditava que as demandas do mercado evitariam a partidarização política da mídia; porque garantiriam empregos; e, por fim, porque a competição supostamente melhoraria a qualidade das programações (PERUŠKO, 2008).

Na Eslovênia, as outorgas começaram a ser expedidas antes da publicação do novo marco legal, em 1994, e duas emissoras foram lançadas no ano seguinte à sua entrada em vigor. Na Albânia, o governo também não esperou a lei de 1998 para permitir o início de operações privadas. Na Polônia, estimava-se que, em 1993, 57 emissoras de TV já funcionavam de forma ilegal. Na Romênia, o governo licenciou, de forma precária, doze novas emissoras de TV antes da publicação da Lei do Audiovisual. Na Bulgária, antes da promulgação da nova lei, já eram distribuídos novos canais por TV a cabo ou via satélite. Na Eslováquia, em 1991, com a rápida aprovação da nova lei, as emissoras estatais já estavam formalmente transformadas em públicas e, nos primeiros anos da década, seis emissoras privadas foram licenciadas. Por outro lado, na Lituânia, a operação de emissoras privadas foi permitida em 1992, porém a transformação da emissora estatal em pública só ocorreu, de forma oficial, a partir de 1996 (MARINESCU, 1995; HRVATIN; MILOSAVLJEVIC, 2003; OPEN SOCIETY INSTITUTE, 2005; LONDO, 2006; DASKALOVA, 2017).

Além de permitir a criação de novos canais, os governos dedicaram-se à privatização de parte da infraestrutura da qual dispunham. Assim como a Alemanha Oriental e sua *Treuhandanstalt* (THA), outros países, como a Romênia, chegaram a montar estruturas específicas destinadas ao repasse das empresas estatais aos próprios empregados ou à iniciativa privada. O fim da DFF já foi relatado em capítulo anterior. Entre as empresas alemãs orientais, estavam 14 jornais regionais, antigas propriedades do SED, o partido governante. Em 1990, foram vendidos dois deles; em abril de 1991, outros 10. Ainda que tenha sido feito um esforço de desconcentração do mercado (por exemplo, cada entidade só podia comprar um jornal) para a entrada de investidores ocidentais (sendo restritas as possibilidades de compra de algumas empresas, inclusive jornais, por possíveis investidores orientais), estava sendo desenhada uma política pública para a mídia impressa apenas a partir do direito de compras de publicações específicas. Na prática, o Estado, via THA, escolhia quem ocuparia o novo mercado. Na Polônia, a derrocada do regime socialista levou à entrega de 71 de 170 publicações do partido às suas equipes, ainda que depois tenham sido repassadas à iniciativa privada. Na Hungria, ocorreu a privatização simultânea de dois canais nacionais de TV, um deles antes usado pelos soviéticos. Cada concorrente deveria ser um consórcio, no qual uma empresa poderia ter até 49% das ações e entidades húngaras deveriam ter, no mínimo, 26% das ações. Na

Eslovênia, os jornais diários, à exceção de um, foram privatizados por meio da distribuição de ações entre os funcionários. Três diários novos, criados depois de 1990, faliram. Em 2003, quatro empresas controlavam 90% do mercado de jornais diários (HOFFMANN-RIEM, 1991; HRVATIN; MILOSAVLJEVIC, 2003; SPARKS, 2008; COMAN, 2009).

Ainda que houvesse uma elite econômica nacional em processo de fortalecimento nos meses posteriores ao fim dos regimes socialistas, sua capacidade de investimento era limitada. As regras estabelecidas chegaram a prever certo espaço para a burguesia nacional nos novos empreendimentos. No entanto, o papel mais significativo foi desempenhado pelos grandes grupos estrangeiros, notadamente os que já atuavam na Europa Ocidental. Ou seja: a democracia formal vinha acompanhada, no centro-leste europeu, de muitas oportunidades econômicas.

Na Croácia, lei de 1994 previa que, no máximo, 25% do capital das empresas de radiodifusão poderiam pertencer a investidores estrangeiros, mas a restrição foi alterada em 2000. Na Romênia, entidades e pessoas físicas não podiam ter maioria de ações em duas empresas de mídia. Na segunda, não poderia ter mais de 20% das ações e os donos dos meios tinham que ser romenos. Na Polônia, a legislação previa que estrangeiros poderiam comprar até 33% de empresas detentoras de outorgas de radiodifusão. No início do novo século, estimava-se que mais de 50% dos jornais diários da Hungria, Polônia e República Tcheca eram controlados pelo capital estrangeiro. Nesse último país, considerando os meios mais importantes, apenas um diário (*Pravo*), uma revista semanal (*Respekt*) e as emissoras públicas de TV e rádio não tinham qualquer ligação com investidores externos. Em 1997, a CME, empresa estrangeira, controlava diversas emissoras e produtoras de conteúdo no território da antiga Alemanha Oriental, República Tcheca, Eslováquia, Eslovênia, Hungria, Romênia, Polônia e Ucrânia. Em 1999, a CME chegou a ensaiar uma fusão com a SBS, outra empresa estrangeira controladora de meios de comunicação no centro-leste europeu. Se a iniciativa desse certo, poderiam restar caracterizados monopólios em vários países, já que a nova empresa não controlaria apenas pequenas emissoras comerciais locais (com conteúdo, em grande parte, importado) e os meios de comunicação públicos. O negócio não chegou a se concretizar. Na Bósnia, em 1996, no bojo dos investimentos internacionais feitos para a reconstrução do país, foi criada a OBN, emissora de TV independente (e privada) que reunia outras emissoras similares do país em substituição às controladas pelo governo. Recebeu recursos externos de mais de US$ 20 milhões, cobria 70% do país, mas interrompeu suas atividades em função da falta de audiência, em meio a críticas de que a mão-de-obra local havia sido subaproveitada e jornalistas que ganharam relevância durante a guerra não foram alçados a postos-chave (SPLICHAL, 2001; HRVATIN; MILOSAVLJEVIC, 2003; HOZIK, 2008; PERUŠKO, 2008; COMAN, 2009). A tabela a seguir resume a chegada de diversos grupos estrangeiros ao mercado da comunicação de massa no centro-leste europeu.

Tabela 8: Início da operação dos principais grupos internacionais no setor de mídia

País	Grupo	Canal	Ano de lançamento
Bulgária	News Corporation	bTV	2000

País	Grupo	Canal	Ano de lançamento
Croácia	Central European Media Enterprises (CME)	Nova TV	2000
Eslováquia	Central European Media Enterprises (CME)	Markiza TV	1996
Eslovênia	Central European Media Enterprises (CME)	Canal A	1991
Estônia	Modern Times Group (MTG)	TV3	1993
Hungria	RTL Group SBS Broadcasting	RTL Klub TV2	1997
Letônia	Modern Times Group (MTG)	TV3	1998
Lituânia	Modern Times Group (MTG)	TV3	1992

País	Grupo	Canal	Ano de lançamento
Rep. Tcheca	Central European Media Enterprises (CME)	TV Nova	1994
Romênia	Central European Media Enterprises (CME)	PRO TV	1995

Fonte: OPEN SOCIETY INSTITUTE (2005)

Outra marca do processo de abertura – bastante previsível, aliás – foi a ampliação no número de meios de comunicação disponíveis. Na Europa Ocidental, esse já era um processo em curso: em 1980, havia 40 canais públicos e 5 comerciais; em 1999, eram 60 públicos e 70 privados (MIHELJ, 2012).

Na Romênia, entre 1989 e 2005, o número de jornais diários e revistas aumentou, respectivamente, de 36 e 459 para 80 e 2044. Já o número de emissoras privadas de rádio e de TV, de 1993 a 2006, saltou, respectivamente, de 4 e 2 para 443 e 158. Em 1992 começaram a ser realizadas concorrências para a outorga de novas emissoras privadas. Nesse ano, ocorreram concorrências para novas 147 emissoras de rádio em 70 localidades e 74 de TV em 65 municípios; em 1993, 142 de rádio, 93 de TV e 298 de TV e rádio distribuídos por cabo; em 1994, 110 de rádio, 73 de TV e 351 de rádio e TV a cabo; e, em 1995, 212 de rádio, 155 de TV e 518 de rádio e TV a cabo. Prontamente começaram a se formar novas redes privadas. Em 2006, na Albânia, já havia 66 emissoras locais de TV, duas nacionais, duas por satélite, 40 canais distribuídos a cabo, 46 estações locais de rádio e duas nacionais, sendo que 72% das estações de rádio e 75% de TV estavam na capital Tirana. À época, duas emissoras privadas de TV cobriam 43% e 30% do território nacional. Em 1995, além dos dois canais de TV da emissora pública, operavam, na Eslovênia, uma outra emissora nacional, três regionais e doze locais. Na Bósnia, funcionavam, em 2008, 43 emissoras de TV públicas e privadas, 142 de rádio e circulavam sete jornais, havendo muitas dúvidas sobre a sustentabilidade desses meios em um mercado daquela dimensão. A Rússia tornou-se um dos quatro mercados publicitários com maior crescimento no mundo na década de 1990, oscilando em torno de 30% ao ano. Em 2003, nove canais estavam disponíveis para mais de 50% da população. O número de licenças para emissoras privadas havia subido consideravelmente: em 2002, foram expedidas 1276 para TV e 1002 para rádio. Em 2008, a circulação anual de jornais, no país, era de 7,8 bilhões de cópias. Entretanto, a queda constante na circulação e o aumento no número de aparelhos receptores de TV (99% das residências já tinham, pelo menos, um) acabaram por definir esse meio como o mais importante, sendo assistido por 94% dos russos diariamente. Em 2015, 20 redes nacionais de TV dominavam o mercado e, além delas, havia as emissoras regionais e locais. Em Moscou eram transmitidos, de forma aberta, 21 canais e, nas 200 maiores cidades, havia cerca de 15. Além disso, cerca de cem canais por assinatura atingiam cerca de 30% da população. Existiam, ainda, cerca de 30 mil títulos impressos e 2.500 sites em russo (MARINESCU, 1995; SPLICHAL, 1995; VARTANOVA; ZASSOURSKY, 2003; LONDO, 2006; HOZIC, 2008; COMAN, 2009; VARTANOVA, 2012; VARTANOVA, 2015).

Com o crescimento do mercado, vieram os problemas – e não foram poucos. A concorrência entre emissoras públicas e privadas não se deu apenas em relação à disputa por audiência: nas primeiras, as segundas buscavam, para iniciar sua operação, formatos de sucesso e profissionais consagrados. Os novos canais entravam no ar com equipes – e, portanto, custos fixos - bem menores que as das TVs públicas, que, já no novo século, essas empregavam, em média, entre 1.500 e 3.000 pessoas. Esse número variava: na Hungria, chegava a 1.600; na Romênia, a mais de duas mil; na Polônia, a 4.600; na Alemanha, a 25 mil, se contabilizada toda a força de trabalho de ARD e ZDF. A ampliação do mercado estimulou a formação de novos profissionais. Na Romênia, por exemplo, havia, em 1989, 2.060 jornalistas registrados; em 1992, 6.909; em 2000, estimava-se que seriam mais de 20 mil – ou seja, um acréscimo de cerca de 870% em uma década. Por um lado, a oferta de novos empregos em países com economias abaladas é alentadora. Por outro, o crescimento rápido e vertiginoso do número de profissionais levou ao debate sobre a formação inadequada, sem que fossem criados mecanismos estáveis e precisos para punir todos os erros de conduta (OPEN SOCIETY INSTITUTE, 2005; COMAN, 2009; BRIKŠE, 2010).

Havia, ainda, brechas regulatórias, que chegavam a gerar dúvidas sobre quem, de fato, controlava importantes meios de comunicação. Quando, por exemplo, o *New Bulgarian Media Group*, na primeira década do novo século, adquiriu diversos canais de TV, cinco jornais nacionais, uma revista, metade de outra e dois jornais regionais, o debate ganhou fôlego. A União de Editores acusou o grupo de, na verdade, pertencer ao Estado, já que a capitalização ocorrera por meio de empréstimos contraídos junto ao banco em que estavam depositados 48% dos recursos provenientes de empresas estatais. A acusação não foi comprovada. Antes, o grupo alemão WAZ adquiriu diversos meios, o órgão de defesa da concorrência búlgaro entendeu que não havia risco de monopólio, mas, mesmo assim, o grupo optou por vender suas operações e deixar o país. Pequenas emissoras de rádio acabaram compradas pelos grandes grupos. Na Polônia, Hungria e Croácia, a concentração evoluiu para o nível de um duopólio no mercado de mídia. Na última, estimava-se que EPH e *Styria* controlavam cerca de 80% do mercado, apesar das restrições legais à concentração. Dentre elas estava a proibição de aquisição de novos meios por um mesmo proprietário, caso isso viesse a representar a concentração de mais de 40% do mercado de jornais. Na Eslovênia, a imaginada invasão das grandes empresas de mídia estrangeiras, talvez em função do tamanho do país e do seu potencial mercado, não aconteceu na década de 1990. A primeira emissora privada no território da então Iugoslávia, *Channel A*, foi constituída ainda em 1989, mas só começou a funcionar dois anos depois. Era controlada por 150 acionistas. Quando o jornal *Delo*, um dos principais do país, deixou de ser gerido pelos funcionários e colocou ações à venda na Bolsa de Valores, a participação de pequenos proprietários foi diluída e o Estado não conseguiu checar imediatamente qual era o novo arranjo societário. Já as pequenas emissoras de rádio eram, em grande parte, negócios familiares e, como cada parente era tratado como pessoa física isoladamente, era difícil caracterizar violações às restrições de propriedade cruzada. Nos Bálcãs, aliás, donos dos meios de comunicação controlavam, também, empresas fora dos países, dificultando o acompanhamento da cadeia societária de todo o grupo econômico. Na Sérvia, em 2004, não eram públicas as informações sobre quais meios ainda eram controlados pelo Estado. Na Albânia, na mesma época, não eram divulgados dados econômicos sobre o setor – vale lembrar que, no Brasil, as informações sobre os controladores de empresas detentoras de outorgas de radiodifusão começaram a ser divulgadas, de forma sistematizada, nessa mesma época (SPLICHAL, 1995; HRVATIN; MILOSAVLJEVIC, 2003; HRVATIN; PETKOVIC, 2004; LOZANOV, 2011; KREŠIC, 2012).

Nem tudo era misterioso no novo cenário da mídia privada do centro-leste europeu – a relação próxima entre política e comunicação era, por exemplo, bem mais explícita. Houve casos de empresários de sucesso, no campo das comunicações, que enveredaram pela política, assim como a rota inversa também foi e é comum. Pavol Rusko, um dos donos da *Markíza*, chegou a se tornar Ministro da Fazenda da Eslováquia. Dan Voiculescu, fundador e dono de um grupo controlador de diversas outorgas de TV e rádio, foi eleito Senador, na Romênia, três vezes. Dan Diaconescu candidatou-se a Presidente. Dinu Patriciu elegeu-se deputado. Como eles, no mesmo país, diversos outros políticos e empresários ocuparam cargos de prefeito, presidentes de assembleias legislativas, câmaras de vereadores e diversos outros cargos. Por fim, em alguns países, a exemplo dos originados da Iugoslávia, partidos políticos controlavam as emissoras. Na Eslovênia, entre 1990 e 1994, começaram a ser abolidas as regras relativas à autogestão em emissoras de TV e as três principais passaram a ser controladas por partidos políticos (SPLICHAL, 1995; GROSS, 2008; ŠKOLKAY, 2008; COMAN, 2009). Ao analisar esse cenário, Splichal (2001) concluiu:

"Em quase todos os antigos países socialistas, leis de radiodifusão determinaram o fim do monopólio estatal e a entrada da iniciativa privada. No entanto, o fim do monopólio sozinho não equivale à diversidade da mídia e à democratização da esfera da comunicação. As coalizões governantes e os partidos de oposição, assim como outros atores políticos a exemplo da Igreja Católica, ainda parecem ver a mídia (principalmente as emissoras públicas) como um órgão "democrático" corporativista do novo Estado "pluralista", ou seja, segundo a mesma perspectiva adotada pelas autoridades anteriores. Essa concepção velha e autoritária de política, praticada, por décadas, pelos antigos regimes socialistas, também pode ser encontrada em outras atividades, como, por exemplo, na nomeação de dirigentes em instituições de ensino, cultura e saúde, ou no convencimento de intelectuais para que se tornem membros de partidos ou seus ideólogos" (SPLICHAL, 2001, p. 34).

Não se pode dizer que o Estado não tenha tentado reagir a essa situação, ao menos em alguns países e momentos. Apesar de todas as vendas, da fragilidade regulatória, da imprecisão legal e do *lobby* de empresas privadas já em operação no setor de radiodifusão antes mesmo da definição completa das regras para o setor, o Estado, no centro-leste europeu, ainda desempenhava importante papel no setor das comunicações. Até a privatização do setor de telecomunicações, por exemplo, continuou sendo o responsável pela transmissão dos sinais de todas as emissoras públicas e privadas – vale lembrar que, em vários países da Europa, a transmissão dos sinais de TV fica a cargo de uma empresa específica, contratada por todas as emissoras. Além disso, o Estado tinha o monopólio dos serviços postais, importante para a imprensa escrita, e dispunha de significativas verbas publicitárias.

Em alguns países, o Estado exerceu maior discricionariedade na definição dos compradores do seu espólio, como relatado sobre o caso alemão. Na Eslovênia, o modelo adotado foi diferente: existia a possibilidade de privatização "interna", sujeita a uma legislação específica. Resumidamente, a empresa anunciava seu objetivo de ser "controlada pela sociedade" e submetia o plano de privatização à agência reguladora. Nesse processo, poderiam ser usados métodos como alocação de ações para três fundos estatais, distribuição de ações locais, compra de ações por empregados, dentre outros. As ações equivaliam à diferença entre os ativos e passivos das empresas. Um dos fundos estatais contemplados era o Fundo para o Desenvolvimento, que revendia as ações, com desconto de 25%, para os empregados – e, pelo menos, um terço dos empregados deveria participar da compra. A parte não vendida aos empregados poderia ser vendida depois pelo fundo a outros compradores (HRVATIN; MILOSAVLJEVIC, 2003).

Na Rússia, o Estado exerceu papel bem distinto no setor das comunicações. Depois de uma rápida fase em que chegou a ser defendida uma abertura, ao máximo, da mídia à iniciativa privada, o Estado retomou seu papel de liderança. Ele ainda continuou a ser dono de diversas emissoras importantes, como *Rossia*, *Kultura* e *Vesti*-24. Magnatas e empresas públicas ou privadas, ligadas ao governo, tornaram-se controladores de diversas outras. Além disso, o Estado distribuía diretamente recursos às emissoras. Existia a possibilidade de isenção de algumas taxas, além de terem sido feitos investimentos diretos em editoras e na infraestrutura de jornais. A partir de 1995, 1950 publicações receberam recursos desse tipo, sem critérios muito objetivos. Em 2005 a ajuda generalizada começou a diminuir e o Estado anunciou que concederia subsídios apenas a publicações voltadas a deficientes, idosos e jovens, além de contemplar

177

publicações com finalidades culturais, educativas, literárias e artísticas, o que conferia margem para discricionariedade. Quando a política de apoio não surtia efeito na tentativa de cooptação, podiam ser empregados outros meios, como ações de fiscalização sobre pagamento de impostos, seguro contra incêndio e regras sanitárias; imposição de restrições de acesso a entrevistas coletivas; disputas judiciais em torno de supostas difamações; compra de meios de comunicação concorrentes e investimento direto neles; investigações sobre o processo de privatização do periódico ou emissora em questão; e apresentação de denúncias por violação de leis antiterrorismo. Ganhou notoriedade o caso do grupo *Media-Most*, controlador de emissora nacional (NTV) tida como independente em relação ao governo. Ações como a imposição de taxas extras, acusações na esfera penal e a invasão de imóvel do grupo por policiais teriam ajudado a minar as finanças e a contribuir para a transferência da outorga à empresa estatal Gazprom (BECKER, 2004; SPARKS, 2008; KIRIYA; DEGTEVERA, 2010; VARTANOVA, 2012; VARTANOVA, 2015).

E como as emissoras públicas reagiram à concorrência? Um aspecto a ser reiterado diz respeito à expansão dos canais públicos: com o fim do regime socialista, elas não se acomodaram e começaram a lançar novas programações para atingir públicos específicos ou com foco em certos temas, mantendo o caráter generalista de sua programação principal. Mesmo antes da digitalização – e, consequentemente, das possibilidades de otimização do espectro conferidas por essa plataforma -, as emissoras públicas já apostavam em novos canais. Em 2010, a TVP, na Polônia, operava três canais nacionais (TVP1, 2 e Info), um destinado à diáspora, um canal de alta definição e três temáticos distribuídos via satélite (sobre cultura, história e esporte). A PR, responsável pelas emissoras públicas de rádio, operava quatro canais nacionais, a Rádio Parlamento, uma emissora voltada ao exterior e 17 estações regionais. Na Hungria, no mesmo ano, o sistema público era integrado por dois canais de TV nacionais (um via satélite), um internacional via satélite para a diáspora, três emissoras de rádio nacionais, uma sobre a atividade legislativa, programações locais, regionais e um canal para minorias étnicas (LENGYEL, 2010; STĘPKA, 2010). Em abril de 2017, a TVP transmitia 12 programações nacionais e 16 regionais; a PR, sete programações nacionais, uma internacional e as regionais; e o sistema húngaro contava com sete programações de TV nacionais e internacionais e sete de rádio, além das estações regionais.

Na Europa, é razoavelmente consensual, entre pesquisadores, que um indicador fundamental da *performance* das emissoras públicas continua a ser quantitativo, ou seja, a verificação do *market share* (percentual de aparelhos sintonizados nos canais da emissora, considerando todos os aparelhos ligados). Salvo raras exceções, as emissoras públicas perderam a primazia como líder de audiência, se considerado o meio TV, e mantiveram melhor posição no meio rádio.

Tabela 9: *Market share* das emissoras de TV públicas em %
(1995-2015)

País	1995	1998	2000	2003	2007	2015
Albânia	n.d.	n.d.	n.d.	17,1[10]	n.d.	n.d.
Alemanha	40,1	42,5	43,1	44,4	44,6	44,8
Azerbaijão	n.d.	n.d.	n.d.	n.d.	n.d.	3,9

---

[10] Informação referente ao ano de 2002.

País	1995	1998	2000	2003	2007	2015
Bielorrússia	n.d.	n.d.	n.d.	n.d.	n.d.	28
Bósnia	n.d.	n.d.	n.d.	31,8	23,7[11]	5,3
Bulgária	n.d.	76	66,5	24,8	n.d.	8,1
Croácia	n.d.	n.d.	94,3	72,9	n.d.	28,4
Eslováquia	73,7	24,3	18,4	21,8	n.d.	12,7
Eslovênia	61,5	32,4	32,9	34,7	n.d.	21,7
Estônia	28	22,4	16,6	16,7	16,4	18,4
Geórgia	n.d.	n.d.	n.d.	n.d.	n.d.	4,7
Hungria	79	25,5	13,6	17,5	n.d.	16
Letônia	n.d.	n.d.	18,2	18,4	15,3	12,4
Lituânia	n.d.	16,3	10,2	11,8	14,3	10,3
Macedônia	n.d.	n.d.	37,6	21,2	n.d.	4,5
Moldova	n.d.	n.d.	n.d.	n.d.	n.d.	6
Polônia	80	52,6	46,2	51,2	41,2	31,2
R. Tcheca	n.d.	33,3	31,2	30,2	n.d.	30,4
Romênia	n.d.	46,4	40,4	35	n.d.	4,7
Rússia	n.d.	n.d.	n.d.	n.d.	n.d.	20,5
Sérvia	n.d.	n.d.	26,4	35,5	n.d.	20,8
Ucrânia	n.d.	n.d.	n.d.	n.d.	n.d.	0,8

Fontes: OPEN SOCIETY INSTITUTE, 2005; HOZIC, 2008; D'HAENENS; SOUSA; HULTÉN, 2011; EBU, 2016a.

---

[11] Informação referente ao ano de 2006.

Os números apresentados são o somatório da audiência dos canais nacionais, quando disponíveis, veiculados sob responsabilidade das emissoras públicas. Cinco anos depois do fim dos regimes socialistas na maior parte dos países, o *market share* das emissoras públicas ultrapassava, em diferentes casos, a marca de 60%. À época, sequer havia outras emissoras em funcionamento em alguns países. Em 2000, quando novas emissoras comerciais já estavam em operação, a média, considerando os países listados na tabela anterior, caiu para 35,4%; em 2007, 25,9%; e, em 2015, 15,9%. Ou seja, em 15 anos, considerando-se a amostra apresentada, o *market share* das emissoras caiu cerca de 55%.

A situação da Alemanha é atípica, já que o *market share* da radiodifusão pública oscilou para cima – no continente europeu, estava atrás apenas da Islândia, cuja emissora atinge 55% (EBU, 2016a). A seguir, há um bloco de países, como Polônia, República Tcheca, Croácia e Bielorrússia, onde os índices são altos, ainda que haja uma tendência de queda ao longo do tempo. De 2000 a 2015, houve queda, na Croácia e na Polônia, respectivamente, de quase 66 e quinze pontos percentuais. Na Eslováquia, a audiência estava subindo no momento desta pesquisa, chegando a 16%, segundo dados oficiais da emissora (MIKA, 2017). Além disso, o país, historicamente coberto por emissoras austríacas e húngaras, por exemplo, é tido como um dos que mais assistem a canais estrangeiros (SKOLKAY, 2017). Em outro grupo de países, a queda foi bem mais drástica e as emissoras públicas estão distantes da disputa pela liderança. Esse é o caso, por exemplo, de Bósnia, Macedônia e Romênia, cujos índices caíram, de 2003 a 2015, respectivamente em 83,3%, 78,7% e 86,5%. Na Bósnia e na Romênia, a queda esteve atrelada a uma crise ampla do modelo, com ameaça de falência das emissoras, tema que será ainda abordado (ROMINA, 2017).

No Brasil, a situação é bem pior. Os dados sobre audiência disponibilizados publicamente são colhidos de forma diferente do praticado em relação aos países europeus. No Rio de Janeiro, a TVE, até 2007, teve relevância considerável, ainda que faltem dados objetivos sobre sua audiência real. Na primeira quinzena de abril de 2017, os cinco programas de maior audiência da TV Brasil, sucessora da TVE, registraram menos de 1% de audiência. O mesmo ocorreu nos primeiros meses desse ano, salvo a exibição de programação especial. O desfile das escolas de samba campeãs do Carnaval registrou, por exemplo, 1%. No mesmo período, os cinco programas mais assistidos da TV Cultura registravam, em São Paulo, 2% ou 3%, porém a penetração dessa emissora é consideravelmente maior nesse estado que em outros (IBOPE, 2017).

O cenário do meio rádio no centro-leste europeu está retratado na tabela abaixo:

Tabela 10: *Market share* das emissoras de rádio públicas em % (2015)

País	2015
Alemanha	55,7
Bulgária	19
Croácia	18,9
Eslováquia	33,1
Eslovênia	24,4

País	2015
Estônia	34,1
Hungria	31,6
Letônia	37,5
Lituânia	18,1
Polônia	18,3
R. Tcheca	22,5
Romênia	30,2
Rússia	12,7
Sérvia	7,5

Fonte: EBU, 2016b.

Não foi possível encontrar dados de audiência do meio rádio que permitissem a elaboração de uma série histórica. Ainda assim, há algumas referências: na Polônia, a emissora pública tinha audiência de 25,2%, em 2009, e, na Romênia, a audiência era de 36,9%, em 2008 (COMAN, 2009; STĘPKA, 2010). Vale lembrar que, em função do maior número de emissoras, as líderes em *market share*, no meio rádio, tendem a ter índices inferiores ao observado no meio TV. Também não foi possível encontrar informações públicas referentes ao meio rádio, no Brasil, que permitissem a elaboração de uma série histórica.

No início deste capítulo, ressaltei uma diferença importante entre a formação do setor da radiodifusão no centro-leste europeu e no Brasil – lá, as emissoras comerciais eram as novas entrantes, passando a disputar audiência com a emissora pública já em operação, ou seja, exatamente o oposto do ocorrido no Brasil. Pode-se dizer que as novas emissoras do centro-leste europeu foram bem mais exitosas, nessa missão, que a EBC, já que, aqui, a nova programação da TV Brasil foi incapaz de conquistar audiência da maior parte das emissoras já em operação.

Admito que um dos critérios para avaliar o sucesso e a relevância da radiodifusão pública, em cada contexto nacional, é a mensuração objetiva do *market share*. É um quesito importante, porém não o único. A estruturação da radiodifusão pública e sua importância para a sociedade estão relacionadas com aspectos que vão além do total de telespectadores e ouvintes.

IX

Em pesquisa apoiada pela Unesco, Mendel (2000) concordou com avaliação de Eric Barendt e do governo inglês, ao analisar o futuro da BBC, no que se refere a características essenciais da radiodifusão pública: disponibilidade para toda a sociedade; preocupação com a identidade e a cultura nacionais; imparcialidade dos programas; variedade de programação; e modelo de financiamento amparado, em grande parte, no pagamento de taxas pela sociedade. Cinco anos depois, em nova publicação sobre o tema apoiada pela Unesco, Banerjee e Seneviratne (2005) reconheceram que não há um único modelo ideal de radiodifusão pública, porém ressaltaram um conjunto de características que lhe são centrais: universalidade, diversidade (em termos de gêneros de programas, público alcançado e temas discutidos), independência e diferenciação em relação a outras emissoras.

É importante interpretar essas características. Em pleno século XXI, algumas delas transpuseram os limites das emissoras públicas. Existem as objetivas e fáceis de serem mensuradas. Um exemplo central é o da universalização: toda rede nacional – pública, privada ou estatal - entende-se ou pretende ser universal seja por crença no modelo de serviço público, seja por razões de mercado.

Entender-se ou *pretender-se* obviamente não equivale a *ser* universal. Por exemplo, nenhuma das 16 redes nacionais brasileiras, além da TV Brasil, segundo os critérios regulatórios estabelecidos pela Resolução Anatel nº 581/2012, é ou será efetivamente universal, já que existem, no país, comunidades isoladas e tribos indígenas que não fazem uso das tecnologias tradicionais. Mesmo assim, não se deve negar, pelos motivos já mencionados, a intenção de estender a cobertura aos limites possíveis.

Um segundo grupo de características apontadas como essenciais da radiodifusão pública é programático, diretivo e também não está dissociado do sistema privado de radiodifusão. Um exemplo é a preocupação com a cultura nacional. Em primeiro lugar, exatamente o que é a cultura nacional? Além disso, como mensurar a afirmação dessa característica, ou seja, como mensurar se a cultura nacional está, de fato, sendo valorizada? Já que inexiste uma única forma consensual de realizar essa aferição, como se poderia defender que o sistema privado não quer valorizá-la também? Considerando que este sistema foi o primeiro a afirmar-se no país e, até hoje, no meio TV, ainda detém níveis de audiência muito superiores, pode-se dizer que, durante décadas, esse meio não se preocupava com a cultura nacional? Se não se preocupava, se estava desvinculado da cultura nacional, como buscou conectar-se à sociedade e como se enraizou na vida do país de forma tão profunda? Assim como não há um único e consensual método de aferição da cultura nacional, também não é possível isolar sua defesa como algo privativo do sistema público.

Universalização e valorização da cultura nacional são próprias do sistema público, mas também o são dos demais sistemas. Entendo que o real elemento de diferenciação entre os sistemas é a independência em relação ao governo e ao mercado: cabe à radiodifusão pública adotar comportamento crítico sobre ambos, devendo, para isso, ser independente, do ponto de vista editorial. Nessa mesma linha, o Conselho da Europa aponta como princípios da radiodifusão a serem mantidos a independência dos dirigentes em relação à interferência política, abertura e transparência da forma de indicação, independência editorial e autonomia (ABASHINA, 2016). Kops (2001) resumiu este entendimento:

> "Radiodifusão pública, na sua forma mais genuína, deve, em primeiro lugar, ser não governamental, ou seja, decisões sobre tarefas, conteúdos, organização e financiamento devem ser tomadas de forma pública, mas não pelas instituições políticas governamentais, mas por instituições públicas não governamentais. Para isso (...), essas instituições devem ser controladas por quadros politicamente independentes, que devem ser recrutados pelos cidadãos no seu papel de telespectadores e ouvintes, que se sintam responsáveis pelos efeitos políticos, sociais, culturais dos programas e que sejam, portanto, capacitados para influenciar diretamente essas programações (...). Tamanha independência política e neutralidade da radiodifusão pública são difíceis de

serem colocadas em prática, já que existe grande interesse de governos e individualmente de políticos dos partidos do governo em controlá-la" (KOPS, 2001, p. 4).

A definição de Kops merece uma breve ressalva. Em artigo anterior (PECI; PIERANTI; RODRIGUES, 2008), procurei ressaltar que a oposição entre administração (ao qual se atrela o qualificativo de "técnica") e política foi comum nos primórdios da discussão teórica sobre a administração pública, porém, desde a década de 1950, a literatura já apontava a vinculação entre ambas, como partes de um todo indissolúvel. Ainda que o *New Public Management* e correntes afins, nas últimas décadas do século XX, tenham buscado resgatar a dicotomia, ela não se sustenta, nem se justifica – ao menos não no contexto brasileiro. Passada mais de uma década da elaboração daquele artigo e sem poder me aprofundar no assunto – o que levaria a uma digressão distante do propósito deste livro -, reitero a convicção de que administração (ou "técnica") e política são duas faces de uma mesma moeda.

Isso não significa desmerecer a necessidade de busca de soluções técnicas; pelo contrário, significa a defesa de que, no cenário político, se busquem cada vez mais encaminhamentos técnicos. Porém significa, também, não ignorar que essas mesmas soluções são, muitas vezes, construídas em função da percepção política de mundo de seus agentes. Em outras palavras, já que são indissolúveis, permear a política de técnica e reconhecer a política existente na técnica são abordagens mais eficientes, além de sinceras e honestas. Feito esse comentário teórico, é necessário reconhecer que o grau de permeabilidade entre política e técnica é diferente, a depender do contexto nacional. E o grau de institucionalização da radiodifusão pública alemã, contexto vivenciado por Kops (2001), talvez ajude a explicar a abordagem do autor.

A independência das emissoras em relação a governos e ao mercado pode parecer um conceito utópico – e é. Isso não significa, porém, dizer que não deva ser perseguido e disputado. Esse, aliás, é mais um elemento que une a construção da radiodifusão pública no Brasil ao processo observado nos demais países estudados neste livro: as emissoras são alvos de pressão política lá e cá, sendo a declaração e a defesa da independência as únicas formas possíveis de resistência. E como se caracteriza essa independência? Entendo que ela é construída a partir de quatro elementos, conforme a figura abaixo:

Figura 10. Modelo de configuração de independência na radiodifusão pública

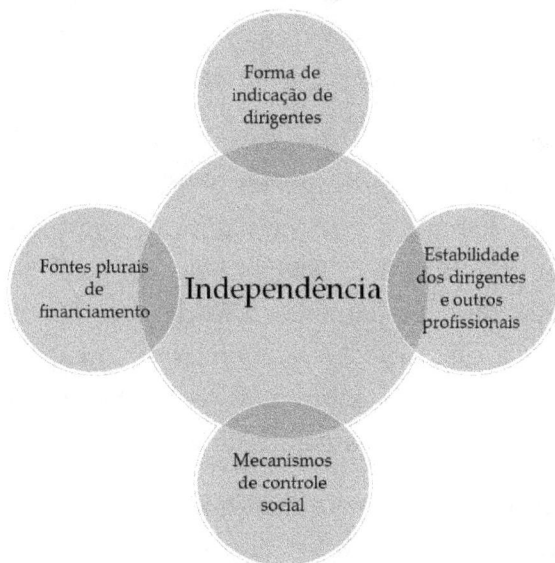

Fonte de
indicação de
dirigentes

Fontes plurais
de
financiamento

Independência

Estabilidade
dos dirigentes
e outros
profissionais

Mecanismos
de controle
social

Fonte: Elaboração do autor.

É necessário examinar esses quatro elementos em tese, já que neles baseia-se a análise realizada neste livro. Uma observação inicial: os quatro elementos citados não fazem parte da programação veiculada, mas devem garantir que ela seja marcada pela independência. Assim, aponto, aqui, elementos que considero estruturantes, porém vinculados mais diretamente à governança das emissoras.

O primeiro é a forma de indicação dos dirigentes, mais especificamente no que se refere à sua complexidade. Neste caso, complexidade diz respeito à incorporação formal e legal, ao processo de escolha, de um número maior de atores. É comum, no plano internacional, por exemplo, que os dirigentes sejam indicados pelo Primeiro-Ministro (em regimes parlamentaristas), Presidente da República, órgãos reguladores e Parlamento – muitas vezes, todos juntos, ao mesmo tempo. Com isso, em tese, os dirigentes das emissoras públicas deixam de estar vinculados a uma única autoridade ou corrente e a influência e a pressão políticas diluem-se e, em parte, se anulam.

O segundo trata da estabilidade dos dirigentes e profissionais críticos. Se dirigentes e profissionais podem ser sumariamente demitidos por suas críticas, prevalece a ameaça (ainda que silenciosa) e fragiliza-se ou cai por terra a independência. Isso, obviamente, não deve se confundir com a impossibilidade de resposta às críticas – afinal, é regra dos manuais (teórica e nem sempre implementada) a garantia do contraditório, dos diferentes pontos de vista.

O terceiro são os mecanismos de controle social, ou seja, por um lado, a incorporação da sociedade ao dia a dia da radiodifusão pública; e, por outro, sua abertura e observância às opiniões dos seus telespectadores e ouvintes. Esses mecanismos podem – e devem – estender-se a todos os planos da radiodifusão pública: sua programação, por meio da abertura da grade a programas produzidos por e destinados a segmentos específicos; sua estrutura, pela criação de espaços institucionais deliberativos e vinculativos, ocupados majoritariamente por representantes da sociedade civil, com atribuições relevantes; e na regulação deste sistema, no acompanhamento feito por órgãos reguladores do cumprimento real da missão legal das emissoras públicas.

Por fim, o quarto elemento envolve fontes plurais de financiamento. Se o sistema depende exclusiva ou majoritariamente de recursos contingenciáveis pelo governo – modelo adotado em vários países, como se verá adiante –, o grau de subserviência da programação tende a ser maior por imposição dos dirigentes das emissoras. No melhor dos cenários, eles se veem obrigados a tentar calibrar críticas com a minoração dos riscos orçamentários; no pior, optam pelo silêncio para não comprometer os recursos. A ampliação das fontes de financiamento dilui essa possibilidade de influência e permite a manutenção das atividades das emissoras, mesmo se uma das fontes sofrer uma baixa temporária e inesperada.

A existência desses elementos não é absoluta: entre sua observância e sua ausência, existe um amplo espaço para sua tentativa de afirmação, constituição em parte, hesitações, dificuldades, disputas, tentativas e ressalvas. Restringi-me, nos parágrafos anteriores, à sua apresentação em tese; a seguir, nas próximas seções, contraporei à sua concepção teórica as observações sobre como se afirmam na prática.

X

A consagração dos quatro elementos relacionados à independência da radiodifusão pública, nos países egressos do socialismo, dependia da promulgação de novas leis. Esse processo foi marcado por duas características. A primeira diz respeito a uma rápida busca por cooperação internacional, a partir das experiências em curso na Europa ocidental. Pioneira desse movimento, a Alemanha Oriental, em 1990, como fruto do processo de reunificação, aderiu à Comunidade Econômica Europeia. Nos anos seguintes, outros países do bloco viriam a integrar a comunidade e, depois, a União Europeia.

Aderir era um ato voluntário e condicionado a mudanças políticas e econômicas. Uma delas incluía a incorporação de diretrizes e tratados supranacionais. No campo da radiodifusão, o principal desses documentos era a diretiva 89/552/ECC, mais conhecida como "Televisão sem Fronteiras", adotada pelos países da comunidade em 1989. Depois, a diretiva foi alterada, chegou a ser chamada de "Serviços de Mídia Audiovisuais" e passou a ser revisada para incorporar o fluxo de conteúdos na Internet. No raiar da década de 1990, ela já estava centrada em dois princípios: garantir a livre distribuição de programas europeus de televisão entre os países associados e prever, sempre que possível, reserva de tempo mínimo para a veiculação desses programas. Essas cotas poderiam superar mais da metade do tempo total de transmissão. Não por acaso, a diretiva chegou a ser chamada de "Televisão sem Americanos" e foi objeto de protestos formais dos Estados Unidos, com direito à moção unânime da Câmara dos Deputados, que a chamava de protecionista e injustificável restrição ao comércio (SCOTT, 1992).

Fronteiras nacionais deixavam de ser um obstáculo às estações de TV dos países que aderiam aos novos moldes da cooperação europeia. Ávidos, habitantes dos antigos países socialistas dedicavam-se a instalar antenas para receber os sinais de canais distribuídos via satélite, tal como retratado no filme *Adeus, Lenin*. O bloqueio de sinais provenientes de outros países-membros, nos termos da diretiva, só era permitido em situações muito específicas relacionadas a violações de direitos. Assim, as regras, somadas ao estágio de desenvolvimento da tecnologia, cumpriam funções de integração cultural e ampliação do contingente de telespectadores - e, portanto, mercado (SCOTT, 1992; MICHALIS, 2010).

Fronteiras tão abertas enfrentaram resistências. Países-membros foram acusados de batalhar para afastar da regulação europeia as competências referentes a áreas sensíveis, como, por exemplo, salvaguardas de pluralismo e controle. Ganharam, em parte, e elas foram objeto de regulação, com mais liberdade, por cada país (MICHALIS, 2010). Assim ficava preservada a segunda característica marcante do momento imediatamente posterior à derrubada dos regimes socialistas: a rápida abertura à iniciativa privada, notadamente aos grupos estrangeiros, muitas vezes antes da promulgação de uma nova legislação e da constituição de estruturas regulatórias.

Nas próximas páginas, será apresentado um comparativo de pontos específicos da legislação referente à radiodifusão pública no Brasil e em 19 países do centro-leste europeu. Alguns aspectos sobre esse comparativo devem ser inicialmente destacados.

Na tabela que segue, foram utilizadas apenas traduções das normas para o inglês, reconhecidas pela *European Broadcasting Union* (EBU, 2015). A EBU reúne emissoras de todo o continente europeu (e algumas externas ao continente), notadamente as públicas. Além de desempenhar as atividades típicas de entidades representativas, produz e reúne uma série de estudos, estatísticas e documentos sobre o setor, incluindo uma listagem das legislações existentes. Assim, entende-se que os arquivos traduzidos referenciados pela associação – normalmente localizados em plataformas de órgãos reguladores nacionais – passaram por um duplo crivo, promovido pelos países e acatado pela entidade que reúne as emissoras. Optou-se por não utilizar as versões nos idiomas originais não apenas porque desconheço a maior parte dos idiomas utilizados, como também porque os tradutores automáticos disponíveis ainda não são suficientemente precisos. As únicas exceções da lista são as leis do Brasil, da Eslovênia e da Estônia: as duas últimas estão indicadas no documento da EBU, mas, no primeiro caso, o link para o documento apresentou erro e, no segundo, não havia um link para versão em inglês. Como é possível encontrar os documentos, nesse idioma, em sites oficiais da administração pública local,

194

optei por utilizá-los. Já a legislação brasileira está disponível no repositório de leis mantido pelo governo federal.

A opção por uma versão mais segura da legislação tem, pelo menos, uma desvantagem: nem sempre o documento está atualizado. Busquei deixar isso claro, ao mencionar a legislação analisada e o ano de sua última atualização na versão analisada. Não creio, contudo, que isso seja um grande problema, considerando o escopo deste trabalho: como aqui se está discutindo a transição do modelo estatal para o público, interessa conhecer esse processo em si. Em outras palavras, a legislação válida durante parte dessa fase reúne elementos importantes à análise aqui feita. Ademais, busquei apresentar, nas páginas seguintes, informações atualizadas sobre alguns dos aspectos abordados na tabela.

O comparativo também não deve ser analisado como um retrato acabado do modelo regulatório de cada país, já que parte dos assuntos é tratado em normas infralegais (não incluídas na tabela); previsões legais mencionadas nem sempre foram implementadas; e procedimentos do mundo real nem sempre encontram respaldo na legislação. O comparativo deve ser visto, sim, como a vontade do Legislador, que, por sua vez, é influenciada pelo acordo social e político fruto do debate acerca das regras possíveis para a radiodifusão pública.

Outro problema a ser enfrentado diz respeito à nomenclatura utilizada nas versões em inglês das leis. O termo *"Board"*, por exemplo, pode referir-se a um conselho supervisor, conselho de administração ou diretoria da entidade. Analisei as competências dos órgãos nos casos concretos e, de forma a facilitar o entendimento do leitor, padronizei a nomenclatura dos diferentes órgãos e instâncias em função de suas atribuições. Assim, optei por padronizar as expressões "órgão regulador",

195

"Conselho de Administração" (CA, supervisor das atividades da diretoria); "Diretoria"; "Diretor-Presidente" (DP); "Diretor-Geral" (DG); e "Conselho Fiscal" (CF, com competências referentes ao monitoramento das atividades financeiras das emissoras). Obviamente a adoção dessas expressões não se baseou apenas na nomenclatura utilizada na legislação traduzida de cada país, e, sim, nas competências atribuídas a cada uma das instâncias mencionadas.

Por fim, cabe destacar que as categorias de análise constantes da tabela buscam ressaltar os elementos centrais ao construto da independência, já expostos na Figura 10. Em torno dessas categorias, tais como participação social, mandatos de dirigentes, fontes plurais de financiamento, dentre outras, estará centrada a análise feita nas páginas seguintes.

Tabela 11: Comparação da legislação sobre radiodifusão pública (1)

	Brasil	Albânia
Legislação consultada	Lei nº 11.652 de 2008, alterada pela Medida Provisória nº 744 de 2016, convertida na Lei nº 13.417 de 2017.	Lei do Audiovisual - Lei nº 97 de 2013
Supervisão	Realizada por CA composto majoritariamente por representantes indicados por ministérios. CF, formado por 3 membros indicados pelo Presidente da República, acompanha a atividade financeira da EBC.	N.d.
Indicação dos dirigentes	Até 2016, Presidente da República nomeava DP e DG. Já o CA podia nomear seis diretores. A medida provisória de 2016 reduziu o número de diretores e previu que o Presidente da República deve nomear diretamente o DP, o DG e os 4 diretores.	Parlamento elege os membros do CA, que escolhe DG entre, no mínimo, 2 candidatos, em votação secreta por votos de 2/3 dos conselheiros. DG sugere diretoria, que deve ser eleita pelo CA entre, pelo menos, 10 candidatos em votação secreta e por maioria simples.
Mandato dos dirigentes	Até 2016, o mandato do DP era de 4 anos. Qualquer diretor podia ser demitido, se recebesse dois votos de desconfiança do Conselho Curador no prazo de 12 meses. A medida provisória de 2016 aboliu os mandatos fixos para diretores, que podem ser demitidos, a qualquer tempo, pelo Presidente da República.	CA e DG têm mandatos de 5 anos. Parlamento pode encerrar antes mandatos do CA, conforme hipóteses legais nem sempre precisas. DG pode ser demitido antes por voto de 2/3 dos membros do CA. Diretores têm mandatos de 4 anos e podem ser demitidos antes por indicação do DG e maioria simples do CA.
Outras características	Lei de 2008 não estabelecia pré-requisitos para os diretores. Pela Lei nº 13.303 de 2016, aplicam-se pré-requisitos gerais válidos para as empresas públicas, como, por exemplo, mínimo de 10 anos de experiência profissional e período mínimo de ocupação de cargos de chefia.	Membros do CA devem ter mais de 10 anos de experiência nas áreas previstas na lei; e dirigentes devem ser especialistas em gestão, finanças ou negócios. Não podem ser dirigentes de partidos políticos, ter ocupado cargos eletivos recentemente ou ter se candidatado a um, acionistas ou empregados de empresas de mídia, dentre outros.
Participação social	Até 2016, maior parte dos membros do Conselho Curador, indicados pelo Presidente da República, provinham da sociedade civil. Nesse ano, medida provisória extinguiu o conselho e foi criado um Comitê Editorial e de Programação, com atribuições bem menores. Essa instância não entrou em funcionamento até 2017.	Entidades indicam candidatos ao CA. Conselho de Telespectadores e Ouvintes deve ter 15 membros eleitos pelo CA entre seus membros, jornalistas da emissora e, pelo menos, 2/3 de representantes externos, incluindo pessoas com deficiência. Regras de constituição de comitês de assessoramento devem ser previstas no estatuto da entidade.
Fontes de financiamento	Contribuição para o Fomento da Radiodifusão Pública, orçamento público, publicidade institucional e prestação de serviços, dentre outros.	*Licence fee*, orçamento público, publicidade, prestação de serviços e licenciamento de conteúdos, dentre outros.

Fonte: Elaboração do autor.

197

Tabela 11: Comparação da legislação sobre radiodifusão pública (2)

	Armênia	Azerbaijão
Legislação consultada	Lei de TV e Rádio de 2000, com alterações até 2015	Lei da Radiodifusão Pública de 2004
Supervisão	CA reporta-se ao Presidente da República, que pode encaminhar suas decisões, se necessário, ao Poder Legislativo como novo projeto de lei.	Lei menciona que autoridade estatal será a responsável pelo controle legal da emissora, questionando seus dirigentes em caso de aparente violação das regras.
Indicação dos dirigentes	Presidente da República indica os 5 membros do CA, que nomeia DGs das duas emissoras (de rádio e de TV) e aprova diretores indicados pelos DGs.	Órgão público "apropriado" escolhe 9 membros do CA. DG é indicado por voto de, pelo menos, 6 membros do CA. DG nomeia 5 diretores.
Mandato dos dirigentes	Membros do CA têm mandato de 6 anos e só podem ser demitidos em hipóteses específicas, como nomeação para outro cargo e condenação judicial.	Membros do CA têm mandatos diferentes de 2, 4 e 6 anos. Podem ser terminados, antes do prazo, por razões específicas previstas em lei, mediante aprovação de 6 membros do próprio CA. DG tem mandato de 4 anos. Diretores têm mandato de 4 anos e podem ser demitidos pelo CA.
Outras características	Membros do CA não podem ser líderes de partidos políticos, estrangeiros e dirigentes de outras emissoras.	Membros do CA não podem integrar partidos políticos, trabalhar em órgãos públicos ou emissoras. Diretores têm que ser especialistas nas áreas de produção, administrativa ou financeira.
Participação social	N.d.	ONGs, associações civis, sindicatos e universidades, dentre outros, indicam candidatos ao CA.
Fontes de financiamento	Publicidade comercial (tempo total não pode exceder 5% do tempo total de programação e publicidade não pode ser inserida durante os programas), licenciamento de conteúdos, patrocínio, aluguel de espaço na programação e outras fontes não proibidas em lei.	Licence fee, que deve ser a principal fonte de receita, aluguel de espaço na grade, publicidade (apenas entre programas, à exceção de programas muito longos ou de programas com intervalos obrigatórios, como competições esportivas), patrocínio, outros recursos não proibidos por lei, dentre outros. Até a regulamentação da licence fee, deve ser previsto orçamento público para financiamento das atividades.

Fonte: Elaboração do autor.

	Tabela 11: Comparação da legislação sobre radiodifusão pública (3)	
	Bósnia	**Bulgária**
Legislação consultada	Lei da Radiodifusão Pública - nº 78/05, com alterações até 2010	Lei de Radiodifusão de 1998, com alterações até 2011
Supervisão	Lei prevê um único CA para as quatro entidades (a PSB nacional, a da Federação da Bósnia e Herzegovina, a da República Srpska e a chamada "Corporação" da radiodifusão pública, que coordena o sistema e centraliza atividades, como licenciamento de conteúdos e venda de publicidade). CA é composto por 12 membros provenientes das três primeiras entidades e supervisiona as atividades da Corporação.	N.d.
Indicação dos dirigentes	CA indica DG da Corporação. Nas nomeações, deve respeitar a igualdade de gênero.	Em cada empresa pública (uma responsável pelas emissoras de rádio, outra pelas de TV), DG indica 5 membros do CA, que devem ser aprovados pelo órgão regulador.
Mandato dos dirigentes	DG da Corporação tem mandato de 5 anos e pode ser demitido pelo CA.	CA e DG têm mandatos de 3 anos, com direiro a uma recondução.
Outras características	DG da Corporação não pode ter outro cargo público, ser dono ou acionista de empresa de mídia.	Membros do CA têm que ter graduação e experiência profissional em atividades de radiodifusão, cultura e outros. DG tem que ter, pelo menos, 5 anos de atividade profissional em uma emissora de rádio ou TV.
Participação social	N.d.	N.d.
Fontes de financiamento	Publicidade, licenciamento de conteúdos, *licence fee*. Percentuais de publicidade devem ser divididos na proporção de 25-25% (para as emissoras subnacionais) e 50% (para as nacionais)	Recursos de um fundo de rádio e TV, compostos por *licence fee*, orçamento público, publicidade e patrocínio, entre outros.

Fonte: Elaboração do autor.

199

Tabela 11: Comparação da legislação sobre radiodifusão pública (4)

	Croácia	Eslováquia
Legislação consultada	Lei nº 28 de 2001	Lei nº 532 de 2010, com alterações até 2012
Supervisão	DG pode suspender decisão da Diretoria e informar o governo a respeito, caso entenda que a decisão viola a lei.	Nomeação de CF específico, responsável pela supervisão financeira da entidade.
Indicação dos dirigentes	Diretoria é indicada pelo Parlamento. DG é indicado pela Diretoria, mediante opinião do conselho integrado por representantes da sociedade civil.	Órgão regulador elege 9 membros do CF. DG deve se candidatar ao posto junto ao órgão regulador e indica um dirigente para a TV e outro para o rádio.
Mandato dos dirigentes	Membros da diretoria têm mandatos de 4 anos e são demissíveis, a qualquer tempo, por uma série de razões, dentre elas decisão simples do Parlamento.	Integrantes do CF têm mandatos não coincidentes de 6 anos. São demissíveis pelo órgão regulador em situações específicas. DG tem mandato de 5 anos e é demissível pelo órgão regulador, inclusive por manifestações de desconfiança do CF.
Outras características	Diretoria é composta por um representante dos empregados e por seis especialistas nas áreas de economia, finanças, jurídica, cultural e de mídia. Não podem ser membros da administração pública ou desempenhar atividades na direção de partidos políticos ou empresas rivais. DG deve ter experiência de 5 anos, falar inglês ou outra língua universal, ser croata e ter concluído curso superior.	Membros do CF devem ter título de Mestre, pelo menos 5 anos de experiência e 3 de gestão na área. DG deve ter experiência de 5 anos de gestão e título de Mestre. Indicação do DG é precedida de audiência pública.
Participação social	Conselho integrado por 25 membros indicados pelas entidades atuantes nos campos previstos na lei, a maior parte das quais da sociedade civil. Avalia a programação e participa de nomeações e demissões. Opina, por exemplo, sobre a indicação do DG.	Entidades da sociedade civil indicam candidatos ao CF. Processo de indicação é precedido de divulgação nos meios de comunicação.
Fontes de financiamento	Publicidade (no máximo, 9 minutos por hora, em regra, entre programas), *licence fee* nos termos da lei (1,5% da média salarial do país no ano anterior) e orçamento público	*Licence fee*, orçamento público e publicidade, dentre outros.

Fonte: Elaboração do autor.

200

Tabela 11: Comparação da legislação sobre radiodifusão pública (5)		
	Eslovênia	**Estônia**
Legislação consultada	Lei nº 96 de 2005	Lei nº 88 de 2007, com alterações até 2014
Supervisão	CF de 11 membros, sendo 5 indicados pelo Parlamento, 4 pelo governo e 2 pelos trabalhadores.	CA desempenha função de supervisão. Lei menciona, ainda, a existência de auditoria interna. Supervisão é completada por outros órgãos públicos.
Indicação dos dirigentes	DG é indicado pelo Conselho de Programação, depois de competição pública. DG indica diretores da rádio e da TV depois da realização de concurso, com anuência do Conselho de Programação. Corpo funcional pode indicar outro editor-chefe, caso não concorde com as indicações do diretor da rádio ou da TV. A escolha final será feita pelo DG em parceria com o Conselho de Programação.	Parlamento deve indicar um representante de cada bancada e quatro especialistas em radiodifusão pública para o CA, que indica DG por 2/3 dos votos dos conselheiros. Diretoria é composta por cinco membros, indicados pelo CA, a partir de propostas do DG.
Mandato dos dirigentes	DG tem mandato de 4 anos.	Especialistas integrantes do CA têm mandatos de 5 anos. Demissões podem ocorrer por decisão do Parlamento. Integrantes da diretoria têm mandato de 5 anos e podem ser demitidos pelo CA por motivos diversos, incluindo erros graves de gestão e violação legal, sendo necessária a aprovação de 2/3 do CA, no caso de se tratar de afastamento do DG.
Outras características	Membros do Conselho de Programação não podem ser, nem ter sido nos 5 anos anteriores, dirigentes de partidos, políticos com mandato, funcionários de empresas de mídia, dentre outros. DG tem que ser esloveno, ter formação universitária e experiência em radiodifusão, dentre outros. Membros do CF devem ter formação universitária e experiência de 5 anos.	Membros do CA não podem ser diretores da emissora, membros do governo ou estar ligados a empresa de mídia. Grande parte dessas vedações estende-se aos membros da diretoria. O mesmo ocorre, se algum familiar for funcionário ou sócio de emissora. Situações semelhantes nos 5 anos anteriores devem ser comunicadas por escrito.
Participação social	Órgão máximo é o Conselho de Programação, que supervisiona a programação e é composto por 29 membros, dentre os quais representantes da sociedade civil e outros indicados pelo Parlamento. Existe a previsão de criação de comitês de programação integrados pela sociedade civil.	Conselho consultivo é composto por 9 a 15 membros indicados pela diretoria para um período de até 5 anos. Seus membros devem refletir a representatividade dos diferentes segmentos da sociedade.
Fontes de financiamento	*Licence fee*, orçamento público, publicidade e prestação de serviços	Orçamento público, dentre outros. Emissoras estão proibidas de veicular televendas ou publicidade, a menos que essa esteja relacionada a eventos promovidos pela EBU ou a eventos esportivos de grande relevância.

Fonte: Elaboração do autor.

Tabela 11: Comparação da legislação sobre radiodifusão pública (6)

	Geórgia	Hungria
Legislação consultada	Lei de Radiodifusão de 2004, com alterações até 2013	Lei de Mídia, vigente desde 2015
Supervisão	Previsão de auditoria externa anual e reconhecida internacionalmente. Parlamento e órgão regulador devem apreciar relatório anual.	Fundação Pública controla a empresa pública responsável pela PSB, logo a diretoria da fundação (também chamada, aqui, de CA) a supervisiona, nos termos relatados. Além disso, lei prevê um auditor e um CF, com 5 membros, responsável pela supervisão econômico-financeira.
Indicação dos dirigentes	CA é composto por 9 membros, eleitos pelo Parlamento, que devem representar a defensoria pública (2), a maioria parlamentar (3), a minoria, sendo apontados por, pelo menos, 25% dos parlamentares (3) e o Conselho Supremo da República Autônoma de Ajara. A cada 2 anos, 1/3 do CA é alterado. DG é indicado pelo CA, depois de competição pública.	6 membros do CA são nomeados pelo Parlamento, sendo metade pela bancada do governo e metade pela oposição. CEO da empresa responsável pelas emissoras (doravante chamado DG) é escolhido pelo CA, por 2/3 dos seus votos, a partir da lista de dois nomes encaminhada pelo órgão regulador.
Mandato dos dirigentes	Membros do CA têm mandatos de 6 anos, que podem ser abreviados por conflitos de interesse nos termos da lei, não cumprimento de suas obrigações por 2 meses sem justificativa, dentre outros aspectos. DG tem mandato de 6 anos e pode ser demitido por razões semelhantes e se o CA manifestar desconfiança em relação ao seu trabalho, processo que se inicia pela autorização de 2/3 dos membros do CA e termina com resultado decidido por maioria simples.	Se o relatório anual for rejeitado, conselho integrado por representantes da sociedade civil pode submeter ao CA da fundação uma proposta de demissão do DG, o que depende do voto de 2/3 dos integrantes do CA.
Outras características	Membros do CA devem ter título de Mestre e, pelo menos, 10 anos de experiência, sendo metade em áreas afins à radiodifusão pública. Pré-requisitos para DG são os mesmos, acrescidos de experiência prévia de 3 anos em cargos gerenciais. Não podem ser afiliados a partidos, membros da administração pública, funcionários ou sócios de outras emissoras de radiodifusão.	Membros do CA da fundação não podem ser contratados pela fundação, nem pela empresa que gere a PSB, até um ano depois do término de seus mandatos. CEO deve ser húngaro, ter formação superior e, pelo menos, cinco anos de experiência profissional relevante na área de mídia. Além disso, CEO não pode ter ocupado cargo público ou ter sido dirigente de partido político nos dois anos anteriores à sua escolha.
Participação social	Lei prevê conselhos do público, que podem elaborar recomendações à emissora. Sua formação, atividades e funções dependem do previsto no estatuto da emissora.	Conselho da empresa responsável pelas emissoras é composto por 14 membros, eleitos por organizações da sociedade civil listadas em lei. Presidente é escolhido entre os 14.
Fontes de financiamento	*License fee* e orçamento público. Publicidade só é aceita, caso esteja relacionada com o patrocínio de eventos internacionais ou de eventos esportivos.	Emissoras são mantidas pela fundação, que recebe recursos públicos, dentre outros. Além disso, lei prevê um fundo que deve manter as emissoras públicas, cujos recursos são provenientes de custos relacionados à outorga das emissoras comerciais, multas, licitação de uso de espectro, recursos diretos do Estado, dentre outros.

Fonte: Elaboração do autor.

Tabela 11: Comparação da legislação sobre radiodifusão pública (7)

	Letônia	Lituânia
Legislação consultada	Lei nº 118 (4310) de 2010, com alterações até 2014	Lei nº I-1418 de 1996, com alterações até 2010, e lei nº I-1571 de 1996
Supervisão	Órgão regulador tem competência de supervisionar radiodifusão pública.	N.d.
Indicação dos dirigentes	Cada mídia pública é gerida por uma diretoria, nomeada pelo órgão regulador conforme competição pública.	CA é nomeado pelo Parlamento. Presidente do CA é escolhido pelo próprio conselho. DG é nomeado pelo CA a partir de competição pública.
Mandato dos dirigentes	N.d.	Integrantes do CA só podem ser demitidos em hipóteses limitadas previstas em lei. DG é escolhido para mandato de 3 anos e pode ser demitido, antes do fim do prazo, pelo CA, mediante aprovação de 8 dos seus membros.
Outras características	Membros da diretoria devem ter formação superior e, pelo menos, 5 anos de experiência em radiodifusão ou gestão. Não pode atuar em partidos políticos, nem ter ações de meios de comunicação eletrônica.	Membros do CA não podem ser parlamentares, integrantes do governo ou acionistas de emissoras privadas. DG e outros diretores devem interromper suas atividades partidárias, caso as tenham.
Participação social	Conselho Consultivo é vinculado ao órgão regulador e, dentre outras competências, atua na elaboração de diretrizes para as emissoras públicas. Integram o conselho representantes de entidades da sociedade civil dos setores mencionados na lei.	N.d.
Fontes de financiamento	Orçamento público, receita de suas atividades econômicas, doações	Publicidade (com restrições por produtos e tipo de conteúdo)

Fonte: Elaboração do autor.

203

Tabela 11: Comparação da legislação sobre radiodifusão pública (8)

	Macedônia	Montenegro
Legislação consultada	Lei de Mídia e Lei de Meios Audiovisuais, ambas de 2013 com alterações até 2014	Lei nº 79/2008, com alterações até 2012
Supervisão	CF, composto por 7 membros, é o responsável pela supervisão financeira da entidade.	N.d.
Indicação dos dirigentes	Conselho de Programação é indicado pelo Parlamento. Conselho de Programação indica CF e diretoria da PSB, depois de realizar competição pública.	Parlamento nomeia Conselho, que nomeia DG. Por sua vez, esse define os diretores das emissoras de rádio e de TV.
Mandato dos dirigentes	Membros do Conselho de Programação e do CF têm mandato de 5 anos. DG e seu adjunto têm mandato de 3 anos. Podem ser exonerados antes do fim do prazo por razões previstas em lei.	Membros do Conselho têm mandato de 5 anos. Parlamento pode abreviar esse mandato nas hipóteses previstas em lei. DG e diretores da rádio e da TV têm mandato de 4 anos e podem ser demitidos, antes do prazo final, caso não ajam em conformidade com as normas relativas a PSB ou em casos de negligência e conduta irregular.
Outras características	Membros do Conselho de Programação devem ter formação superior, não podem ser parlamentares, membros do governo e, nos 5 anos anteriores, não podem ter exercido cargos públicos ou sido dirigentes partidários ou religiosos. Membros do CF devem ter formação universitária e experiência de 5 anos na área financeira, bem como aplicam-se a eles as restrições existentes para os membros do Conselho de Programação. DG e seu adjunto também devem ter formação superior, além de 5 anos de experiência em comunicação, radiodifusão, cultura, direito ou outra área definida na lei.	Membros do Conselho devem ter formação universitária e ser especialistas em uma das áreas de atuação da PSB. Não podem ser dirigentes partidários, ocupantes de cargo eletivo, acionistas de empresas de mídia, dentre outras atividades. DG e diretores da rádio e da TV devem ter formação universitária e, pelo menos, cinco anos de atividade profissional.
Participação social	Conselho de Programação é composto por 13 membros indicados pelas entidades da sociedade civil mencionadas na lei.	Entidades da sociedade civil listadas na lei indicam os 9 membros do Conselho.
Fontes de financiamento	Publicidade (fora do horário nobre, não mais que 8 minutos por hora entre programas e, nos casos de conteúdos de entretenimento e de esportes, entre blocos), *licence fee*, orçamento público e doações, dentre outros	1,2% do orçamento público total do país, publicidade, produção e licenciamento de conteúdos, dentre outros

Fonte: Elaboração do autor.

Tabela 11: Comparação da legislação sobre radiodifusão pública (9)

	Polônia	República Tcheca
Legislação consultada	Lei de Radiodifusão de 1992, com alterações até 2012; Lei sobre *licence fee* de 2005, com alterações até 2012.	Lei da Radiodifusão Pública de 1991, com alterações até 2005
Supervisão	Órgãos supervisores são compostos de sete membros indicados pelo órgão regulador (5), ministérios da Cultura e da Fazenda.	Órgão regulador indica 5 membros do conselho supervisor, com mandatos de 4 anos.
Indicação dos dirigentes	Órgão regulador indica os membros do CA (de um a três), segundo processo de seleção definido em regulamento específico.	Órgão regulador indica e demite DG e diretores dos estúdios regionais.
Mandato dos dirigentes	Membros do CA têm mandatos de quatro anos.	DG tem mandato de 6 anos.
Outras características	Dirigentes devem ter experiência em gestão de comunicação, por exemplo. Processo seletivo é definido pelo órgão regulador.	DG tem que ser legalmente capaz, morar no país e não ter antecedentes criminais.
Participação social	Conselhos de Programação são definidos pelo órgão regulador com 15 membros: 10 representantes dos grupos parlamentares e 5 com experiência em cultura e comunicação de massa, com mandatos de 4 anos.	Conselho tem 15 membros eleitos pela Câmara dos Deputados, a partir de indicações feitas por organizações com fins culturais, regionais, sociais, dentre outras. São eleitos para mandatos de 6 anos não coincidentes. Não podem ser dirigentes partidários, políticos eleitos ou funcionários públicos, por exemplo.
Fontes de financiamento	*Licence fee*, orçamento público, direitos patrimoniais sobre programas, publicidade e outras fontes	*Licence fee* e atividades comerciais definidas em lei, dentre outras

Fonte: Elaboração do autor.

205

Tabela 11: Comparação da legislação sobre radiodifusão pública (10)

	Romênia	Sérvia
Legislação consultada	Lei nº 41 de 1994, com alterações até 1998	Lei da Radiodifusão Pública de 2014
Supervisão	Parlamento acompanha desempenho das emissoras, podendo demitir membros do CA.	Supervisão é competência do Ministro responsável pela PSB (na época, Ministro da Cultura).
Indicação dos dirigentes	Todos os 13 membros do CA são eleitos pelos deputados e senadores, sendo 8 representantes do Parlamento, um do Presidente, outro do Primeiro-Ministro, um dos empregados e um da minoria do Parlamento. Presidente do CA é o DG, que conta com comitê executivo de até 7 membros.	Conselho de Reguladores indica, com 2/3 dos votos, os 9 membros do CA mediante competição pública. CA indica e demite DG com 2/3 dos votos.
Mandato dos dirigentes	Mandatos dos membros do CA são de 4 anos. Podem ser demitidos pelo Parlamento.	Membros do CA podem ser demitidos por razões legais, o que depende de manifestação de 2/3 dos votantes do Conselho de Reguladores. DG tem mandato de 5 anos e pode ser demitido antes do prazo, caso descumpra as normas vigentes.
Outras características	N.d.	Membro do CA deve ser especialista em área relevante para a PSB e não pode ocupar mandato eletivo, ser dirigente partidário ou empregado de empresa de mídia. DG deve observar as mesmas condições (à exceção da vedação de ser empregado de meio de comunicação), ter formação universitária e, pelo menos, 10 anos de experiência em gestão.
Participação social	N.d.	Conselho de Programação tem caráter consultivo. É composto por 15 membros eleitos pelo CA, com mandatos de 4 anos, dos quais a maior parte representa entidades da sociedade civil.
Fontes de financiamento	Orçamento público, *licence fee*, receita própria e outras fontes.	Publicidade, *licence fee* e orçamento público, dentre outros

Fonte: Elaboração do autor.

XI

Algumas características gerais devem ser ressaltadas em relação ao comparativo das legislações analisadas. Várias delas preveem um mínimo de programações diferentes a serem transmitidas pelas emissoras públicas. Para a Albânia, país com menos de 2,9 milhões de habitantes, a lei prevê, no mínimo, duas programações nacionais de TV, duas de rádio, uma de rádio em idioma estrangeiro, uma de rádio voltada à diáspora, canais regionais, uma programação via satélite e uma última para cobertura, ao vivo, do Parlamento. Na Macedônia, cuja população supera, por pouco, a marca de 2 milhões, a exigência é de um canal de TV e dois de rádio em macedônio e um de TV e outro de rádio em idiomas falados por, pelo menos, 20% dos cidadãos. Há, ainda, outras exigências, como um canal legislativo e um canal de rádio e outro de TV voltados à diáspora. Vale lembrar que, independentemente de previsão legal, em vários países do centro-leste europeu, é comum a veiculação de um número ainda maior de programações de emissoras públicas. No Brasil, onde também inexiste previsão legal de um mínimo de programações a serem transmitidas, a variedade de programações é considerável, porém não chega a se aproximar, em termos quantitativos, dessas últimas nações. Em 2017, a EBC era responsável por um canal de TV (TV Brasil), um canal internacional (TV Brasil Internacional) e oito programações de rádio, além de prestar serviço ao governo federal para produzir, dentre outros, o canal NBr, de notícias do Poder Executivo federal. Em São Paulo, Rio de Janeiro e Brasília, a EBC retransmitia os sinais de NBr, Canal Saúde e TV Escola, sendo que os dois últimos não eram por ela produzidos. A empresa também geria duas agências de notícias.

Também se buscam resguardar, em alguns casos, as diferenças de cada contexto nacional. Na Bósnia, são previstas três emissoras públicas distintas: uma na Federação da Bósnia e Herzogovina, outra na da República Srpska – que é parte do território da primeira – e uma terceira nacional, além de uma entidade denominada "Corporação" para coordenar as ações das três anteriores e centralizar atividades específicas, como a venda de espaço publicitário. Na Geórgia, a lei prevê que a República Autônoma de Ajara disporá de emissora pública própria. Além disso, devem ser produzidos programas em quatro idiomas, incluindo abcázio e ossétio. Na Sérvia, a lei prevê a existência de duas entidades, uma para a Sérvia e outra para o território de Vojvodina, sendo que cada uma deve programar, pelo menos, dois canais de TV e três de rádio. Algumas dessas previsões legais refletem uma preocupação em dialogar com territórios em antiga luta separatista. Esse é o caso, por exemplo, da Abcásia, no norte da Geórgia.

Em termos de regulação, um dos pontos de destaque nas leis é a preocupação com estruturas regulatórias para além da afirmação de uma entidade responsável pela administração do espectro: novas outorgas passaram a estar sujeitas a essas autoridades, em grande parte dos casos, e – essencial para o tema aqui debatido – algumas delas ganharam competências específicas em relação à radiodifusão pública. Em outras palavras, alguns dos novos marcos legais preocuparam-se em garantir estruturas que acompanhem as atividades das emissoras públicas e verifiquem se, de fato, estão preservando características inerentes a esse modelo de exploração.

Brevemente vale retomar a discussão sobre política x técnica: seriam as agências reguladoras totalmente independentes em relação ao governo e aptas a desempenhar de forma absolutamente técnica suas competências em relação à radiodifusão pública? Em tese, a resposta é "não", porém, se removidos os advérbios da pergunta, passa a ser possível abordá-la de outra forma. Ainda que não sejam totalmente independentes dos governos, as regras aplicáveis às agências reguladoras normalmente conferem a elas um grau de razoável autonomia. Além disso, a diluição do poder decisório, considerando as forças políticas existentes, conforme será apresentado adiante, tem sido vista como uma característica positiva.

Outro aspecto importante destacado pelos pesquisadores diz respeito à ênfase dada pelas agências reguladoras do setor: seriam elas mais severas em relação à radiodifusão pública ou à radiodifusão privada? Esse questionamento é subjacente a outro, tão comum nos debates sobre Teoria da Regulação, que diz respeito à captura do agente público pelo privado. No modelo romeno, Marinescu (1995) entende que as emissoras públicas eram mais reguladas que as privadas, talvez porque a regulação estivesse a cargo de agentes políticos nelas interessados; já Jakubowicz (1998/1999) observa que, em países como Lituânia, Macedônia, Eslováquia, Eslovênia e Ucrânia, além da própria

Romênia, o órgão regulador sequer tinha competência para lidar com a radiodifusão pública. Isso demonstraria a fragilidade do sistema público nesses países, que, para o autor, à época do seu artigo, ainda carregariam fortes cores da radiodifusão estatal.

Também a eficiência da regulação é colocada em xeque. Splichal (2001) destacou que violações eram comuns nos Bálcãs por razões políticas ou por falta de pessoal e meios técnicos para garantir o respeito à lei. Na Bósnia e Herzegovina, a regulação das comunicações foi estabelecida com o apoio da comunidade internacional, situação que se repetiu em outros setores econômicos do complexo processo de reconstrução do país depois da guerra travada na década de 1990. Hrvatin e Petkovic (2004) destacam que o órgão regulador CRA/RAK sofreu pressões da elite política local no sentido de esvaziar as possibilidades de uma atuação eficiente. As críticas das autoras estendem-se a outros órgãos da região, como os da Albânia, Macedônia, Sérvia e Croácia, acusados de passividade no tratamento das emissoras. As críticas à eficiência regulatória encontraram eco internacional: a Comissão Europeia demandou mais transparência e *accountability* das finanças da radiodifusão pública no centro-leste europeu (DRAGOMIR, 2010).

Parte das críticas destinadas à regulação tem raízes mais profundas, já que essa atividade se desempenha com base na legislação aprovada em cada país. Nas leis destinadas à radiodifusão residiam parte dos problemas. Note-se que da tabela anterior constavam apenas as leis relativas à radiodifusão pública; as críticas, no entanto, abrangem todo o marco regulatório para o setor.

Uma preocupação de diversos autores diz respeito à demora na promulgação da nova lei, na década de 1990, e em sua alteração, nos anos seguintes. A Lei de Radiodifusão húngara começou a viger em 1996, depois de anos de debate no Parlamento, e, no ano seguinte, foram lançados dois canais comerciais de TV (LENGYEL, 2010). Já a legislação búlgara também data de 1996, porém foi declarada inconstitucional em vários pontos. Nova lei foi aprovada em 1998. Até então, havia regras apenas para outorgas. Em 2010, chegou a ser debatida a possibilidade de estender para a Internet regras que se aplicavam apenas a meios impressos e à radiodifusão, como proibição de publicação de material anônimo, obrigação de concessão de direito de resposta, sanções para difamações de candidatos a cargos eletivos, dentre outros. A alteração não foi aprovada naquele momento (TSCHOLAKOV, 2000; LOZANOV, 2011).

Às vezes, restava pendente uma parte da legislação. Na Romênia da primeira década do novo século, a Constituição previa a liberdade de imprensa, havendo regras a ela correlatas na lei do audiovisual, na lei sobre a radiodifusão pública e no Código Penal, mas não em uma lei de imprensa, já que essa não havia sido promulgada (COMAN, 2009). Na Rússia, até a mesma época, a legislação havia sido incapaz de prever valores naturais à radiodifusão pública, apesar de sucessivos esboços de novas leis para o setor (VARTANOVA, 2012; 2015). Por fim, em alguns casos, princípios e regras até podiam estar presentes, mas a fiscalização era acusada de ineficiência, o que levava à ineficácia legal (HRVATIN; PETKOVIC, 2004).

É certo que, em outros países, novas leis sobre radiodifusão foram promulgadas de forma bem mais rápida. Também é certo que, numa comparação com o processo legislativo sobre este tema, sequer se poderia falar em "demora" nos casos mencionados: basta mencionar que o rádio começou a operar, aqui, no início da década de 1920, mas a primeira lei geral sobre o tema foi o Código Brasileiro de Telecomunicações, de 1962 (antes dele, o setor era disciplinado por meio de decretos); que, passadas tantas décadas, governos e propostas de novas leis, o código continua vigente, ainda que alterado; ou que a Constituição Federal mencionou o sistema público em 1988, mas sobre ele apenas se legislou em 2007. No centro-leste europeu, palco de rápidas e intensas transformações naquele momento, seis ou oito anos pareciam tempo demais. Jakubowicz (1998/1999) concluiu que, naquela região, não havia um consenso real da classe política, mídia e público em geral sobre algumas definições acerca do papel da mídia, o que implicava em confusão, falha em sua operação e insatisfação de todos.

Outra ponderação frequente dizia respeito à proporção de conteúdo nacional nas programações. Ainda que o centro-leste europeu estivesse se abrindo às práticas europeias ocidentais, a resistência a uma substituição cultural está presente em textos de diversos autores. É certo que a opção por integrar a União Europeia passava por aderir aos princípios de internacionalização presentes nas diretivas já mencionadas. Antes delas, aliás, em função de características geográficas, parte da população dos países socialistas estava acostumada a assistir a programação dos seus vizinhos capitalistas: esse era o caso, por exemplo, do norte da Iugoslávia, onde já se assistiam canais italianos e austríacos (OPEN SOCIETY INSTITUTE, 2005), da Alemanha Oriental e de parte da Tchecoslováquia, acostumados com os sinais vindos da Alemanha Ocidental, dentre outros exemplos já citados. No território da Eslovênia, no extremo noroeste da Iugoslávia, a emissora transmitia, inclusive, o noticiário da italiana RAI. Quando France Perovšek, considerado pai da TV eslovena e, na época, diretor da RTV Ljubljana, foi criticado pelas autoridades iugoslavas por causa das transmissões, reagiu dizendo que os telespectadores iugoslavos tinham suficiente bom senso para receber informações estrangeiras, além do direito de serem informados - e um sistema incapaz de respeitar isso não merecia existir (PUSNIK; STARC, 2008).

É certo, também, que a veiculação de conteúdos estrangeiros parecia ser a única opção nos casos em que as emissoras pretendiam ampliar o número de programações, mas ainda produziam muito pouco, como na Romênia do início da década de 1990. E é certo que conteúdos estrangeiros eram demandados pela população e, longe de serem calhaus na grade, ganhavam primazia nela.

As legislações, mesmo nos países que aderiram à União Europeia e, consequentemente, às suas diretivas, oscilavam sobre como enfrentar uma possível "invasão estrangeira": algumas, como na República Tcheca e na Eslováquia, falavam em percentual significativo de programas que refletissem as identidades culturais; outras, como as promulgadas na Polônia, na Romênia e na Hungria, estabeleciam cotas de transmissão, para as emissoras públicas, de 30 a 50% dos programas produzidos nacionalmente (MUNGIU-PIPPIDI, 2003); e havia, ainda, as que estabeleciam uma cota de transmissão pelas emissoras públicas de conteúdo de produção independente, como no caso da Geórgia, onde esse percentual chegou a 25% (ABASHINA, 2016).

Existiam, ainda, os desafios próprios da regulação econômica. Splichal (1995) e Hrvatin e Milosavljevic (2003) fizeram análises interessantes da lei da comunicação de massa de 1994 da Eslovênia, país egresso da Iugoslávia e, portanto, acostumado à prática de autogestão. A emissora pública seria responsabilidade de um órgão gestor próprio e não se subordinaria à agência reguladora atuante no setor de radiodifusão. As novas emissoras privadas teriam que se enquadrar em um sistema com regras para contratação de profissionais; demissão do editor-chefe apenas mediante opinião

213

do conselho editorial, integrado pelos editores e delegados dos jornalistas; e restrições à propriedade cruzada. A lei impedia, por exemplo, que uma editora de um jornal diário tivesse mais de 10% das ações em editora de outro jornal diário ou em empresa de radiodifusão e, se isso ocorresse, as emissoras perderiam suas licenças.

Ainda assim, a lei foi objeto de críticas por não impedir a transferência de canais, a venda de espaço na grade e por não prever parâmetros de pluralismo interno na programação. Nova lei entrou em vigor em 2011 e, mais uma vez, lá estavam regras para evitar a concentração do mercado: uma pessoa ou empresa não poderia controlar simultaneamente emissoras e editoras, observadas as condições legais e salvo autorização do Ministério da Cultura. As expectativas sobre a eficácia das leis não eram boas, contudo: Hrvatin e Milosavljevic (2003) consideravam que seria difícil acompanhar os percentuais máximos de capital descritos na lei, considerando-se a falta de dados para esse controle e a falta de transparência sobre os donos reais das emissoras.

A situação da Eslovênia era incomum. Em regra, em um primeiro momento, os Estados optaram por interferir pouco e privatizar ou interromper grande parte de suas operações no setor de mídia, mesmo que tenham adotado uma política de cunho mais intervencionista anos depois. Esse foi o caso, por exemplo, da Rússia (VARTANOVA, 2015). Essa opção podia coadunar-se com uma desregulamentação do setor, com a demora na aprovação de novas leis ou, como na Sérvia, com o estímulo à autorregulação (PERUŠKO, 2014), por mais frágeis que fossem suas bases.

O Estado tinha tempo e ritos próprios, nem sempre compatíveis com o ritmo frenético das transformações no centro-leste europeu da década de 1990. De forma geral, a dinâmica e a celeridade do mercado não foram cerimoniosas em relação à lentidão ou às hesitações dos governantes e dos parlamentos ou ao rearranjo da radiodifusão pública naquela região.

XII

Que tipo de mídia cada país deveria buscar? Essa era uma das perguntas pendentes de resposta – e, dela, dependia a construção da própria radiodifusão pública. A questão gerou um longo debate.

Dois elementos pareciam convergir para uma solução natural, capaz de simplificar o problema para as forças políticas responsáveis pela transição no centro-leste europeu. De um lado, governos e parlamentares inexperientes na lide dos problemas próprios do capitalismo e envolvidos com uma série de debates em diversas áreas, cujas consequências eram bem mais evidentes para a sociedade: o desemprego, a crise econômica, a falta de gêneros básicos de consumo, a garantia de direitos políticos. De outro, referências do cenário das comunicações dos países vizinhos europeus que começavam a se tornar parceiros no mesmo bloco econômico. Para integrá-lo, aliás, cada país candidato deveria se comprometer com as diretrizes já definidas.

A adesão a esse modelo seja por inexperiência, seja por força das necessidades seria, portanto, o único caminho possível. Ou não?

Essa concepção fatalista era, em parte, justificável, principalmente no que tange a elementos estruturantes desse processo. No entanto, convém iniciar a resposta pela outra parte: havia alguma margem para a criatividade. No ambiente acadêmico, ganhou força a discussão sobre o futuro da mídia nos países egressos do socialismo.

Karol Jakubowicz desempenhou papel importante neste debate. Todo pesquisador dedicado à transição das emissoras no centro-leste europeu fatalmente refere-se às reflexões desse autor, não sendo exagero reconhecê-lo com um dos pioneiros nessa discussão. Ainda durante o regime socialista polonês, ele participou dos debates iniciais acerca de uma nova lei para a comunicação de massa. Vale lembrar que a oposição democrática já defendia a "socialização" da comunicação de massa polonesa nas reuniões da mesa-redonda com o governo, entre fevereiro e abril de 1989. As emissoras públicas foram estabelecidas com base na Lei de Radiodifusão de dezembro de 1992, uma das mais longamente debatidas na história do parlamento até então (STĘPKA, 2010). Jornalista, Jakubowicz trabalhou nas emissoras estatais durante o socialismo e seguiu carreira acadêmica. Ocupou diversos cargos públicos, depois do fim do regime, relacionados com a regulação do setor, incluindo o de diretor do órgão regulador polonês e de presidente do órgão supervisor da emissora pública de TV, a TVP. Foi reconhecido como especialista internacional na área de radiodifusão pública, desenvolvendo trabalhos para o Conselho da Europa e a Unesco, dentre outros, além de ter recebido a segunda maior condecoração conferida pelo governo a civis poloneses. Quando do seu falecimento, em

2013, foi lembrado em homenagens até hoje disponíveis na Internet, como a realizada pela *European Broadcasting Union*.

São de sua autoria alguns dos trabalhos mencionados neste livro. Em um deles, Jakubowicz e Sükösd (2008) discorrem sobre doze conceitos que marcaram a evolução do sistema de mídia da região na transição promovida na década de 1990. Entre eles, estão três orientações em termos de políticas de comunicação. Uma primeira, chamada de "idealista", estava baseada no conceito de democracia que intelectuais e opositores do comunismo esperavam construir. Havia um fascínio com os conceitos ocidentais de "acesso", "participação" e "controle social" dos meios, bem como da garantia de direitos. A segunda, reconhecida como "mimética", pressupunha a transposição dos modelos "livres e democráticos" ocidentais, muitas vezes de forma acrítica e sem atentar se, de fato, essa liberdade era tão plena. Em poucos anos, essa prática acarretaria uma crescente decepção, no centro-leste europeu, com esses modelos, tendo em vista as falhas vividas. Foram apresentados como "livres e democráticos", quando, na verdade, a realidade pode ter sido outra nesses países. Por fim, a orientação "atávica", já que, para os autores, o que emergiu do pós-comunismo não foi a sociedade civil, mas uma sociedade política, fruto de um sistema centrado no partido governante. Os autores defenderam que as elites políticas quiseram imitar a Europa ocidental, mas, ao mesmo tempo, ater-se a elementos de comando próprios do modelo anterior. Nesse sistema, jornalistas e emissoras públicas deveriam ser "cooperativos" ao tratar do governo.

Terminavam por, ao menos em parte, concordar com a tese de Daniel Hallin, Paolo Mancini e Slavko Splichal, também referências ao tratar da radiodifusão pública, de que o resultado dessas abordagens apontava na direção da "italianização" da mídia (no modelo pré-1992) nos países egressos do socialismo. Em suma, essa metáfora sintetizava um cenário em que interesses políticos, comerciais e profissionais estavam imiscuídos, em meio à dissolução das fronteiras entre Estado, mercado e sociedade civil. A mídia era controlada pelo Estado, diretamente ou por meio de subvenções econômicas; os meios estavam subordinados a partidos políticos, que se responsabilizavam até por escolhas editoriais; eram similares as elites dos campos da mídia e da política e não vigoravam balizamentos éticos precisos (SPLICHAL, 2001). Jakubowicz e Sükösd (2008) concluíram: se Espanha, Portugal e Itália não conseguiram garantir a independência dos seus meios públicos até aquele momento, seria irreal esperar que países do centro-leste europeu atingissem esse ponto em menos tempo.

Assim, a tendência à imitação do modelo europeu ocidental foi real, mas não explica o cenário como um todo. A mídia passava a ser, no centro-leste do continente, um lugar onde política e mercado encontravam-se e congratulavam-se, a despeito de essa previsão não constar das diretrizes oficiais e formais provenientes do plano internacional.

E qual seria o papel da radiodifusão pública nesse cenário tão inesperado (ao menos oficialmente), quanto dinâmico? Nesse ponto, havia opiniões para todos os gostos e de todos os tipos. Poderia existir uma tendência de especialização da programação dessas emissoras, mas, por outro lado, concentrar a programação em interesses minoritários e elitistas fere as características centrais do modelo europeu ocidental, no qual a radiodifusão pública sempre foi generalista, falando para o maior público possível (BARDOEL; D'HAENENS, 2008). Visando o aumento do público, seria necessário ampliar a discussão de políticas públicas não apenas para um meio (radiodifusão), e sim para todos eles, de forma unificada (D'HAENENS; SOUSA; HULTÉN, 2011), ao mesmo tempo em que seria necessário integrar a radiodifusão pública à lógica de políticas públicas e de regulação de todo o setor. Havia quem defendesse, por exemplo, a adoção de órgãos reguladores únicos para todo o setor, que deveriam indicar os dirigentes das emissoras (MUNGIU-PIPPIDI, 2003). Também estava na pauta a discussão sobre o redesenho de um modelo de *accountability* para a radiodifusão pública que fosse mais condizente com os novos tempos, nos quais os atores envolvidos chegassem a um consenso sobre o que se esperava dessas emissoras, a definição de que serviços elas deveriam prestar, que públicos deveriam atingir e quais seriam os mecanismos para acompanhar o atingimento dessas medidas (JAKUBOWICZ, 2003). Havia até defesa da radiodifusão pública em função de suposta falha de mercado: se a radiodifusão comercial oferece mais conteúdo popular, cabe às emissoras públicas garantir que conteúdos informativos, educativos e culturais não estejam subrepresentados (D'HAENENS; SOUSA; HULTÉN, 2011). Na Letônia, o fato de a programação de emissoras comerciais e públicas serem tão parecidas levou, inclusive, à discussão se essas últimas seriam necessárias (BRIKŠE, 2010).

Por fim, no meio desse debate, Jakubowicz (2008) tentou sistematizar o que, na sua opinião, tinha dado errado na transição rumo à radiodifusão pública. As estruturas das entidades responsáveis pelas emissoras eram mal desenhadas, o que tornava o processo decisório lento. Prevalecia o controle político, marcado pela nomeação dos dirigentes pelo governo ou pelo Parlamento. Crises de liderança eram resolvidas com mudanças dos dirigentes, decorrentes de interferência política. Faltavam recursos financeiros e *know-how* de programação. Profissionais recorriam à autocensura, já que não podiam esperar proteção dos superiores, caso viessem a ferir interesses políticos.

O debate foi, sem dúvida, intenso. O leitor mais atento notará que grande parte das referências utilizadas neste livro foram publicadas entre o fim da década de 1990 e o fim da primeira década do novo século. Depois desse período, diminuiu sensivelmente o número de publicações sobre a transição da radiodifusão no centro-leste europeu. Isso reflete, ao menos no meio acadêmico, que o debate diminuiu ao longo dos últimos anos. Ouvi essa mesma percepção de entrevistados para este livro e de pesquisadores da radiodifusão pública no centro-leste europeu.

Em meio à profusão de temas incluídos no debate público do início do século XXI, elementos centrais à radiodifusão pública resistiram como pilares, ao menos do ideal a ser perseguido. Nesse bojo, destaco os quatro que compuseram o modelo de independência sintetizado na Figura 10: complexidade na indicação dos dirigentes; estabilidade dos dirigentes e profissionais críticos; controle social; e fontes plurais de financiamento.

Esse contexto de torrente de ideias nem sempre convergentes, necessidade de implementação rápida de mudanças, busca de referência nos países ocidentais, infraestrutura disponível, burguesia incipiente e imprecisão nos limites da atuação estatal foi capaz de produzir soluções únicas e inusitadas. No Azerbaijão, já citado anteriormente, optou-se por um modelo tripartite na radiodifusão, que preservou um sistema estatal ao qual se somou o público. No Turcomenistão, onde um presidente da República "vitalício" chegou a ser reconhecido pelo Parlamento, a mídia continua sob controle direto estatal.

Também o modelo russo de radiodifusão pública, já apresentado em capítulo anterior, foi inusitado. A abertura de capital da *Ostankino* levou à criação da ORT (*"Public Russian*

Television"), que deveria ser operada, entre 1994 e 2002, como emissora pública, mas esse conceito, no país, diferia do empregado no restante do continente. Sua filosofia, obrigações, valores e financiamento não eram semelhantes a outras emissoras públicas. Órgãos e entidades públicas detinham 51% das ações, mas 49% foram transferidas a bancos privados, seguradoras e parte da indústria. Dizia-se que o controle real da emissora era exercido por Boris Berezovsky, empresário que deteria apenas 36% das ações. A ORT apoiou a reeleição de Yeltsin e foi vista como a TV oficial. A despeito de eventuais tentativas de fortalecimento da radiodifusão pública na Rússia, já narradas neste livro, os revezes foram mais comuns, até a criação, em 2013, da já citada OTR, que não deve ser confundida com a ORT (VARTANOVA; ZASSOURSKY, 2003; VARTANOVA, 2015).

Cabe, agora, avaliar os quatro elementos constantes da Figura 10.

XIII

É consensual que a forma de indicação dos dirigentes de emissoras públicas deve ser distinta da praticada antes da transição. Para o Conselho da Europa, se, por um lado, é legítima a participação do governo na indicação dos dirigentes das emissoras públicas, devem atuar, nesse processo, também outros atores, como o Parlamento. Além disso, as regras para nomeação e exoneração devem estar claramente previstas na legislação, bem como o mandato dos dirigentes e outros pré-requisitos (ŠIMUNJAK, 2016). Vale, aqui, separar a análise em três aspectos: (a) o envolvimento de diferentes atores no processo de indicação; (b) a definição de um mandato fixo; e (c) outros requisitos aos ocupantes dos cargos.

Por uma questão lógica, a participação de diferentes órgãos, poderes e correntes políticas tende a diluir a influência sobre os dirigentes das emissoras e pode ex.imi-la de subordinação a um ator específico. Diversos autores dedicaram-se a examinar o rito de nomeação, desde o fim dos regimes socialistas, e a elogiar a pluralidade de atores nesse processo. Do fim da década de 1990 ao início do século seguinte, essas pesquisas ressaltaram que, mesmo nas emissoras ainda em transição para o modelo de radiodifusão pública, já havia uma preocupação com a adoção de um modelo plural de indicações. A depender da instância de governança onde atua o dirigente, sua nomeação poderia envolver o órgão regulador do setor, o Parlamento, o Presidente da República, o governo, a sociedade civil e os empregados da empresa. Parte desses atores ou todos eles aparecem nas pesquisas, realizadas em anos diferentes, de Jakubowicz (1998/1999), que analisou 13 modelos do centro-leste europeu, e de Mungiu-Pippidi (2003), que se dedicou à verificação da situação na Polônia, Hungria, República Tcheca, Romênia e Bulgária.

A transição para um modelo de indicação complexa não ocorreu com a mesma celeridade em todos os países, até porque a ruptura com o regime anterior foi adiada na União Soviética, na Albânia e na Iugoslávia. Nos países que formaram essa última, por exemplo, a situação política passou a se definir apenas na segunda metade da década de 1990. Splichal (2001) destacou que ali foram mantidas, por algum tempo, políticas próprias do regime socialista, como o apontamento direto de dirigentes e editores e a disponibilização de orçamento público ou de publicidade oficial, o que poderia contribuir para a manutenção do controle sobre as emissoras. À época do seu artigo, os dirigentes das emissoras públicas eram nomeados pelo governo (Sérvia, Vojvodina, Kosovo, Croácia) ou pelo Parlamento (Bósnia). Conforme apresentado na Tabela 11, a forma de indicação dos dirigentes, nesses países, começou a mudar nos anos seguintes ao artigo de Splichal.

No centro-leste europeu e no Brasil, a governança das emissoras públicas envolve normalmente, pelo menos, duas instâncias distintas. Modelo razoavelmente frequente é o da divisão de poderes entre um Conselho de Administração ou uma Diretoria e um Diretor-Geral. Isso pode ser observado, por exemplo, na Albânia, na Armênia e na Lituânia. Por vezes, soma-se a esse modelo a instituição de um conselho fiscal, como na Eslováquia e no Brasil, ou práticas de supervisão bem definidas, a exemplo da auditoria externa anual reconhecida internacionalmente, prevista na lei da Geórgia. Em alguns casos, a legislação menciona a existência de uma instância de participação social com poder decisório, conforme será analisado em capítulo futuro.

Cabe destacar uma inovação interessante, na Eslovênia, compatível com a tradição de auto-gestão, conforme já apresentado neste livro. Lá, depois de idas e vindas sobre a extensão dessa possibilidade de manifestação nas emissoras públicas (SPLICHAL, 2001; HRVATIN; MILOSAVLJEVIC, 2003), a lei de 2005 previu que os funcionários poderiam indicar outro editor-chefe, caso não concordassem com a indicação feita pelo diretor da rádio ou da TV (por sua vez, indicados pelo Diretor-Geral). Manifestada essa divergência, a decisão final caberia ao Diretor-Geral, em parceria com o Conselho de Programação.

No Brasil, existiu, por cinco anos, no órgão regulador do setor das comunicações, um modelo complexo de indicação de dirigentes. De 1962, quando foi criado pela Lei nº 4.117, a 1967, quando deixou de cumprir suas funções precípuas face à criação do Ministério das Comunicações, o Conselho Nacional de Telecomunicações (Contel) tinha um Presidente indicado pelo Presidente da República e era integrado pelo diretor do Departamento dos Correios e Telégrafos; três membros indicados pelos ministérios militares; um pelo Estado Maior das Forças Armadas; quatro indicados pelos ministérios listados; três pelos maiores partidos políticos, considerando sua representação na Câmara dos Deputados; um de empresa pública que exploraria o Sistema Nacional de Telecomunicações; e pelo Diretor Geral do Departamento Nacional de Telecomunicações.

Em termos de radiodifusão pública, o modelo de indicação estabelecido pela Lei nº 11.652 de 2008 não era tão complexo quanto os apresentados. Até 2016, cabia ao Presidente da República indicar o Diretor-Presidente e o Diretor-Geral da EBC, sendo o Conselho de Administração responsável por aprovar os demais diretores (na prática, normalmente indicados pelo Diretor-Presidente). Em tese, uma maior independência seria preservada graças à existência de mandato e à impossibilidade de demissão desses dirigentes pelo Presidente da República. Depois da Medida Provisória nº 744 de 2016, convertida na Lei nº 13.417 de 2017, a indicação do Diretor-Presidente, do Diretor-Geral da EBC e dos demais diretores passou a ser atribuição exclusiva do Presidente da República, ficando extinto o Conselho Curador. Esse sistema de indicação reforça os laços necessários entre o Presidente da República e os diretores da EBC, subordinando, ao menos em tese, a direção da empresa ao governo do momento. Em suma, o modelo brasileiro atual é, dentre os estudados, o pior no que se refere à indicação dos dirigentes, comprometendo-se o grau de independência desses profissionais e, consequentemente, o das próprias emissoras.

Mesmo que a legislação garanta, do ponto de vista formal, um elevado nível de independência ao incorporar diferentes atores ao processo de indicação, nem sempre essa situação é observada na prática. Um bom exemplo é o da Romênia. A Lei do Audiovisual de 1992 estabeleceu os parâmetros para outorgas de emissoras privadas, o órgão regulador CNA e o funcionamento das estações públicas e proibiu outorgas a partidos políticos, outras formações políticas ou autoridades públicas (COMAN, 2009). Porém, como já apresentado aqui, vários políticos importantes do país despontaram a partir das emissoras ou passaram a controlá-las. A Lei de 1994, ao disciplinar a escolha de dirigentes das emissoras públicas, previu um rito complexo para a definição do Conselho de Administração: oito de seus representantes são diretamente escolhidos pelo Parlamento, um pelo Presidente da República, outro pelo Primeiro-Ministro, um pelos empregados e um pela minoria do Parlamento. O presidente deste conselho é escolhido Diretor-Geral. O modelo é, em tese, compatível com o que se poderia chamar de "boas práticas" no processo de escolha, porque envolve diversos atores políticos, mitigando a possibilidade de interferência direta do governo neste processo. Ressalte-se - em tese:

> "O partido político no poder sempre pensa em uma pessoa que será indicada para o CA com a ideia de que, depois, ela será escolhida Presidente. Em 2016, o CA elegeu uma outra pessoa. O CA foi escolhido pelo Parlamento, realizou a reunião para escolher o DG e definiu uma outra pessoa. O Parlamento rejeitou a escolha. O CA fez outra eleição e, de novo, nomeou outra pessoa diferente da imaginada. Isso ocorreu cerca de três vezes, até que o Parlamento nomeou como Presidente quem o Partido Social Democrata queria" (SURUGIU, 2017).

O segundo aspecto relacionado ao processo de indicação diz respeito ao estabelecimento de um mandato fixo para os dirigentes responsáveis pelas emissoras públicas. Há países em

227

que a lei previu mandato fixo para dirigentes de uma instância, como, por exemplo, na Romênia e na Croácia, assim como existem aqueles nos quais essa previsão estende-se a mais de uma instância e até ao conselho fiscal, caso da República Tcheca. Ainda que seja importante o estabelecimento de um mandato fixo, o ponto central, nesse caso, devem ser as hipóteses em que esse instituto pode ser abreviado. Essa análise será feita no próximo capítulo.

O terceiro aspecto do processo de indicação diz respeito aos requisitos exigidos de cada candidato para ocupar posto de dirigente na organização. Normalmente é exigido que o dirigente seja cidadão nacional residente no país. Também é comum a exigência de formação universitária, tendo sido prevista a necessidade de título de Mestre na Eslováquia (integrantes do Conselho Fiscal e Diretor-Geral) e na Geórgia (membros do Conselho de Administração e Diretor-Geral). As leis costumam determinar, ainda, que os dirigentes tenham experiência na área de radiodifusão ou em outras relacionadas ao dia-a-dia de uma entidade pública, como, por exemplo, direito, gestão ou finanças. Em onze países é fixado um prazo mínimo de experiência, que varia entre 3 e 10 anos. As leis de Albânia, Brasil (nesse caso, o diploma geral aplicável à nomeação de dirigentes de empresas públicas), Bulgária, Eslováquia, Eslovênia, Geórgia, Hungria, Letônia, Macedônia, Montenegro e Sérvia preveem prazos de experiência prévia. Pré-requisitos semelhantes podem não constar de lei, mas de editais que orientam a competição pública voltada à escolha desses profissionais, como, por exemplo, na República Tcheca (SEDLÁČEK, 2017). Pode-se dizer que as exigências apresentadas objetivam qualificar a busca por dirigentes nos países estudados, dificultando a indicação de nomes que não tenham afinidade com a área de radiodifusão.

São constantes, também, vedações a algumas atuações de dirigentes que possam caracterizar conflito de interesse. A primeira diz respeito ao impedimento de que um dirigente das emissoras públicas controle ou seja dono de emissora privada. Na Estônia, essa limitação estende-se a familiares dos dirigentes. Uma segunda proíbe que alguns dirigentes sejam ocupantes de cargos públicos, o que ocorre, por exemplo, no Azerbaijão, na Bósnia, na Geórgia e na Lituânia. Em modelos ainda mais complexos, como o húngaro, é vedado o emprego de dirigente das entidades supervisoras pelas próprias emissoras por período pré-definido posterior ao seu mandato. Por fim, é comum a proibição, em algum nível, de vínculo dos dirigentes com partidos políticos. Às vezes, como na Albânia, Armênia e Sérvia, são impedidos de serem dirigentes de partidos. Em outros casos, a proibição pode ser interpretada de forma mais restritiva. Na Letônia, por exemplo, a lei vedou a atuação em partido político. A lei nº 13.303, de 30 de junho de 2016, veda a indicação, no Brasil, para o Conselho de Administração ou diretoria de empresa pública de qualquer pessoa que, dentre outras, seja dirigente de partido político nos 3 anos anteriores, atuante em campanha eleitoral no mesmo período, titular de cargo público sem vínculo permanente com o serviço público e dirigente sindical, sendo parte dessas restrições extensíveis aos seus parentes até o terceiro grau.

Mesmo com todas essas previsões, não são raras as críticas em relação à subserviência dos dirigentes – e, consequentemente, das emissoras e de suas programações - ao governo ou ao Parlamento. Na Romênia, a *Free TV*, logo depois da queda do regime socialista e antes da promulgação da lei de 1994, é acusada de ter apoiado ferrenhamente os governos do momento e as novas lideranças egressas do regime e que viriam a formar o Partido Social Democrata. O Parlamento foi acusado de ainda querer controlar a emissora, o que se refletiu, por exemplo, na escolha do

Diretor-Geral (MUNGIU-PIPPIDI, 2003; DRAGOMIR, 2010; SURUGIU, 2017). Na Rússia, a situação de todo o sistema de mídia e as idas e vindas do sistema público são vistas, por alguns autores, como decorrentes das idiossincrasias da gestão Putin (KIRIYA; DEGTEVERA, 2010). Na Eslovênia da primeira metade da década de 1990, criticava-se a subordinação da emissora aos partidos políticos (SPLICHAL, 1995).

XIV

A simples previsão legal de mandatos fixos é uma sinalização básica de pretensão de estabilidade de dirigentes, o que, em tese, reforça a possibilidade de independência. No entanto, mais importantes que a existência desses prazos são as condições para seu término de forma antecipada.

Há um conjunto de hipóteses para demissões antecipadas, de cunho bastante objetivo, que estão previstas em diversas leis estudadas. Entre elas estão a condenação criminal transitada em julgado, a perda de nacionalidade e a nomeação para outro cargo. Outro critério objetivo consta da legislação húngara: o conselho integrado por representantes da sociedade civil pode solicitar a demissão do Diretor-Geral, caso o relatório anual não seja aprovado. Até 2016, a lei brasileira também previa a possibilidade de demissão de qualquer diretor como consequência de duas manifestações de desconfiança do Conselho Curador. Existe, ainda, na legislação eslovaca estudada, a possibilidade de demissão do Diretor-Geral por manifestação de desconfiança do Conselho Fiscal.

Algumas leis estabelecem, por outro lado, razões subjetivas ou imprecisas para as demissões. Na Estônia e na Sérvia, a legislação previu a demissão do Diretor-Geral por descumprimento das normas vigentes. Em Montenegro, está prevista possibilidade semelhante, além de justificativas relacionadas à negligência e à conduta irregular. Na Croácia, é prevista a possibilidade de demissão de membro da diretoria por decisão do Parlamento, sem justificativa específica. Além disso, independentemente da previsão legal, a demissão de dirigentes – assim como de outros profissionais das emissoras – ocorre de forma recorrente.

Houve situações, na história recente do centro-leste europeu, que serviram de base para uma mudança quase natural da estrutura de poder nas emissoras públicas. A Eslováquia viveu uma fase difícil na década de 1990. Vladimir Mečiar foi Primeiro-Ministro do país três vezes, sendo a última delas, entre os anos de 1994 e 1998, a mais contestada em função do seu caráter autocrático e do afastamento em relação às políticas de integração com os países capitalistas. O período ficou conhecido como *Mečiarizmus*, neologismo que alude ao período socialista, e embute uma crítica ao autoritarismo. Mečiar era, ainda, suspeito de manter relações com o crime organizado. Ainda que não confirmada até hoje, uma história da época, de tão impressionante, foi relatada no filme *Unos* ("O Sequestro"). Já Primeiro-Ministro, Mečiar era adversário político de Michal Kovac, Presidente da República. Em agosto de 1995, o filho de Kovac foi parado, em seu carro, por homens armados, que o forçaram a beber duas garrafas de uísque. Quando tentou fugir do carro, foi agredido e alvejado por uma arma de choque elétrico.

Foi abandonado por seus sequestradores na Áustria (país vizinho da Eslováquia), onde foi preso por policiais em função de investigações por supostas fraudes financeiras na Alemanha. A Justiça austríaca determinou sua soltura e ventilou-se que o episódio tinha o objetivo de constranger o Presidente da República. Durante as investigações, o policial que mantinha contato com uma testemunha-chave do caso foi assassinado em um carro no qual havia sido colocada uma bomba. Mesmo assim, a polícia ainda conseguiu descobrir vínculos entre os criminosos e a polícia-secreta eslovaca, comandada, à época, por Ivan Lexa, aliado próximo de Mečiar. Antes do fim das investigações, contudo, foi promulgada nova lei, com o apoio do Primeiro-Ministro, que anistiou, dentre outros, os envolvidos no caso (ECONOMIST, 2017).

Em um contexto como esse, dificilmente se fortaleceria a radiodifusão pública. À época, parte da mídia local é analisada como tendo se voltado principalmente à propaganda do governo (SKOLKAY, 2017). Substituir seus dirigentes, findo esse período, foi quase natural.

Não menos naturais foram as mudanças, no centro-leste europeu, anos antes, tão logo chegaram ao fim os regimes socialistas. Na Alemanha Oriental, como já visto, os ocupantes de postos-chave da DFF (em fase de incorporação ao sistema público do país vizinho) foram substituídos por profissionais da Alemanha Ocidental. Na Bulgária, pelo menos metade dos locutores e jornalistas da rádio foram rapidamente. Além disso, a emissora precisou enfrentar a debandada de profissionais rumo às emissoras privadas, o que era considerado sinônimo de sucesso. Em 1991, perdeu, por exemplo, quatro âncoras de uma só vez. O jeito foi recorrer a jovens recém-formados. Na Tchecoslováquia, as demissões em massa começaram ainda em 1989. Na Romênia, as mudanças na TV foram igualmente rápidas: em novembro de 1989 – semanas antes da queda de Ceauşescu, portanto – foram promovidos testes revestidos de sigilo para a contratação de novos profissionais, mas eles só foram incorporados à equipe em janeiro, depois da mudança de regime. Alguns antigos profissionais foram apenas afastados do vídeo e chegaram a pedir desculpas públicas. O momento de realização dos testes gerou suspeitas: será que os dirigentes da emissora já conheciam planos em curso para a derrubada do governo? (MUNGIU-PIPPIDI, 2003; KONSTANTINOVA, 2017; NISTOR, 2017; SEDLÁČEK, 2017)

Em vários países, essas mudanças parecem menos relacionadas a uma política formal de lustração, e mais a uma substituição natural dos dirigentes, vozes e rostos mais vinculados aos regimes dos quais os novos governos gostariam de se desvincular. Na Polônia, o processo de lustração sofreu idas e vindas ao longo da década de 1990, não tendo sido uma variável importante nas demissões posteriores à queda do regime. Na Bulgária, a legislação chegou a prever que pessoas ligadas à polícia secreta não poderiam ser dirigentes das emissoras públicas, mas esse dispositivo foi declarado inconstitucional. Até o presente, os arquivos daquele período são abertos aos poucos, logo nem todos os envolvidos com a polícia secreta são conhecidos do público. Na Romênia, diversas personalidades públicas do regime de Ceauşescu esconderam-se em um primeiro momento e, aos poucos, começaram a reaparecer e a se articular no cenário político. Na Tchecoslováquia, jornalistas que atuavam na cobertura de eventos esportivos eram suspeitos imediatos – afinal, podiam viajar e informar o que acontecia além das fronteiras do país. Estima-se que cerca de 3 mil jornalistas foram afetados pelo processo de lustração, porque trabalhavam nas emissoras vinculadas ao governo. Cerca de 10% tiveram que deixar seus empregos, mas, com a mudança de regime, vários já haviam deixado as emissoras (DASKALOVA, 2017; JĘDRZEJEWSKI, 2017; KRAJEWSKI, 2017; MIKA, 2017; SKOLKAY, 2017).

Concluídos os momentos de maior transformação política, foram aprovadas novas leis que, como demonstrado, criaram mecanismos para preservar a estabilidade de dirigentes e profissionais que se manifestam contra os governos do momento. Na prática, porém, essa segurança nem sempre se verifica e são diversas as estratégias empregadas para garantir que os interesses dos governos sejam preservados. Uma é a pressão sobre o dirigente principal da emissora, até que ele ou ela aceite renunciar.

Outra, mais explícita, é a mudança na lei para que o governo possa nomear quem bem entender. Isso aconteceu no Brasil, em 2016, por Medida Provisória, depois aprovada pelo Congresso Nacional. Na mesma época, a Polônia viveu situação idêntica. Em dezembro de 2015, a competência de nomeação dos membros do Conselho de Administração e do Conselho Fiscal passou a ser exercida provisoriamente pelo Ministro da Fazenda, que promoveu as primeiras alterações entre os dirigentes. Em junho de 2016, o Parlamento aprovou a criação do Conselho Nacional de Mídia, que passaria a ter a competência de planejar o concurso e nomear os dirigentes das emissoras públicas. Até então, essa competência era exercida pelo Conselho Nacional de Radiodifusão (KRRiT, na sigla em polonês), que continuou existindo. Os dirigentes do novo conselho seriam nomeados pelo Sejm, a câmara baixa do Parlamento polonês, e pelo Presidente da República e sua criação permitiu a mudança de dirigentes das emissoras públicas. A resistência internacional foi considerável: o Conselho da Europa, por exemplo, manifestou-se contra a nova lei, por entender que ela comprometeria a independência das emissoras. O governo sinalizou, ainda, a intenção de aprovar nova legislação para tratar de outros aspectos relacionados à radiodifusão pública, como, por exemplo, modelo de financiamento. Alterações nas regras aplicadas à radiodifusão pública polonesa, aliás, são recorrentes - de 1992 a 2015, a legislação foi alterada 19 vezes (KLIMKIEWICZ, 2016; ŠIMUNJAK, 2016; KRAJEWSKI, 2017).

A mudança na legislação para garantir a nomeação de novos dirigentes para as emissoras públicas, mais próximos ao governo, foi prática empregada em outros países do centro-leste europeu, mesmo antes do episódio polonês. Na Macedônia, isso ocorreu em diversos momentos, desde a independência do país. Na Eslovênia, na primeira metade da década de 1990, foi alterada a lei, também conferindo poder ao governo para nomear os dirigentes da emissora. Em pouco tempo, surgiram críticas sobre o intenso aparelhamento da estação e uma nova lei reintroduziu, tempos depois, a ideia de representação direta de instituições e organizações sociais no conselho. Na Geórgia, a promulgação da lei analisada levou à demissão de parte dos membros do Conselho de Administração, mas a Suprema Corte do país determinou sua recondução, indicando que seus mandatos ainda eram vigentes e eles só poderiam ser demitidos em situações muito específicas (SPLICHAL, 1995; HRVATIN; PETKOVIC, 2004; ABASHINA, 2016).

Há, ainda, as demissões por divergências políticas e ideológicas, que não dependem de mandatos em vigor. Na Bulgária, os empregados das emissoras públicas não têm estabilidade, ficando sujeitos à dispensa. Na BNT, as demissões de jornalistas críticos foram apontadas como uma causa de suspeição da independência da emissora (PETKOVA, 2011). Em 1995, a BNR, rádio pública búlgara, vivenciou uma greve que resultou em, pelo menos, oito demitidos, queda na audiência e interrupção das transmissões de protestos contra o governo. Entre os oito, estava Raina Konstantinova, então Diretora-Geral adjunta, acusada publicamente, em artigo de jornal, de ser espiã da CIA. Chegou a enviar uma carta de resposta para o jornal, mas ela jamais seria publicada:

> "Dois ou três dias depois, vieram até mim e me demitiram. Perguntei por quê. 'Não posso explicar'. O motorista do diretor sentou-se ao meu lado, não pude mexer mais em nada e fui demitida depois de 25 anos no rádio (...). Não consegui emprego, porque ninguém queria me contratar. Pessoas pararam de ligar" (KONSTANTINOVA, 2017).

Na segunda metade da década de 1990, o índice de inflação anual, na Bulgária, superou 2.000% e parte da população perdeu todas as suas economias, engolidas por fraudes bancárias e aplicações não protegidas contra o salto dos preços. Anos depois, Konstantinova foi recontratada e, em 2001, voltaria a enfrentar as consequências de uma greve. À época, ela concorria para a direção da rádio com apoio de entidades da sociedade civil, mas o indicado foi Ivan Borislavov. Os funcionários não aceitaram o resultado, protestavam no pátio da emissora e impediam a entrada no prédio do novo diretor-geral. Iniciou-se, então, a maior greve da história da mídia búlgara – 58 dias. O diretor-geral sofreu um ataque cardíaco e foi substituído por Alexander Brazitsov, que demitiu 38 funcionários, inaugurando nova crise na emissora. Por fim, também ele foi substituído. Seu substituto recontratou os 38 demitidos e Konstantinova deixou a emissora para assumir a direção do departamento de rádio da EBU. Uma mesma música anunciava as greves, sendo repetida frequentemente na programação: *Let it be*, dos Beatles (DASKALOVA, 2017; KONSTANTINOVA, 2017).

Na Eslováquia do início do novo século, o governo pressionava por um jornalismo mais amigável, quando Radim Hreha foi eleito o novo dirigente da emissora pública de TV, ao que se seguiram demissões de jornalistas críticos. Chefe da coalizão do governo declarou publicamente que a emissora seria dividida em esferas de influência. Seu partido, segundo ele, gostaria de ser o responsável pelos noticiários, zelando para que fossem produzidos "programas que deveriam estar em uma emissora de TV pública" (SKOLKAY, 2008).

Na Hungria, em 1991, o Primeiro-Ministro decidiu demitir dirigentes das emissoras públicas de rádio e de TV e substitui-los por profissionais pró-governo. O Presidente não concordou, argumentando que isso prejudicava a democracia, situação que lhe permitia, conforme a constituição, a não anuência. Ele foi apoiado pela oposição atuante no Parlamento. Primeiro-Ministro e governo recorreram à Suprema Corte para questionar se o presidente desrespeitara a lei, caracterizando motivo de *impeachment*. A Suprema Corte entendeu existir um conflito de princípios. A situação foi parcialmente resolvida, quando os dois dirigentes das emissoras renunciaram por conta própria. Em 2000, novo problema: governo e oposição não se entenderam sobre a divisão de vagas no Conselho de Administração, conforme disposto na legislação à época, e essa instância acabou sendo composta apenas por representantes do partido governante (SPLICHAL, 2001).

Na Romênia, a falta de independência das emissoras públicas, que chegou a receber críticas da organização Repórteres sem Fronteiras, e a ameaça de demissão de profissionais sempre andaram de mãos dadas. Posições contrárias à independência jornalística eram justificadas pela inexperiência dos jornalistas, que abusariam do seu direito de expressar opiniões e fariam reportagens erradas. Não por acaso, as pressões sofridas levavam até dois terços dos jornalistas, a depender da pesquisa, a considerar sua profissão como perigosa (MUNGIU-PIPPIDI, 2003; GROSS, 2005; GROSS, 2008).

Em 2007, a independência da emissora e a estabilidade dos seus profissionais foram, mais uma vez, testadas. Uma equipe da TVR conseguiu gravar, de forma oculta, um vídeo do ministro da Agricultura, Decebal Traian Remes, aceitando uma suposta propina de 15 mil euros, 20 quilos de salsicha e 100 litros de bebida. Ele renunciou ao cargo e não quis comentar a acusação. O primeiro-ministro e outros políticos condenaram a emissora por submeter o ex-ministro à "execução pública", ferindo sua presunção de inocência. Organizações de mídia e o órgão regulador defenderam a emissora. Os dirigentes da emissora optaram por reestruturá-la em dois departamentos – um responsável por notícias e esportes e outro, dedicado à pesquisa para programas jornalísticos. Um dos jornalistas mais críticos, Rodica Culcer, foi convidado a supervisionar os dois, saindo da linha de frente da crítica. Não raro, nesse e em outros momentos, outros jornalistas importantes passaram a apresentar programas em outros horários, solução mais sutil que a demissão ou a censura de temas (DRAGOMIR, 2010).

Os casos de demissões e afastamentos temporários, nesses e em outros países, fazem parte da história da radiodifusão pública. Não por acaso, é alto o número de dirigentes que se alternaram no comando das emissoras no pouco mais de um quarto de século que separa o fim dos regimes socialistas da publicação deste livro. Na Bulgária, a BNT teve 13 diretores-gerais e a BNR, 14, vários dos quais afiliados a partidos políticos no momento de sua nomeação ou durante sua gestão. De 1959 a 1989, a emissora de TV teve apenas 8 diretores. Na Romênia pós-socialismo, nenhum diretor-geral terminou seu mandato na TVR. Para os padrões locais, a entidade responsável pela emissora é grande e tem orçamento importante, despertando interesses das forças políticas. Na Eslováquia, de 1992 a 2012, ano em que as emissoras passaram a ser responsabilidade de uma mesma entidade, a rádio foi comandada por quatro diretores-gerais e a TV, por 17 (DASKALOVA, 2017; MIKA, 2017; SURUGIU, 2017).

Os casos e números apresentados demonstram que a previsão legal não é suficiente para garantir a estabilidade de dirigentes e de profissionais críticos em relação ao governo. Estudo realizado sobre mídia pública em oito países abarcados por este livro, dentre outras nações europeias, apontou riscos médios ou altos para a independência em seis deles (Romênia, Eslovênia, Letônia, Lituânia, Polônia e Eslováquia) e baixo em apenas dois (Croácia e República Tcheca). A lei da Letônia analisada, aliás, chegou a estabelecer, como uma das diretrizes da radiodifusão pública, a promoção de "uma atitude patriótica relativa ao estado independente da Letônia e seu sistema democrático".

Afora esses, havia outros casos de aparente consenso: os diferentes governos russos, por exemplo, foram acusados de controlar a mídia privada e a estatal, demitindo dirigentes e profissionais críticos. Alguns meios eletrônicos continuaram controlados pelo Kremlin, ao passo que outros foram comprados por grandes empresas aliadas ao governo, comprometendo a independência da mídia como um todo. Assim, a mídia local é frequentemente acusada de seguir o mesmo padrão de polarização política e adesismo ao governo existente antes (BECKER, 2004; SPARKS, 2008; ŠIMUNJAK, 2016).

Às vezes, de tão constante, o atrelamento entre governo e emissoras públicas passa a ser considerado quase natural, como em episódio vivido na TV pública romena: "Uma das âncoras da TV era esposa do Ministro da Saúde. Em um programa, ela entrevistou o marido, o que estava distante de qualquer padrão ético. Ninguém pareceu achar errado" (SURUGIU, 2017). Não por acaso, Coman (2009) constatou de forma aparentemente acertada e, em parte, ainda válida:

"A rádio e a televisão públicas da Romênia estão lutando com os mesmos problemas que seus irmãos nas outras sociedades pós-comunistas estão enfrentando. As instituições de serviço público habitam um espaço nebuloso entre a esfera pública e estatal, e gozam apenas de liberdades limitadas. Eles estão presos entre o controle e as pressões exercidas pelas instituições políticas e a responsabilidade jornalística para com o público que é idealisticamente definida em seus mandatos (...). Ironicamente, nos estranhos giros da transformação que ainda está em pleno andamento, as regulamentações que regem a radiodifusão pública garantem o direito à correção e resposta, enquanto a imprensa comercial e os meios de radiodifusão não estão sob tais obrigações legais" (COMAN, 2009, p. 3-4).

Como enfrentar esse tipo de situação? Uma resposta pode estar na busca de uma melhor conceituação da radiodifusão pública e na redefinição do papel de seus profissionais para atender os reais objetivos desses meios. Na Polônia, por exemplo, tentou-se a consolidação de mecanismos de autorregulação, como o estabelecimento de códigos de ética e de boas práticas aos quais se subordinam profissionais de mídia, bem como a reflexão sobre *accountability* na mídia. Funcionários das emissoras públicas, nesse sentido, defendiam que deveria haver transparência em relação ao seu controle, publicação de links a fontes originais e exposição clara da missão da organização (GŁOWACKI; URBANIAK, 2011; GŁOWACKI, 2016).

Em um país onde a legislação acaba de ser mudada para permitir a demissão de dirigentes e sua substituição por outros mais palatáveis, essa estratégia de atuação pode ser importante, porém não será suficiente. Se considerarmos, como demonstrado, que iniciativas de alteração legal e simples demissão de profissionais críticos é comum no centro-leste europeu e no Brasil, a solução terá que necessariamente passar por mecanismos de freios e contrapesos - a inserção, na construção do modelo, de outros atores que possam, pela operação de mecanismos institucionais bem definidos, conter o avanço de governos. Necessariamente a solução passa, portanto, por assegurar poder à sociedade civil.

XV

A incorporação da sociedade civil à gestão ou à fiscalização das emissoras públicas está prevista na maior parte das legislações estudadas. Em geral, essa participação ocorre em conselhos, de três formas distintas.

A primeira envolve a criação de instâncias específicas para a manifestação de representantes indicados pela sociedade civil, com competências normalmente relacionadas ao monitoramento da programação e a verificação se, no caso concreto, ela atende às finalidades legais das emissoras. Isso está previsto, por exemplo, na legislação da Albânia, Croácia, Geórgia, Macedônia e Sérvia. Até a mudança legal promovida em 2016, modelo semelhante era adotado, também, no Brasil. O Conselho Curador da EBC ia, no entanto, além das análises da programação, já que seus representantes poderiam apresentar manifestações de desconfiança que levariam à demissão de dirigentes. O Comitê de Programação, criado pela lei nº 13.417 de 2017, é um sucessor pálido do antigo conselho, dispondo de competências reduzidas. Além disso, até a conclusão deste livro, não havia sido implementado. O modelo de participação pode incluir, ainda, ouvidorias e ombudsman como instâncias que apoiam os conselhos a partir da análise de manifestações do público. Isso ocorre, por exemplo, no caso brasileiro, via ouvidoria da EBC.

A segunda forma é a indicação de dirigentes das emissoras por entidades da sociedade civil, por vezes explicitamente definidas na lei. Em regra, esses dirigentes compõem o Conselho de Administração das entidades. Esse modelo está previsto, por exemplo, na legislação analisada de Albânia, Azerbaijão, Hungria e Montenegro. Por fim, em um terceiro modelo, as entidades da sociedade civil indicam representantes da instância supervisora da entidade mantenedora das emissoras públicas. Esse é o caso da Eslováquia. Existem, ainda, conselhos não previstos em lei, mas criados por norma interna das emissoras públicas. Essa situação ocorre, por exemplo, na Bulgária.

A participação da sociedade civil no dia-a-dia das emissoras públicas esbarra em suas próprias limitações. Jakubowicz (1998/1999) lembrou, cerca de uma década depois do fim do regime socialista na maior parte dos países do centro-leste europeu, que o empoderamento da sociedade civil enfrentava dificuldades, porque ela vinha se demonstrando fraca e passiva. Era fraca, de acordo com o autor, porque o número de novas organizações não era adequado às necessidades sociais; várias instituições e organizações eram relíquias do passado; e o entendimento de que o Estado satisfaria as necessidades da população ainda era muito forte. Quase duas décadas depois dessa análise, certamente houve tempo para avanços na construção de entidades mais sólidas, preparadas para o debate e para a formulação de políticas públicas. No entanto, as instabilidades políticas da região, ainda que mantenham de pé a democracia formal, podem dificultar esse processo.

Além dos conselhos, alguns mecanismos relacionados à transparência facilitam uma maior participação da sociedade civil. Em 2010, o órgão regulador búlgaro promoveu mudanças que incluíram tornar obrigatória a transmissão pela própria emissora pública de TV das audiências para definição dos diretores da BNT e da BNR. Na Eslováquia, todos os contratos firmados pelas emissoras têm que ser publicados na íntegra, com todas as informações e valores, o que desagrada, por vezes, os grandes estúdios estrangeiros. Na Croácia, assim como em outros países da região, foram criadas entidades que atuam como *media watchdogs*, ou seja, fazem o monitoramento da atividade de mídia e verificam a observância de regras consagradas por códigos e conselhos de ética (PERANIC, 2006; SPASSOV, 2010; MIKA, 2017).

Os conselhos ainda são, porém, o espaço principal consagrado para a participação da sociedade civil na radiodifusão pública. Vários conselhos são grandes, de forma a abarcar um maior número de segmentos da sociedade civil (e eventualmente do governo). Tornou-se comum uma formação entre 9 e 15 membros, mas havia e há outros bem maiores. O Conselho Curador da EBC, extinto em 2016, tinha 22 membros. Na Hungria, antes da publicação da legislação estudada, MTV e DunaTV eram governadas por grandes quadros de *trustees* que incluíam representantes de ONGs, chegando a 60 para ambas as estações. Não havia regra objetiva para a escolha das ONGs. Na Eslovênia da primeira metade da década de 1990, o conselho passou a ser integrado por 25 membros: 5 indicados pelo Parlamento, um da minoria italiana, um da minoria húngara, 15 de associações da sociedade civil e outras instituições e três eleitos pelos trabalhadores. Depois, o novo Conselho de Programação passou a ter 29 membros, segundo previsão legal. Na Croácia, tentou-se desenhar modelo de indicação da sociedade civil para o conselho semelhante ao praticado na Alemanha e na Holanda, com representantes provenientes de partidos, sindicatos, indústria, igrejas, universidades e organizações não governamentais, dentre outros. A lei croata de 2001 previu um conselho de 25 membros. Já o alemão chegou a ter 77 (SPLICHAL, 1995; OPEN SOCIETY INSTITUTE, 2005; WOLDT, 2010; PERUŠKO, 2014).

A composição dos conselhos gera críticas recorrentes. Peruško (2014) apontou que, diferentemente do esperado nos modelos alemão e holandês, na Croácia os indicados para o conselho provinham, em sua maioria, de entidades pouco representativas, o que levou à preponderância das influências políticas informais. Sedláček (2017) e Skolkay (2017) avaliam que, nos conselhos integrados por representantes da sociedade civil na República Tcheca e na Eslováquia, as indicações eram permeadas, também, por relações políticas. Como essas indicações, mesmo feitas pela sociedade civil, são submetidas à apreciação de agentes públicos, talvez seja natural supor, de fato, algum grau de relação política dos candidatos. Isso não significa, porém, admitir como natural uma eventual subordinação dos indicados – e, consequentemente, do conselho – ao governo do momento. Outra crítica diz respeito ao funcionamento dessas instâncias, como, por exemplo, em relação ao conselho polonês:

"Fui vice-presidente do Conselho de Programação da TV. Era uma piada. A composição dele não era uma piada, porque era fruto da indicação dos partidos políticos, respeitando o peso de cada partido no Parlamento; cinco eram pela TV e agora são pelo novo conselho; e havia cinco da sociedade civil e eu fui um desses. A composição era razoavelmente ok, mas a influência na programação é zero. Recebíamos várias planilhas, com os nomes dos programas... se você não estava totalmente por dentro... e, como a emissora faz publicidade, nos avisavam que nada poderia ser mudado, porque havia contratos que tinham que ser respeitados (...) É ilusão dizer que o comitê tem poder sobre a programação, é uma artificial perda de tempo" (KRAJEWSKI, 2017).

No centro-leste europeu, há, ainda, uma outra forma de participação social comum no setor de mídia – protestos. Grandes. Comunicação e liberdade de expressão tornaram-se temas pelos quais vale a pena lutar, na concepção de boa parte dos países. No Brasil, poucas dezenas de manifestantes estiveram na frente da sede da EBC, em Brasília, quando, em setembro, foi publicada a Medida Provisória nº 744, que extinguiu o Conselho Curador. Na Europa, a população aprendeu a ir às ruas para defender suas emissoras públicas. O momento mais emblemático, nesse sentido, ocorreu na República Tcheca.

No dia 20 de dezembro de 2000, Jiří Hodač foi indicado novo diretor-geral da CT, a TV pública tcheca, e ele indicou Jana Bobosikova como diretora de jornalismo. Ex-jornalista da BBC e diretor na própria CT, Hodač foi criticado pelos funcionários da emissora por sua suposta proximidade com o principal partido da oposição, ODS, e seu líder Vaclav Klaus, ex-Primeiro-Ministro do país. A improvável situação – afinal, tratava-se de uma indicação do governo, para um cargo importante, de pessoa supostamente próxima ao principal partido de oposição – era fruto de um acordo maior, celebrado entre o partido do Primeiro-Ministro

Milos Zeman e seus adversários para tentar garantir a governabilidade. Com esse acordo, começaram as discussões sobre alterações na Constituição, rumores de alteração dos dispositivos sobre liberdade de expressão, protestos dos demais partidos de oposição e, de repente, a CT estava no centro da disputa. Seus profissionais criticaram a escolha de Hodač, ocuparam a emissora e começaram a produzir e transmitir programas contra a decisão, via satélite e a cabo (sinais sob os quais mantinham controle). Enquanto isso, os sindicatos convocavam greve, e a resistência foi apoiada pelo Presidente da República, Václav Havel. A nova direção reagiu, comunicando a demissão dos grevistas e ameaçando usar a força para desocupar as instalações da emissora. Quando os grevistas tentavam colocar no ar o telejornal, frequentemente as transmissões abertas eram interrompidas por um slide que anunciava problemas técnicos na estação. Assim, telespectadores podiam assistir o conteúdo noticioso produzido pelos grevistas, via satélite ou por cabo, ou pela equipe formada pela nova direção, transmitida por sinal aberto.

A sociedade foi, então, às ruas: estima-se que mais de cem mil pessoas, em apoio aos funcionários da CT, tenham participado das maiores manifestações ocorridas no país desde a queda do socialismo. No dia 3 de janeiro de 2001, estima-se que, pelo menos, cem mil pessoas tenham ido às ruas de Praga. No frio do inverno europeu, quando a temperatura média, na cidade, gira em torno de 0ºC. Como os grevistas, entrincheirados, não podiam mais deixar a emissora, já que seriam impedidos de retornar pela segurança, passaram a receber mantimentos e material básico de higiene pelas janelas. Em janeiro de 2001, o Primeiro-Ministro e o Parlamento defenderam publicamente a renúncia de Hodač, que acabou concordando, ao alegar razões de saúde. No mês seguinte, o Parlamento elegeu como diretor-geral interino Jiri Balvin, que havia trabalhado na emissora por 25 anos, e deu sequência à tramitação de alteração legislativa que viria a incorporar a sociedade civil organizada ao processo de escolha de integrantes para o conselho. Em vez de nomear os integrantes do conselho diretamente, o Parlamento passou a ter que se basear em lista de indicados das entidades da sociedade civil (MILLER, 2001; PARTRIDGE, 2001; RSF, 2002; OPEN SOCIETY INSTITUTE, 2005; SEDLÁČEK, 2017).

Protestos também marcaram a Eslovênia, quando, em 2005, o governo apresentou, sem debate público, novo projeto-de-lei, em regime de urgência, para dispor sobre a emissora pública. A proposta previa uma maior ascendência do Parlamento na nomeação de conselheiros. Milhares de pessoas protestaram, em janeiro de 2016, contra a proposta do governo polonês de alterar a forma de escolha dos dirigentes das emissoras públicas. Em algumas cidades, as manifestações ocorreram debaixo de neve. Essa foi mais uma de diversas mobilizações, por razões semelhantes, ocorridas no país nos anos anteriores. Às vezes, radiodifusão pública nem era o tema central do protesto, mas acabava nele envolvida. Assim foi na Hungria, em 2006, quando vazou um áudio do Primeiro-Ministro Ferenc Gyurcsány, em que ele confessava que seu partido tinha mentido para vencer as eleições daquele ano. Manifestantes invadiram a MTV, em Budapeste, para tentar anunciar, no ar, suas reivindicações. Houve quebra-quebra. E nem sempre o alvo foi a radiodifusão pública: na Eslováquia do fim da década de 1990, o povo foi às ruas para protestar contra a mudança de controle da emissora privada *Markíza*, por suspeitar que o novo dono era, na verdade, o partido do governo, por meio de uma transação de fachada. Quando começaram a ser demitidos os jornalistas mais críticos, centenas de pessoas voltaram a se manifestar em Bratislava e em sete cidades do interior do país. Na Geórgia, milhares de pessoas voltaram às ruas, em 2015, para protestar contra o que julgaram ser uma ameaça à liberdade de expressão: a troca de controle da Rustavi 2, principal emissora privada do país, cujo dono passaria a ser pessoa ligada ao governo. A medida foi determinada pela Suprema Corte da Geórgia e, em março de 2017, foi suspensa pela Corte Europeia de Direitos Humanos. Nos anos anteriores, a mudança de controladores da emissora e as tentativas do governo de cercear suas atividades já haviam gerado polêmica. A principal delas ocorreu em 2001, quando Giorgi Sanaia, um dos jornalistas mais populares do país e crítico ao governo, foi assassinado, talvez, por razões políticas. Meses depois, a polícia secreta invadiu a emissora. Os dois casos levaram a população às ruas e forçaram o então presidente Eduard Shevardnadze a demitir todos os seus ministros. Nesse mesmo ano, milhares de pessoas foram às ruas de Moscou para protestar contra a iniciativa da Gazprom, empresa estatal de gás, de substituir os dirigentes da NTV, considerada a principal emissora independente do país. Algumas dessas manifestações surtiram efeito, como na Geórgia; outras, contudo, fracassaram, à exemplo da polonesa (RADIO FREE EUROPE, 1998; MCLAUGHLIN, 2001; SAMARDZIJA-MATUL, 2005; JAKUBOWICZ, 2008; WELT, 2015; GREENSLADE, 2016; SKOLKAY, 2017; RADIO FREE EUROPE, 2017).

Protestar por direitos relacionados à comunicação e, mais que isso, por emissoras públicas ou privadas em específico pode estar relacionado à lembrança de que, durante décadas, nada disso esteve disponível no centro-leste europeu. Ainda assim, nessas manifestações estiveram presentes jovens que não viveram esse período, bem como, no Brasil, direitos fundamentais, como liberdade de expressão e de imprensa, e emissoras públicas também não existiram por mais de duas décadas. Apesar disso, a supressão do mandato fixo de dirigentes da EBC e a extinção do seu Conselho Curador não geraram, aqui, comoção similar ao menor dos protestos relatados anteriormente.

Reside aqui o segundo critério capaz de evidenciar a relevância da radiodifusão pública para uma sociedade em específico. O primeiro e mais objetivo, apontado em capítulo anterior deste livro, está relacionado à sua audiência - a programação é importante, se for assistida ou escutada por grande número de pessoas. O segundo está relacionado ao grau de enraizamento das emissoras públicas no dia-a-dia da sociedade. Se elas são vistas como um instituto essencial à construção da democracia local e sua programação é enxergada como crítica e independente em relação a governos e ao mercado, podem ocorrer manifestações representativas, em sua defesa, até debaixo de neve.

XVI

O quarto elemento essencial à independência da radiodifusão pública é o seu financiamento. Crises econômicas tornaram-se recorrentes nessas emissoras nos primeiros anos do século XXI, inclusive em países não estudados neste livro. Na Grécia, por exemplo, o governo decidiu interromper as atividades da ERT por cerca de dois anos, a partir de 2013, em meio a uma traumática política de contenção de gastos.

No centro-leste europeu, os problemas são mais frequentes. Na Hungria, o modelo de governança da radiodifusão pública foi todo revisto, quando as emissoras estiveram à beira do colapso financeiro. Até o fim da década de 1990, havia 3 canais públicos no país: Magyar1 (cobria 100% da população), Magyar2 (55%) e DunaTV (45,3%), sendo este mais voltado à população húngara residente fora do país. Os dois últimos eram distribuídos apenas por cabo e via satélite. As fontes de financiamento dos canais eram instáveis: no fim daquela década, o orçamento direto, incluindo as taxas obrigatórias pagas pela população, compunha a maior parte (54,4%), sendo seguida de publicidade (45,6%). Menos de um ano antes, porém, a receita proveniente da publicidade correspondia a 63,3% do total. Talvez a inconstância ajude a explicar a crise (CSEH, 2000).

Enquanto escrevia este livro, pude acompanhar incertezas parecidas em dois outros países. O primeiro foi a Bósnia. O modelo implementado no país, já comentado anteriormente, é fragmentado, complexo e, para dar certo, dependeria de uma coordenação eficiente. No entanto, o que se observou ao longo dos anos foi o insucesso de elementos-chave do sistema. A *licence fee* era paga por não mais de 65% do público. Políticos de origem croata recomendavam o não pagamento da taxa, porque o sistema público não atenderia, na sua visão, os interesses dessa parte da população. Consumidores podiam legalmente se recusar a pagá-la. E, mesmo considerando esse cenário de aporte de recursos inferior ao planejado, sua redistribuição entre as emissoras do sistema público era falha (HOZIC, 2008).

Os problemas econômicos avolumaram-se principalmente na BHRT, a emissora pública no nível nacional. Em 2016, depois de anos seguidos de prejuízos, a emissora anunciou que interromperia suas atividades. Desde então, diversas entidades apelaram ao governo para que mantenha a emissora no ar; e ao Parlamento, para que seja votada nova legislação capaz de conferir sustentabilidade ao modelo. Publicamente a EBU já condenou, diversas vezes, o fechamento da emissora. Não bastasse o óbvio impacto negativo da falência, há um peso simbólico – afinal, diversos governos e entidades comprometeram-se com a reconstrução da Bósnia arrasada pela guerra.

Na Romênia, a TVR amarga crise parecida. Prejuízos anuais são recorrentes. Surugiu (2017) lembra que chegou a ser discutida a insolvência da empresa para minimizar, pelo menos, os juros, mas a EBU teria condenado a ideia. Em 2016, a entidade internacional impediu a TVR de participar do *Eurovision Contest*, concurso de música muito popular nos países do continente. Enquanto isso, problemas de gestão pareciam se acumular. Um exemplo envolvia viagens das equipes de jornalismo: uma delas gravou um documentário sobre a Tailândia, onde esteve por 2 semanas; outra foi à Coreia do Sul, onde permaneceu por um mês para a gravação de outro documentário. Nenhuma equipe, porém, voluntariamente se candidatou a viajar a outros países do Leste Europeu para retratar, um quarto de século depois, a derrocada dos regimes socialistas.

Um problema mais evidente, porém, era o inchaço da folha de pagamento: os canais de TV eram responsabilidade de mais de 2.300 empregados. O número é bem inferior dos cerca de 13 mil funcionários da fase final da DFF na Alemanha Oriental, entretanto está distante, também, por exemplo, dos 1370 funcionários das emissoras públicas eslovacas, incluindo as de TV, rádio e a orquestra filarmônica (MIKA, 2017). O senso de humor romeno era ácido sobre as relações de parentesco entre os funcionários da emissora: "há uma piada: se você for ao pátio da emissora e gritar 'mamãe', várias mulheres vão aparecer para saber que filho está chamando" (SURUGIU, 2017).

Um esforço de cortes chegou a ser tentado: Surugiu (2017) conta que o primeiro Conselho do qual participou contou com o apoio do Parlamento e do governo para reduzir o número de funcionários da empresa. Cerca de 600 pessoas deixaram-na, incluindo algumas que solicitaram aposentadoria, e receberam valor equivalente a um ano de salários a título de indenização. Vários recorreram à Justiça e conseguiram ser recontratados.

Além dos custos, em tese, passíveis de diminuição pelas próprias emissoras, outros fogem ao seu controle. Seguindo o padrão de boa parte da Europa, também no centro-leste do continente, ainda socialista, a infraestrutura de produção e de programação das emissoras não pertenciam à mesma organização (então estatal) que detinha a infraestrutura de transmissão e as redes de telecomunicações. Essa segunda, por vezes, estava, de alguma forma, conectada às Forças Armadas, por ser entendida como estratégica à segurança nacional. Esse era o caso, por exemplo, da Polônia. Com a queda dos regimes socialistas europeus, a infraestrutura de transmissão foi privatizada, vendida e revendida, e, atualmente, é contratada por todas as emissoras de cada país. A margem para negociação desses custos é pequena: emissoras que não arcarem com eles podem deixar de ser transmitidas e não há normalmente outras empresas prestando o mesmo tipo de serviço. Václav Mika (2017) aponta, ainda, outra diferença necessária entre os modelos de financiamento da radiodifusão pública e privada:

"Mídia privada é um negócio, mídia pública é uma missão. Não se trata apenas de diferentes tipos de conteúdos, nem sobre foco em performance na mídia privada, em ter mais audiência com menos investimento (...). Há uma diferença grande nos objetivos da gestão: na *Markíza*, eu estava focado em resultados anuais ou periódicos, na minha gestão, em apresentar resultados à empresa, que os apresentava ao grupo e aos acionistas. Não tinha preocupação com questões que estavam no horizonte de dois, três anos. Aqui temos investimentos de longo prazo em coproduções, em desenhos animados

255

– 5 anos até que sejam exibidos, 3 anos para coproduções. Isso não faria sentido na TV privada. Seu foco é em você mesmo, na empresa e nos seus acionistas. E a diferença para a missão é que a maior parte dos projetos nos quais investimos neste ano ou no passado estará na tela em um ou dois anos, depois do fim do meu mandato. Adquirimos direitos sobre conteúdos esportivos para o período de 2018 a 2020" (MIKA, 2017).

As dificuldades econômicas estão também relacionadas a um descompasso no orçamento das emissoras públicas. Seria pouco útil comparar seus orçamentos em valores absolutos, já que as condições políticas, geográficas e econômicas de cada país determinam composições totalmente diferentes do cenário da radiodifusão pública. Um indicador mais interessante é o total investido per capita, que também revela disparidade, conforme a tabela seguinte:

Tabela 12: Orçamento per capita da radiodifusão pública

País	Orçamento per capita (€)	Ano
Noruega	155,49	2011
Alemanha	118,53	2011
Suécia	97,98	2011
Reino Unido	87,96	2011
Japão	37,48	2015
Canadá	27,46	2013

País	Orçamento per capita (€)	Ano
Rep. Tcheca	23,98	2016
Estônia	18,04	2009
Hungria	16,31	2015
Polônia (TV)	10,88	2011
Bulgária	7,66	2016
Letônia	7,02	2009
Albânia	6,56	2015
Romênia (TV)	5,23	2016
Lituânia	4,01	2009
Estados Unidos	2,92	2012
Brasil	0,84	2016

Fonte: Elaboração do autor, baseado em JÕESAAR (2011); IFM (2011); RTSH (2015); MINISTÉRIO DA FAZENDA (2016); BALOGH (2016); ČT (2016); ROMANIA INSIDER (2016); BENSON; POWERS; NEFF (2017).

O orçamento considerado para as emissoras búlgaras levou em consideração apenas os recursos provenientes do governo, já que demais fontes não foram encontradas e representam apenas uma pequena parte do valor total. À primeira vista, seria possível afirmar que baixos orçamentos per capita correspondem à baixa audiência. Deve-se resistir a essa tentação, já que a amostra é insuficiente para uma afirmação tão peremptória. No entanto, é fato que as emissoras públicas de

Lituânia, Romênia e Brasil têm *market share* e orçamento per capita baixos, enquanto Alemanha e Reino Unido, por exemplo, vivem situações opostas.

No caso brasileiro, deve ser lembrada, ainda, a divisão entre os recursos gastos com custeio e com investimentos: depois do pagamento de todas as contas, sobra baixo percentual de recursos para investimentos da EBC, o que prejudica a qualidade da programação e a disputa pelo *market share*. Além disso, se forem consideradas as emissoras educativas vinculadas a governos estaduais e seus respectivos orçamentos, o índice per capita anteriormente apresentado subiria um pouco. Mesmo assim, o orçamento da radiodifusão pública per capita, no Brasil, é evidentemente muito baixo.

Ainda que não exista um modelo teórico ideal de financiamento da radiodifusão pública, uma característica emerge como essencial: a diversidade de fontes. Quanto mais diferentes as origens dos recursos financeiros, menos as emissoras tendem a depender de um só agente para se manter. Em todos os países estudados, a legislação prevê fontes de financiamento diversificadas. Em 2005, assim se dividiam os orçamentos das emissoras públicas de alguns países europeus:

Tabela 13: Fontes de financiamento das emissoras públicas (2005)

País	*Licence Fee*	Orçamento público	Publicidade e patrocínio	Outros
Albânia	N.d.	58	8,6	33,4
Alemanha	94	0	6	N.d.

País	Licence Fee	Orçamento público	Publicidade e patrocínio	Outros
(ARD)				
Croácia	57,4	0	36	6,6
Eslováquia	60,2	16,8	18,8	4,2
Eslovênia	72,8	0	16,5	10,7
Estônia	0	93	0	7
Letônia	0	57	43	
Lituânia	0	176	23	1
Macedônia	80,2	0	12,1	7,7
Polônia	31,9	0	56,3	11,8
Romênia	75,5	14,3	8,38	0
Rep. Tcheca	66,7	0	29,1	4,2
Sérvia	0	75,2	24,8	

Fonte: OPEN SOCIETY INSTITUTE (2005)

Há casos extremos de diversidade das fontes de financiamento. Dez anos depois do estudo que embasou a tabela anterior, na emissora pública albanesa, a RTSH, a *licence fee* correspondia a 45% do orçamento total; orçamento público, a 14%; e publicidade a 2,37%, sendo outras fontes responsáveis por mais de 38% do orçamento total (RTSH, 2015). Esse percentual tão alto é incomum. A tabela anterior já expôs as três principais fontes de recursos da radiodifusão pública em todo mundo. Convém abordar cada uma delas.

A primeira dificuldade sobre o termo *licence fee* é a impossibilidade de sua tradução. Em português, "taxa de licenciamento" seria entendido como jargão técnico para classificar o pagamento de valor específico, por cada emissora, para seu próprio funcionamento. Na realidade, porém, *licence fee* é o valor pago periodicamente por todos os que detêm aparelhos de TV e de rádio para viabilizar o funcionamento das emissoras públicas, salvo exceções previstas em lei. Em alguns países, por exemplo, aposentados, crianças e pessoas com deficiência não pagam a taxa.

Quando em plena execução, essa fonte de financiamento atrela a emissora, em tese, ao interesse público, evitando pressões de mercado e de governos. Afinal, seus recursos são provenientes diretamente da sociedade, a quem a emissora, em última instância, deve servir:

"Na tradição europeia, o melhor modelo é o da *licence fee*. Na Eslováquia, nós temos *licence fee*, combinada com orçamento público, publicidade e atividades comerciais. É muito importante a proporção: se o orçamento total é composto por quase 30% de orçamento público, não há forma de manter a mídia pública. Sustentabilidade está de mãos dadas com financiamento. Depois da eleição do ano passado, o Ministro da Cultura propôs aumentar a *licence fee* depois de 12 anos. O motivo foi não apenas para melhorar o financiamento, mas para aumentar a independência da mídia pública na Eslováquia (...). Dizemos que temos que não apenas aumentar o orçamento total, mas mudar a proporção. Meu modelo ideal seria 90% de licence fee, 5% de orçamento público e 5% de outros" (MIKA, 2017).

Cuidados são necessários e, nesse sentido, vale examinar brevemente o modelo alemão, no qual a *licence fee* é, de longe, a maior responsável pelo orçamento. A estrutura da radiodifusão pública alemã é complexa e bem diferente dos modelos aqui estudados. A ARD é uma associação entre 8 empresas regionais de radiodifusão e o serviço internacional *Deutsche Welle*, dentre outras. Opera canais de rádio em cada estado e um nacional a partir dos mencionados, além de canais regionais. Já a ZDF, outra emissora pública, é centralizada no nível federal. ARD e ZDF foram e são parceiros em iniciativas específicas, como o canal infantil *KI.KA* e o canal de notícias *Phoenix*. O sistema de radiodifusão pública somado transmitia 115 mil horas, em 2007, contra cerca de 50 mil da BBC. A cada dois anos, uma comissão independente, com representantes de cada estado indicados pelos governos locais, avalia as necessidades, orçamentos e planos do sistema público alemão e recomenda aos estados um valor para a *licence fee*. Em 2004, alguns governos se recusaram a seguir a recomendação, porque queriam que as emissoras cortassem custos. ARD e ZDF levaram o caso à Corte Constitucional Federal que, em 2007, decidiu que a decisão política sobre o valor pelos governos estaduais tinha violado o princípio da liberdade de radiodifusão. Decidiu, também, que estados deveriam financiar as emissoras de forma apropriada. Por outro lado, reconheceu que era direito dos estados definir o escopo das emissoras, mas não segundo o procedimento e a argumentação políticos utilizados (HOLTZ-BACHA, 2003; WOLDT, 2010; WIMMER, 2014).

Em diversos países, um primeiro empecilho à implementação dessa fonte de financiamento tem razões culturais. Nem toda sociedade aceitaria "pagar por um canal de TV ou de rádio". Obviamente essa percepção é falaciosa: se a radiodifusão pública é entendida como serviço público, neste caso vinculada à construção da democracia, nada mais natural que seu financiamento direto pela sociedade. Mesmo em cenários onde o orçamento público é a principal fonte, o financiamento dessas emissoras está sendo realizada, de forma indireta, pela sociedade. Ainda assim, mesmo prevista em lei, a *licence fee* não foi adotada na Bulgária (DASKALOVA, 2017; KONSTANTINOVA, 2017). Na Eslováquia, economistas chegaram a pleitear um referendo para que a população decidisse se continuaria pagando a taxa (DRAGOMIR, 2010). No Brasil, o então governador de São Paulo, Mário Covas, chegou a ventilar a possibilidade de atrelar uma taxa à conta de luz de toda residência para o financiamento da TV Cultura. A proposta foi bombardeada publicamente e enterrada antes mesmo de ser discutida. Na criação da EBC, optou-se pela criação de uma contribuição a ser paga por prestadoras de serviços de telecomunicações e por emissoras de radiodifusão, a Contribuição para o Fomento à Radiodifusão Pública (CFRP). A medida, porém, foi questionada judicialmente em batalha que se arrasta, pelo menos, há quase dez anos, no momento de elaboração deste livro. Outro problema diz respeito aos valores anualmente cobrados:

Tabela 14: Valor anual da *licence fee* (2006)

País	Valor (€)
Dinamarca	294
Noruega	248
Suécia	221
Alemanha	204
Reino Unido	196

País	Valor (€)
Eslovênia	132
França	117
Croácia	108
Itália	104
Macedônia	64
Polônia	49
Rep. Tcheca	44
Eslováquia	35
Romênia	14
Albânia	4

Fonte: DRAGOMIR (2010)

Poucos países têm sistemas de definição do valor da *licence fee* com freios e contrapesos semelhantes ao alemão. Normalmente o governo ou o Parlamento, sem se basear necessariamente em critérios técnicos, decidem o valor, que, não raro, fica abaixo do necessário para evitar desgastes com a população e o clamor por menos impostos. No centro-leste europeu, esse problema tende a ser mais grave, a julgar pela tabela anterior, em que as seis últimas posições são ocupadas por países dessa parte do continente.

O problema não é novo. Ainda no início do século XXI, o papel da *licence fee* era questionado, já que os valores baixos eram incapazes de cobrir os custos das emissoras. Em alguns dos países do centro-leste europeu, à época, tinha acabado de terminar ou ainda se fazia presente a hiperinflação, tornando as condições econômicas da população mais difíceis. Na Romênia, o valor da *licence fee* chegou a cerca de US$ 1 por mês. Na Bulgária, o valor anunciado para a licença a ser implementada equivalia ao preço de um exemplar de jornal. A taxa também chegou a ser anunciada como equivalente a 0,6% do salário mínimo para pessoas físicas e de 2,5% do salário mínimo para pessoas jurídicas, mas seu recolhimento só entraria em vigor em 2003 e o orçamento das emissoras seriam complementados por dotações vindas de um fundo a ser criado (TSCHOLAKOV, 2000; MUNGIU-PIPPIDI, 2003).

Mesmo ultrapassada a fase da hiperinflação, a realidade foi cruel. Na Bulgária, nem o fundo, nem a *licence fee* foram implementadas. Na Romênia, essa última acabou em dezembro de 2016, sendo substituída, como fonte de financiamento, pelo orçamento público. À época, seu valor era muito baixo: 4 LEI mensais – equivalentes a menos de €1 -, por residência. Esse valor equivalia a 4 pães de sal e era inferior aos 5 LEI cobrados por um bilhete de ida e volta de metrô. O governo recusava-se a aumentar a *licence fee* por razões políticas, o que contribuiu para a dívida da TVR chegar a cerca de €160 milhões. Razões similares haviam levado o governo húngaro, no início do século, a também cogitar a supressão da *licence fee* (LENGYEL, 2010; DASKALOVA, 2017; KONSTANTINOVA, 2017; SURUGIU, 2017).

Não bastassem os valores baixos, a evasão é um grande problema. Nem sempre se chega a um modelo em que a taxa é recolhida, por exemplo, compulsoriamente na conta de eletricidade, prática que chegou a ser discutida na Europa. Normalmente o processo envolve o registro dos aparelhos de TV e rádio em uma entidade específica, que passa a ser a responsável pelo recolhimento. Essa entidade pode ser os Correios, como ocorreu na República Tcheca e na Polônia; a própria emissora, como aconteceu na Eslováquia; ou outra entidade (BANAZINSKI; GÓRKA, 2000; LANDOVA, 2000; SMATLAK, 2000). Se os equipamentos não forem registrados, não há recolhimento possível. Mesmo que estejam registrados, a evasão, ainda assim, pode acontecer.

Na Hungria, em 2002, a sonegação da taxa atingiu 60% do público esperado (LENGYEL, 2010). O caso mais emblemático, porém, é o da Polônia. Um dos maiores países do centro-leste europeu, em termos populacionais, tinha, desde o fim do socialismo, um sistema de mídia complexo. Em 1993, já existiam 60 emissoras comerciais, das quais 14 eram de TV. Funcionavam ilegalmente, mas várias viriam a receber outorgas em 1994. Já havia, em 2000, 3 redes comerciais nacionais. A emissora pública expandia-se e já era responsável por dois canais nacionais (TVP1 e 2), um canal internacional via satélite (*TV Polonia*) e 12 regionais. A maior parte, 67%, do orçamento da TV era proveniente da publicidade e menos de 30% vinham das *licence fee*. Em 2009, quem tinha um aparelho de rádio pagava cerca de €13 anuais e quem tinha aparelhos de rádio e de TV pagava anualmente €42. À época, a evasão beirava 50%. Até organizações públicas deixavam de pagar a taxa, já que apenas 5% delas registraram seus aparelhos de rádio e TV. De 1994 a 2007, o valor recolhido caiu cerca de 25%. Do total, cerca de 60% eram destinados à rádio pública, que faturava menos com publicidade que a TV pública. O Primeiro-Ministro chegou a dizer que essa taxa era uma besteira e deveria ser abolida, o que motivou as pessoas a não pagarem. Fiscais não podiam entrar nos domicílios para conferir a existência de aparelhos de rádio e TV, logo quem não quisesse pagar a taxa estaria, na prática, dispensado de fazê-lo, bastando não declarar os equipamentos. Em 2017, dos 13 milhões de lares poloneses, apenas 750 mil pagavam a *licence fee* (BANAZINSKI; GÓRKA, 2000; STĘPKA, 2010; JĘDRZEJEWSKI, 2017; KRAJEWSKI, 2017).

Assim, o comportamento errático da *licence fee*, que não tem bancado todos os custos das emissoras no centro-leste europeu, gera todo tipo de reação. No Reino Unido, o órgão regulador, Ofcom, chegou a sugerir usar parte do valor destinado a BBC para subsidiar conteúdos públicos de outras emissoras, inclusive comerciais. Assim seria garantido o pluralismo na programação dessas emissoras. No restante do continente, há quem defenda expandir a taxa para todos os dispositivos aptos a sintonizar meios de comunicação pública (como aparelhos celulares, por exemplo); abandoná-la por completo e encontrar uma nova fonte; ou mudá-la para um imposto obrigatório coletado de todas as residências e cidadãos (DRAGOMIR, 2010; IOSIFIDIS, 2010). Ainda que ela não seja a solução definitiva para as emissoras públicas, permite que elas sofram um menor nível de ingerência por governos e pelo mercado.

Situação bem diferente é a do orçamento público, enxergado normalmente como mais comprometedor à independência da radiodifusão pública. Caso essa fonte de financiamento prevaleça, o risco é óbvio: o governo e o Parlamento ampliam sua capacidade de pressão sobre os rumos das emissoras. Além do prejuízo a essas, há, ainda, o argumento, apresentado por emissoras privadas em alguns países, de que essa fonte de financiamento configuraria prática anticompetitiva por privilegiar apenas uma entidade (ou eventualmente duas) neste segmento econômico. Em 1998, a União Europeia decidiu enfrentar a questão e estabeleceu limites para a destinação de recursos públicos à radiodifusão pública, que só seriam permitidos no montante necessário para, somados a outras receitas, atenderem as obrigações de serviços públicos (WHEELER, 2010).

No centro-leste europeu, porém, a tendência é a falta de recursos, mesmo em se tratando de orçamento público. Na Bulgária, a BNT chegou a solicitar, em 2016, orçamento de 95,5 milhões de levas (€48,8 milhões), mas recebeu 65,2 milhões (€33,3 milhões) do governo – cerca de 32% a menos. Além disso, a dinâmica do processo de orçamento público gera incertezas: em alguns países europeus, é possível prever um orçamento fixo por três anos, o que, inclusive, diminui a possibilidade de interferência política. Na Bulgária – e no Brasil, onde também o orçamento público é a fonte preponderante -, contudo, são possíveis apenas sinalizações, mas não há qualquer garantia de que os valores serão mantidos (DASKALOVA, 2017; KONSTANTINOVA, 2017).

Ainda assim, diversos governos e Parlamentos têm optado por reduzir o acesso a outras fontes, ampliando a dependência das emissoras em relação ao orçamento público. Já mencionei, anteriormente, a hesitação de Hungria, Bulgária e Romênia na cobrança da *licence fee*. No início deste século, na Albânia, o valor arrecadado com a *licence fee* permanecia no Tesouro, em vez de ser redirecionado imediatamente para a emissora. Na Geórgia e no Azerbaijão, a lei prevê uma *licence fee*, que, não tendo sido implementada, é substituída pelo orçamento público (HRVATIN; PETKOVIC, 2004; ABASHINA, 2016).

Um dos casos mais emblemáticos é o da Estônia. O *Broadcasting Act* de 1994 foi alterado 33 vezes nas décadas seguintes. No fim da década de 1990, emissoras comerciais deveriam pagar taxas para a manutenção da ETV, a emissora pública. O modelo começou a ruir, porém, quando uma emissora privada, a TV1, deixou de pagar sua contribuição anual. A partir de 2002, a ETV passou a ser proibida de vender publicidade. Em 2007, o governo cedeu mais um pouco: foi abolida a licença paga pelas emissoras comerciais e foram aportadas, nelas, €4 milhões como forma de estimular a migração para a plataforma digital. Nessa mesma época, as emissoras públicas de rádio e TV foram unificadas em uma só empresa que tem o orçamento público como sua principal fonte de financiamento (OPEN SOCIETY INSTITUTE, 2005; JÕESAAR, 2011).

A terceira fonte de financiamento mais comum é a publicidade comercial. Quanto maior o peso dela no orçamento total, mais as emissoras públicas, em tese, têm que estruturar seus departamentos comerciais, se alinhar às práticas de mercado e se engajar na disputa por anunciantes. Quanto mais audiência, reza a cartilha, mais e melhores anunciantes, dispostos a pagar mais pelo espaço publicitário. Na briga por audiência, quando ela está tão diretamente relacionada à própria sobrevivência, resvalar em conteúdos distantes do suposto ideal da radiodifusão pública passa a ser um risco diário. Reestruturar a programação de forma a torná-la mais palatável – ou, em outras palavras, adotar um formato similar ao praticado pelas emissoras comerciais – passa a ser um caminho quase lógico.

Parece ser razoável supor que, ao depender mais da publicidade, as emissoras públicas tenderiam a adotar conteúdos com maior potencial de audiência. Autores como Benson, Powers e Neff (2017) chegam a concluir que a publicidade comercial é responsável por tornar mais homogêneas as programações das emissoras públicas e privadas.

Em alguns países onde a publicidade tem peso significativo na receita das emissoras públicas, é maior a audiência desses canais. Na República Tcheca do início da década de 1990, os dois canais nacionais, ČT1 e 2, estavam acessíveis a, respectivamente, 98% e 89% da audiência. Em 1991, o valor da *licence fee* foi dobrada e, em 1993, as emissoras pararam de receber orçamento público direto. Até 1993, a maior parte do orçamento das emissoras provinha da publicidade comercial, mas, em 1995, esse percentual caiu para 15,7%, em função da concorrência com emissoras comerciais. Com a concorrência, veio a crise e as emissoras passaram a cobrir seus custos pelas economias feitas e pela venda de propriedades. Em 1998, 22,8% do orçamento das emissoras vinham da publicidade comercial e 65% da *licence fee*. No mesmo período, o *market share* da ČT1 caiu de 60% para 28%. É provável que essa queda esteja associada à entrada, no mercado, de novos competidores e seu fortalecimento. Na Polônia, onde opera outro sistema público com audiência em patamares mais altos, a programação tem estrutura semelhante à de emissoras comerciais. Na segunda semana de março de 2017, por exemplo, a TVP – em seus canais 1 e 2 – veiculou onze dos doze programas com maior audiência nacional: seis eram formatos de dramaturgia, incluindo novelas; dois eram conteúdos esportivos; e um era o telejornal (LANDOVA, 2000; KRAJEWSKI, 2017).

Em alguns países onde a publicidade comercial ganhou relevância nesse segmento, foram tentadas alternativas para que a programação não fugisse do esperado para uma emissora pública. Na Nova Zelândia, submetida a um dos mais intensos processos de reformas neoliberais no fim do século XX, a emissora pública, a partir de 1988, foi reestruturada e passou a ser financiada principalmente por publicidade. Em 2004, 70% do orçamento da emissora vinha dessa origem. Foi criado, então, um fundo para o financiamento da produção de conteúdos que, por seu perfil, estariam ameaçados de sumirem das grades de programação. O fundo estabelecia o percentual dos recursos a serem destinados para cada formato e alimentava principalmente a produção independente (BARDOEL; D'HAENENS, 2008).

A opção política por atrelar o destino da radiodifusão pública à publicidade comercial, no entanto, gera resistências. Essas vêm da academia, do movimento social e, principalmente, das emissoras comerciais. A *World Trade Organization* chegou a argumentar que o sistema de financiamento da radiodifusão pública caracterizava competição desleal, já que essa pleiteava financiamento público, ao mesmo tempo em que queria recorrer ao mesmo mercado publicitário, principal (quando não única) fonte da radiodifusão privada. No Brasil, desde a regulamentação da radiodifusão educativa na década de 1960, excluiu-se a possibilidade de realização de publicidade comercial por essas emissoras, o que foi estendido à radiodifusão pública, décadas depois. Na Europa, de forma regulamentada, a veiculação de publicidade comercial por emissoras públicas foi restringida. Na Romênia, mesmo com a crise, o Parlamento acatou a defesa das emissoras privadas de que publicidade na TVR só poderia ser veiculada entre programas e, mesmo assim, em proporções inferiores às das emissoras comerciais. Na Alemanha, a publicidade nos canais públicos chegou a ficar restrita a 20 minutos por dia da semana, sempre antes das 20h. Na Geórgia, em 2014, a emissora pública deixou de veicular publicidade comercial. Restrições similares, como já visto anteriormente, aplicam-se a outros países (HOLTZ-BACHA, 2003; MUNGIU-PIPPIDI, 2003; DRAGOMIR, 2010; ABASHINA, 2016; SURUGIU, 2017).

Outras fontes de financiamento chegaram a ser tentadas com níveis variados de sucesso. Patrocínio, apoio cultural, acordos comerciais com emissoras de outros países e doações, dentre outras, são alternativas recorrentes, mas não preponderam sobre as demais. A Eslovênia, mais uma vez, decidiu inovar para além das emissoras públicas e passou a apoiar o que se poderia chamar de "campo público" (ao menos assim o foi no Brasil): em 2013, 3%

da receita proveniente de loterias passaram a ser destinadas à mídia não comercial publicada por organizações da sociedade civil. Além disso, foi criado um projeto piloto de reportagens investigativas. Essas medidas seguiam iniciativas anteriores, como, por exemplo, a previsão, em 1991, de um orçamento de 28 milhões de dinares para um fundo voltado à democratização da mídia e lançamento de novos meios de comunicação (HRVATIN; MILOSAVLJEVIC, 2003; HRVATI; PETKOVIC, 2004).

EPÍLOGO

XVII

Fazia frio – para os padrões de um brasileiro - na manhã de março em Bratislava. A palestra, na sede do sindicato de jornalistas, estava quase no fim. Um senhor de cabelos brancos, aparentando ter mais de sessenta anos, lançou a pergunta: "Por que você acha que a nossa TV Pública critica tanto o governo?" Hesitei, porque já ouvira, naquela viagem e antes dela, diversas acusações sobre a docilidade de emissoras públicas em relação a governos do centro-leste europeu. Semanas antes, ao estudar o caso eslovaco, já havia me deparado com uma declaração inesperada – novamente, para os padrões de um brasileiro - do então Primeiro-Ministro Robert Fico. Ele discorria sobre jornalistas que deliberadamente prejudicavam os interesses nacionais e citou, como exemplo, os profissionais de tabloides, outros atuantes em dois jornais e os das emissoras públicas de rádio e TV.

No mesmo dia da palestra, à tarde, entrevistei Václav Mika, Diretor-Geral da Rádio e TV Eslovaca. Gestor com passagens pela mídia privada, defendeu a importância da radiodifusão pública, apresentou números que sugeriram avanços das emissoras e demonstrou orgulho pelo trabalho que vinha realizando. Quase no fim da entrevista, comentei minha surpresa em relação à declaração de Fico e à pergunta que ouvi no fim da palestra. Ressaltei que ambas poderiam sinalizar que a emissora adotava uma linha editorial independente em relação ao governo, o que, na verdade, deve ser um princípio da radiodifusão pública. Mika comentou com suas assessoras o relato e lembrou que, na véspera da entrevista, o Primeiro-Ministro havia declarado que Mika estava mais preocupado com sua recondução ao cargo, e menos com as emissoras. Essa afirmação deixava claro, após meses de divergências, que Mika não era o candidato do governo na futura eleição para a direção da RTVS, que aconteceria dali a alguns meses.

Ainda assim, Mika concorreu. Obteve votos improváveis de parlamentares de outros partidos, mas não os do governo. Perdeu a eleição para Jaroslav Reznik, que havia sido diretor da Rádio Eslovaca (antes da fusão da empresa com a emissora de TV) por oito anos, e, antes da decisão, era o diretor da Agência de Notícias Eslovaca.

Do lado de cá do Oceano Atlântico, a discussão sobre independência era constante nos anos que se seguiram à criação da EBC. Os críticos da radiodifusão pública teimavam em caracterizá-la como o conjunto das velhas emissoras estatais com nova roupagem – ou, em outras palavras, a "TV do Lula". Já em 2017, essa acusação voltaria a ser repetida. A despeito do conteúdo veiculado, fosse qual fosse, optavam por tentar enterrar a EBC, em vez de construí-la em conjunto ou, pelo menos, acompanhar e fiscalizar suas atividades de forma precisa e honesta.

Nos capítulos anteriores, apresentei um modelo definidor do conceito de independência da radiodifusão pública. Ele é composto de quatro elementos: (a) complexidade na indicação dos dirigentes, o que significa incorporar diferentes atores ao processo de escolha, pulverizando a influência de grupos e correntes políticas específicas; (b) estabilidade dos dirigentes e profissionais críticos, o que ajuda a preservar a equipe, independentemente das posições manifestadas na programação; (c) mecanismos de controle social para a fiscalização, pela sociedade, das atividades desenvolvidas pelas emissoras; e (d) fontes plurais de financiamento, de forma que a diminuição dos recursos provenientes de uma origem não comprometa as atividades em curso. Esses elementos apresentam-se, no cotidiano da radiodifusão pública, em níveis variados: quanto mais presentes e preservados, maior tende a ser a independência das emissoras em relação a governos.

Independência não é o único elemento que aproxima, no campo da radiodifusão pública, países e regiões do mundo tão distantes. Brasília está a mais de 10.100 quilômetros de distância de Bucareste. No mês de março, começa o horário de verão em Sofia, e a capital búlgara passa a ter um fuso de 7 horas a mais em relação ao brasileiro. Em 2017, para se chegar a Varsóvia a partir de Brasília, era necessário viajar por cerca de 24 horas: de Brasília a São Paulo ou Rio de Janeiro; de lá a Paris ou Frankfurt, dentre outras alternativas; e, por fim, à capital polonesa.

Tão longe, tão perto. No fim da década de 1980, TV e rádio eram meios de comunicação extremamente populares lá e cá. As primeiras manifestações oficiais sobre a radiodifusão pública ocorreram no momento em que os países abandonavam regimes autoritários. Assim, não havia experiência prévia no que se entende como radiodifusão pública. As estruturas existentes e seus funcionários foram aproveitados na transição. Não existiam recursos suficientes para grandes experimentações. A sociedade civil tinha participação limitada nesse processo, até porque não estava organizada suficientemente para acompanhar o tema. O próprio debate público, aliás, era limitado.

As semelhanças não diminuíram nos anos seguintes. O Poder Público manteve ou tentou aumentar sua influência nas emissoras seja aumentando o papel do orçamento público, seja indicando dirigentes afinados com o governo do momento. Profissionais críticos foram demitidos. Nem instâncias de participação social, como os conselhos, estiveram imunes à ingerência política. Onde, nos meses anteriores a esta pesquisa, a lei foi mudada, por vontade do Poder Executivo, com o objetivo de trocar os então dirigentes das emissoras públicas? No Brasil – e também na Polônia. E, antes deles, em vários outros países dentre os aqui estudados.

Sobre o caso brasileiro, é importante destacar, nestas últimas páginas, dois pontos. A construção da radiodifusão pública, no Brasil, não passa, nem nunca passará apenas pela EBC. Por questões políticas, falta de recursos financeiros e ausência de frequências livres em todo o país, dentre outros motivos, a EBC provavelmente terá sempre que contar com emissoras associadas na formação de sua rede. Assim, o grau de independência da EBC estará sempre relacionado, em algum grau, com a independência de suas parceiras. Nesse sentido, é importante que essas emissoras também migrem para um modelo compatível com a radiodifusão pública. Há algumas alternativas, em tese, para acelerar esse movimento: por lei federal, mas isso é improvável seja por razões políticas, seja por constitucionalidade, no mínimo, duvidosa, já que esse diploma estaria interferindo na organização da administração pública estadual. Outra hipótese seria uma natural atração pelo modelo da EBC: essa transição já foi estimulada pela própria empresa durante a formação de sua rede nacional, mas a migração não ocorreu. Uma terceira alternativa seria estimular essa transição por meio de investimentos. Emissoras estaduais que adotassem, a partir de normas estaduais, uma governança compatível com os princípios da radiodifusão pública poderiam, por exemplo, ser beneficiadas com a possibilidade de recorrer a fontes de financiamento federais específicas. Essa solução chegou a ser discutida e entendo que é mais factível que as anteriores.

Um segundo ponto diz respeito à relevância. Como fruto de uma política de construção da radiodifusão pública e mantida principalmente por recursos públicos, a EBC deve ser relevante. Entendo que essa característica pode ser medida, pelo menos, de três formas distintas.

A primeira e mais óbvia é a audiência: se a população assiste ou ouve a programação, essa pode ser considerada importante. Nesse quesito, as emissoras vinculadas a EBC, notadamente as de TV, estão muito distantes de várias de suas congêneres europeias. No início deste livro, defendi a importância da radiodifusão, dentre outros motivos, pelo fato de ainda ser uma referência no dia-a-dia da sociedade. Isso pode ser comprovado, por exemplo, pelos altos e crescentes percentuais da população que assistia TV e ouvia rádio de 2014 a 2016. No entanto, é inegável que o uso da Internet aumentou e, com ele, as novas formas de acesso à mídia. Assim, é fundamental que as antigas entidades responsáveis pela radiodifusão pública ultrapassem os limites da TV e do rádio e sejam atuantes no mundo digital. Em outras palavras, o conceito de audiência deve se alargar e contemplar, também, o desempenho dessas entidades na Internet. Faltam dados concretos para uma mensuração, mas não vejo indícios que apontem uma situação muito diferente da EBC nesse meio, se comparado aos demais.

Muito já se disse que a audiência da radiodifusão pública, no Brasil, deveria ser "medida de outra forma". Quem defende essa tese costuma alegar que a programação das estações públicas é "diferenciada" e não conseguiria competir, em termos de volume de audiência, com a das emissoras comerciais. Essa argumentação carrega um problema central: parte do pressuposto de necessária elitização da radiodifusão pública, o que não condiz com as experiências de sucesso desse sistema no contexto internacional. Além disso, o problema aumenta, se considerados os indicadores socioeconômicos médios da população brasileira.

A medição da audiência "de outra forma" poderia até ser tentada. Porém, qual seria essa "forma"? Desconheço propostas estruturadas, testadas em uma amostra significativa e que permitam a comparação entre as programações de emissoras distintas. Enquanto essa "outra forma" não for realmente implementada, restará à EBC disputar a audiência medida da forma tradicional. Ainda que não consiga disputar a liderança nos principais mercados, sua maior relevância estará relacionada com a audiência que conseguir conquistar, principalmente no meio TV.

A segunda forma de se medir a relevância diz respeito ao enraizamento da radiodifusão pública na sociedade. Se ela é defendida explícita e regularmente, pode ser considerada relevante. Mais uma vez, a situação da EBC é bem distinta do que se observa no cenário europeu. Na República Tcheca, a população foi às ruas, no inverno, em apoio a um movimento grevista dos funcionários da emissora para defender a exoneração de um dirigente recém-nomeado pelo governo. Em outros países, repetiu-se situação parecida, como se apresentou neste livro. No Brasil, não se observou movimento nem de longe semelhante.

Por fim, a radiodifusão pública é relevante se for defendida como diferente das emissoras privadas e, mais que isso, como elemento central para a construção de uma sociedade plural, em linha com princípios democráticos evidentes. Neste aspecto, sim, a EBC foi extremamente relevante: a narrativa que amparou a sua criação e a defesa feita por seus dirigentes ressaltaram este vínculo ao longo dos primeiros anos de existência da empresa. Esse discurso, contudo, com o tempo, diminuiu e esmaeceu.

A solução, portanto, seria a extinção da EBC? Jamais, pelo menos para os que acreditam na radiodifusão pública como central à construção da democracia. A solução passa por recuperar essa defesa, de forma categórica, o que inclui reafirmar seu papel e sua própria razão de ser. Passa, também, por buscar audiência e enraizar-se na sociedade.

A história da radiodifusão pública, em diferentes países, é marcada pela resistência. Parte dessa história foi contada neste livro e certamente há diversos outros casos semelhantes no mundo. Resistência à pressão política. Resistência às pressões de governos. Resistência aos ataques das emissoras privadas. Resistência contra a falta de recursos, casual ou proposital. Resistência, até, a dirigentes ineptos, às vezes incapazes de entender a importância da própria radiodifusão pública. Não seria a resistência, aliás, uma marca, também, da história da democracia?

Referências

Entrevistas

CRUVINEL, Tereza. **Tereza Cruvinel (depoimento, 2013)**. Brasília-DF, 12 de fevereiro de 2013. Entrevista concedida a Octavio Penna Pieranti.

DASKALOVA, Nikoleta. **Nikoleta Daskalova (depoimento, 2017)**. Sofia, 27 de março de 2017. Entrevista concedida a Octavio Penna Pieranti.

JĘDRZEJEWSKI, Stanisław. **Stanisław Jędrzejewski (depoimento, 2017)**. Varsóvia, 16 de março de 2017. Entrevista concedida a Octavio Penna Pieranti.

KONSTANTINOVA, Raina. **Raina Konstantinova (depoimento, 2017)**. Sofia, 28 de março de 2017. Entrevista concedida a Octavio Penna Pieranti.

KRAJEWSKI, Andrzej. **Andrzej Krajewski (depoimento, 2017)**. Varsóvia, 16 de março de 2017. Entrevista concedida a Octavio Penna Pieranti.

MARTINS, Franklin. **Franklin Martins (depoimento, 2013)**. Brasília-DF, 6 de abril de 2013. Entrevista concedida a Octavio Penna Pieranti.

MIKA, Václav. **Václav Mika (depoimento, 2017)**. Bratislava, 22 de março de 2017. Entrevista concedida a Octavio Penna Pieranti.

NISTOR, Irina Margareta. **Irina Margareta Nistor (depoimento, 2017)**. Bucareste, 24 de março de 2017. Entrevista concedida a Octavio Penna Pieranti.

OLIVEIRA, Euclides Quandt de. **Euclides Quandt de Oliveira (depoimento, 2006)**. Petrópolis-RJ, 07 de outubro de 2006b. Entrevista concedida a Octavio Penna Pieranti.

_____. **Euclides Quandt de Oliveira (segundo depoimento, 2006)**. Petrópolis-RJ, 26 de dezembro de 2006c. Entrevista concedida a Octavio Penna Pieranti.

SEDLÁČEK, Pavel. **Pavel Sedláček (depoimento, 2017)**. Brno, 20 de março de 2017. Entrevista concedida a Octavio Penna Pieranti.

SKOLKAY, Andrej. **Andrej Skolkay (depoimento, 2017)**. Bratislava, 22 de março de 2017. Entrevista concedida a Octavio Penna Pieranti.

SURUGIU, Romina. **Romina Surugiu (depoimento, 2017)**. Bucareste, 24 de março de 2017. Entrevista concedida a Octavio Penna Pieranti.

Publicações

AGÊNCIA BRASIL. **Américo Martins deixa presidência da EBC**. 2 fev. 2016. Disponível em: <http://agenciabrasil.ebc.com.br/geral/noticia/2016-02/americo-martins-deixa-presidencia-da-ebc>. Acesso em: 10 fev. 2017.

ABASHINA, Ekaterina. **Public service media in Transcaucasian countries**. Strasbourg: European Audiovisual Observatory, 2016.

AGUIAR, Pedro. **Sistemas Internacionais de Informação Sul-Sul: do *pool* não-alinhado à comunicação em redes.** Rio de Janeiro: UFRJ, 2010. Dissertação de Mestrado.

ALTHUSSER, Louis. **Aparelhos Ideológicos de Estado: nota sobre os aparelhos ideológicos de Estado (AIE).** 3. ed. Rio de Janeiro: Edições Graal, 1987.

BALANENKO, Yury; BEREZIN, Alexander. **Moscow.** Moscow: Planeta Publishers, 1975.

BALOGH, Eva S. The deadly embrace of Hungarian Television Propaganda. **Hungarian Spectrum**, 3 out. 2016. Disponível em: <http://hungarianspectrum.org/tag/magyar-televizio/>. Acesso em: 3 jul. 2017.

BAMBIRRA, Vania. **A Teoria Marxista da Transição e a Prática Socialista.** Brasília-DF: Ed. Universidade de Brasília, 1993.

BANAZINSKI, Cezary; GÓRKA, Maciej. **The Financing of Public Service Braodcasting in Selected Central and Eastern European States – Poland.** IRIS – Legal Observations of the European Audiovisual Observatory, 2000, p. 16.

BANERJEE, Indrajit; SENEVIRATNE, Kalinga. **Public service broadcasting: a best practices sourcebook.** Paris: Unesco, 2005.

BARDOEL, Johannes; D'HAENENS, Leen. Reinventing public service broadcasting in Europe: prospects, promises and problems. **Media, Culture & Society**, v. 30, 3, p. 337-355.

BECERRA, Martín *et alli*. **Caixas Mágicas: O Renascimento da Televisão Pública na América Latina.** Madri: Editorial Tecnos, 2012.

BECKER, Jonathan. Lessons from Russia: a Neo-Authoritarian Media System. **European Journal of Communication**, v. 19(2), 2004, p. 139-163.

BENSON, Rodney; POWERS, Matthew; NEFF, Timothy. Public Media Autonomy and Accountability: Best and Worst Policy Practices in 12 Leading Democracies. **International Journal of Communication**, 11, 2017, p. 1-22.

BEUTELSCHMIDT, Thomas. "Alles zum Wohle des Volkes?!": Die DDR als Bildschirm-Wirklichkeit vor und nach 1989. In: Heiner Timmermann (org.). **Die DDR in Deutschland – ein Rückblick auf 50 Jahre**. Berlin: Duncker und Humblot, 2001. Disponível em: <http://www.ddr-fernsehen.de/5literaturverfilmungen/ddralsbildschirm.pdf>. Acesso em: 10 out. 2014.

BEUTELSCHMIDT, Thomas; OEHMIG, Richard. Connected Enemies? Programming transfer between East and West during the cold war and the example of East German television. **Journal of European Television History & Culture**, v. 3, issue 05/2014.

BRIKŠE, Inta. Public Service Broadcasting in Latvia: Old images, new user needs and Market pressure. **Central European Journal of Communication**, 1, 2010, p. 67-79.

BRÜCHER, Lars. **Das Westfernsehen und der revolutionäre Umbruch in der DDR im Herbst 1989**. Bielefeld: Universität Bielefeld, 2000.

BUCCI, Eugênio. **Em Brasília, 19 horas: A guerra entre a chapa-branca e o direito à informação no primeiro governo Lula**. Rio de Janeiro, Record, 2008.

CASTRO, Daniel. Consumo de TV explode, e Globo e Record têm melhor ano desde 2011. **Notícias da TV**, 5 set. 2017. Disponível em: <noticiasdatv.uol.com.br>. Acesso em: 17 out. 2017.

CEPIKU, Denita; MITITELU, Cristina. Public Administration Reforms in Transition Countries: Albania and Romania Between the Weberian Model and the New Public Management. **Transylvanian Review of Administrative Sciences**, n. 30E, 2010, p. 55-78.

CHALABY, Jean K. Public Broadcasters and Transnational Television: Coming to Terms with the New Media Order. In: Petros Iosifidis (ed.). **Reinventing Public Service Communication: European Broadcasters and Beyond**. Hampshire, UK: Palgrave Macmillan, 2010, p. 101-113.

COMAN, Mihai. Press freedom and media pluralism in Romania: Facts, myths and paradoxes. In: Czepek, Andrea; Hellwig, Melanie; Nowak, Eva. **Press Freedom and Pluralism in Europe.** UK: Intellect, 2009, p. 177-196.

CSEH, Gabriella. **The Financing of Public Service Braodcasting in Selected Central and Eastern European States – Czech Republic.** IRIS – Legal Observations of the European Audiovisual Observatory, 2000, p. 18-9.

ČT. **History.** 2016. Disponível em: <http://www.ceskatelevize.cz/english/history-in-a-nutshell/>. Acesso em: 3 jul. 2017.

DAHL, Robert. **Sobre a Democracia**. Brasília: UnB, 2001.

DEUTSCHER, Isaac. **Stalin: uma biografia política.** Rio de Janeiro: Civilização Brasileira, 2006.

D'HAENENS, Leen; SOUSA, Helena; HULTÉN, Olof. From Public Service Broadcasting to Public Service Media. In: Josef Trappel. **Media in Europe today**. Intellect Books, 2011, p. 187-218.

DITTMAR, Claudia. Television and Politics in the Former East Germany. **CLCWeb**, v. 7, issue 4, article 3, Dec. 2005.

DOHLUS, Ernst. In der Grauzone – Wie der Staatsrundfunk der DDR aufgelöst wurde, Phasen und Organisation. **Deutschland Archiv**. Disponível em: <http://www.bpb.de/191061>. 11.9.2014. Acesso em: 20 nov. 2016.

___. In der Grauzone – Wie der Staatsrundfunk der DDR aufgelöst wurde, Menschen, Material und Programmvermögen. **Deutschland Archiv**. Disponível em: <http://www.bpb.de/191086>. 22.9.2014b. Acesso em: 20 nov. 2016.

___. In der Grauzone – Wie der Staatsrundfunk der DDR aufgelöst wurde, Was geschah mit dem Geld und den Grundstücken? **Deutschland Archiv**. Disponível em: <http://www.bpb.de/193800>. 27.10.2014c. Acesso em: 20 nov. 2016.

DRAGOMIR, Marius. Central and Eastern Europe. In: Pippa Norris (ed.). **Public Sentinel: News media & governance reform**. Washington, DC: The World Bank, 2010, p. 245-276.

EBU. Public Service Media Remits. Disponível em: <http://www.ebu.ch>. EBU, 2015. Acesso em: 12 mai. 2017.

_____. Audience Trends Television 2016. EBU, July 2016a.

_____. Audience Trends Radio 2016. EBU, July 2016b.

_____. Audience Trends Television 2017 – Public version. EBU, July 2017a.

_____. Audience Trends Radio 2017 – Public version. EBU, July 2017b.

ECONOMIST. Who kidnapped the son of Slovakia's president? The Economist, 1º abr. 2017. Disponível em: <https://www.economist.com/news/europe/21719759-political-mystery-unresolved-20-years-later-who-kidnapped-son-slovakias-president>. Acesso em: 7 jan. 2018.

ELLIS, Mark S. Purging the Past: the Current State of Lustration Laws in the Former Communist Bloc. **Law and Contemporary Problems**, 59, Fall 1996, p. 181-196.

FUNDER, Anna. **Stasilândia: como funcionava a polícia secreta alemã**. São Paulo: Companhia das Letras, 2008.

GŁOWACKI, Michał. Inside the Polish media firms: Accountability and transparency in the newsrooms. **Środkowoeuropejskie Studia Polityczne,** 2, 2016, p. 91-105.

GŁOWACKI, Michał; URBANIAK, Paweł. Poland: Between Accountability and Instrumentalization. In: Eberwein, T. *et alli* (ed.). **Mapping Media Accountability in Europe and Beyond**. Köln: Herbert von Halem Verlag, 2011.

GRAMSCI, Antonio. **Cadernos do Cárcere – volume 2**. Rio de Janeiro: Civilização Brasileira, 2004.

GROSS, Peter. Dances with Wolves: a Meditation on the Media and Political System in the European Union's Romania. In: Karol Jakubowicz; Miklós Sükösd (ed.). **Finding the Right Place on the Map: Central and Eastern European Media Change in a Global Perspective**. Bristol, UK/Chicago, USA: Intellect, 2008, p. 125-143.

GORBACHEV, Mikhail. Perestroika: **Novas Idéias para o Meu País e o Mundo**. São Paulo: Ed. Best Seller, 1987.

GREENSLADE, Roy. Polish journalists protest at state control of public broadcasting. **The Guardian**, 11 jan. 2016. Disponível em: < https://www.theguardian.com/media/greenslade/2016/jan/11/polis h-journalists-protest-at-states-control-of-public-broadcasting>. Acesso em: 26 mai. 2017.

GROSS, Peter; Tismaneanu, Vladimir. The End of Postcommunism in Romania. **Journal of Democracy**, Apr. 2005.

HEIMANN, Thomas. Television in Zeiten des Kalten Krieges. In: LINDENBERGER, Thomas (org.). **Massenmedien im Kalten Krieg: Akteure, Bilder, Ressonanzen**. Köln: Böhlau Verlag, 2006.

HICKETHIER, Knut. **Geschichte des deutschen Fernsehens**. Stuttgart: Verlag J. B. Metzler, 1998.

HOFFMANN, Ruth. Stasi-**Kinder: Aufwachsen im Überwachungsstaat**. Berlin: Propyläen, 2012.

HOFFMANN-RIEM, Wolfgang. The Road to Media Unification: Press and Broadcasting Law Reform in the GDR. **European Journal of Communication**, v. 6, 1991, p. 523-543.

HOLTZ-BACHA, Christina. Of Markets and Supply: Public Broadcasting in Germany. In: Gregory Ferrell Lowe; Taisto Hujanen (eds.). **Broadcasting & Convergence: New Articulations of the Public Service Remit**. Göteborg, Sweden: Nordicom, 2003, p. 109-119.

HOZIC, Aida A. Democratizing Media, Welcoming Big Brother: Media in Bosnia and Herzegovina. In: Karol Jakubowicz; Miklós Sükösd (ed.). **Finding the Right Place on the Map: Central and**

Eastern European Media Change in a Global Perspective. Bristol, UK/Chicago, USA: Intellect, 2008, p. 144-163.

HRVATIN, Sandra; MILOSAVLJEVIC, Marko. Media Policy in Slovenia in the 1990s: Regulation, privatization, concentration and commercialization of the media. **Eurozine**, 7 Sep. 2003, p. 1-35.

HRVATIN, Sandra B; PETKOVIC, Brankica. **Regional Overview. Media Ownership and Its Impact on Media Independence and Pluralism**. Ljubljana, Slovenia: Peace Institute, 2004.

IBOPE. **Audiência de TV RJ**. 2017. Disponível em: <https://www.kantaribopemedia.com/conteudo/dados-rankings/audiencia-de-tv-rj/>. Acesso em: 30 abr. 2017.

_____. **Audiência de TV SP**. 2017. Disponível em: <https://www.kantaribopemedia.com/conteudo/dados-rankings/audiencia-de-tv-sp/>. Acesso em: 30 abr. 2017.

IFM. **Country Profile: Poland**. 2011. Disponível em: <https://www.mediadb.eu/en/europe/poland.html>. Acesso em: 3 jul. 2017.

IMRE, Anikó. Adventures in Early Socialist Television Edutainment. In: Timothy Havens, Anikó Imre, Katalin Lustyik. **Popular Television in Eastern Europe During and Since Socialism**. New York: Routledge, 2012, p. 30-46.

INTERVOZES. **Sistemas públicos de comunicação no mundo: Experiências de doze países e o caso brasileiro**. São Paulo: Paulus, Intervozes, 2009.

IOSIFIDIS, Petros. Pluralism and Funding of Public Service Broadcasting across Europe. In: Petros Iosifidis (ed.). **Reinventing**

Public Service Communication: European Broadcasters and Beyond. Hampshire, UK: Palgrave Macmillan, 2010, p. 23-35.

JAKUBOWICZ, Karol. Normative Models of Media and Journalism and Broadcasting Regulation in Central and Eastern Europe. **International Journal of Communications Law and Policy.** Issue 2, Winter 1998/1999.

___. Bringing Public Service Broadcasting to Account. In: Gregory Ferrell Lowe; Taisto Hujanen (eds.). **Broadcasting & Convergence: New Articulations of the Public Service Remit.** Göteborg, Sweden: Nordicom, 2003, p. 147-167.

___. Finding the Right Place on the Map: Prospects for Public Service Broadcasting in Post-communist Countries. In: Karol Jakubowicz; Miklós Sükösd (ed.). **Finding the Right Place on the Map: Central and Eastern European Media Change in a Global Perspective.** Bristol, UK/Chicago, USA: Intellect, 2008, p. 101-124.

___. PSB 3.0: Reinventing European PSB. In: Petros Iosifidis (ed.). **Reinventing Public Service Communication: European Broadcasters and Beyond.** Hampshire, UK: Palgrave Macmillan, 2010, p. 9-22.

JAKUBOWICZ, Karol; SÜKÖSD, Miklós. Twelve Concepts Regarding Media System Evolution and Democratization in Post-Communist Societies. In: Karol Jakubowicz; Miklós Sükösd (ed.). **Finding the Right Place on the Map: Central and Eastern European Media Change in a Global Perspective.** Bristol, UK/Chicago, USA: Intellect, 2008, p. 9-40.

JAMBEIRO, Othon. **A TV no Brasil do Século XX.** Salvador: EdUFBA, 2002.

JÕESAAR, Andres. Different ways, same outcome? Liberal communication policy and development of public broadcasting. **Trames**, 15, 1, 2011, p. 74-101.

JOFFILY, Bernardo. **O Bastião Albanês**. São Paulo: Editora Alfa-Omega, 1990.

KIRIYA, Ilya; DEGTEVERA, Elena. Russian TV market: Between state supervision, commercial logic and simulacrum of public service. **Central European Journal of Communication**, 1, 2010, p. 37-51.

KLIMKIEWICZ, Beata. Poland: **The Public, The Government and The   Media**.mDisponível   em: <http://blogs.lse.ac.uk/mediapolicyproject/2016/02/08/poland-the-public-the-government-and-the-media/>. 8.2.2016. Acesso em: 15 dez. 2016.

KOCHANOWSKY, Katja; TRÜLTZSCH, Sascha; VIEHOFF, Reinhold. An Evening with Friends and Enemies: Political Indoctrination in Popular East German Family Series. In: Timothy Havens, Anikó Imre, Katalin Lustyik. **Popular Television in Eastern Europe During and Since Socialism**. New York: Routledge, 2012, p. 81-101.

KOPS, Manfred. **What is Public Service Broadcasting and How Should It Be Financed?** Cologne: University of Cologne, Sept. 2001. Working Paper.

KRASNER, Stephen D. Global Communications and National Power: Life on the Pareto Frontier. **World Politics**, v. 43, n. 3, Apr. 1991, p. 336-366.

KREŠIC, Hrvoje. **Croatia: the Price of Corruption**. Oxford, UK: University of Oxford, 2012.

LANDOVA, Marina. **The Financing of Public Service Braodcasting in Selected Central and Eastern European States – Czech Republic.** IRIS – Legal Observations of the European Audiovisual Observatory, 2000, p. 17.

LEAL FILHO, Laurindo Lalo. **Vozes de Londres: Memórias Brasileiras da BBC. São Paulo:** EdUSP, 2008.

LENGYEL, Márk. From 'State Broadcasting' to 'Public Service Media' in Hungary. In: Petros Iosifidis (ed.). **Reinventing Public Service Communication: European Broadcasters and Beyond.** Hampshire, UK: Palgrave Macmillan, 2010, p. 245-257.

LENIN, V. I. **Prensa y Literatura.** Madrid: Akal, 1976.

LEUVEN, K. U et al. **Independent study on indicators for media pluralism in the member states – Towards a risk-based approach.** April, 2009. Disponível em: <http://ec.europa.eu/information_society/media_taskforce/doc/pluralism/pfr_report.pdf>. Acesso em: 19 jan. 2017.

LIMA, Mauricio. Diretor da EBC pede demissão após ingerência política. **Veja.com,** 2 fev. 2016. Disponível em: <http://veja.abril.com.br/blog/radar-on-line/diretor-da-ebc-pede-demissao-apos-ingerencia-politica/>. Acesso em: 10 fev. 2017.

LONDO, Ilda. **Digital Television in Albania: Policies, Development and Public Debate.** Albanian Media Institute, 26th May 2006.

LOZANOV, Georgi. The Law: The Media's Good Grandfather. In: Lozanov, Georgi; Spassov, Orlin (ed.). **Media and Politics.** Sofia: Foundation Media Democracy/Konrad Adenauer Stiftung, 2011, p. 8-18.

MARINESCU, Valentina. Romania: Private versus State Television. **The Public**, v. 2, 3, 1995, p. 81-95.

MARX, Karl. **Crítica ao Programa de Gotha**. eBookLibris, 2005.

_____. **Liberdade de imprensa**. Porto Alegre: L&PM, 2006.

MCLAUGHLIN, Daniel. Russia's NTV protests takeover, CNN deal reported. **Reuters**, 4 abr. 2001. Disponível em: <http://www2.stetson.edu/~psteeves/relnews/ntvtakeover.html>. Acesso em: 26 mai. 2017.

MELO, Débora. O que está por trás da saída do presidente da EBC? **Carta Capital**, 4 fev. 2016. Disponível em: <http://www.cartacapital.com.br/sociedade/o-que-esta-por-tras-da-saida-do-presidente-da-ebc>. Acesso em: 10 fev. 2017.

MENDEL, Toby. **Public Service Broadcasting. A comparative Legal Survey**. Kuala Lumpur: Unesco, Asia Pacific Institute for Broadcasting Development, 2000.

MICHALIS, Maria. EU Broadcasting Governance and PSB: Between a Rock and a Hard Place In: Petros Iosifidis (ed.). **Reinventing Public Service Communication: European Broadcasters and Beyond**. Hampshire, UK: Palgrave Macmillan, 2010, p. 36-48.

MIHELJ, Sabina. Television Entertainment in Socialist Eastern Europe: Between Cold War Politics and Global Developments. In: Timothy Havens, Anikó Imre, Katalin Lustyik. **Popular Television in Eastern Europe During and Since Socialism**. New York: Routledge, 2012, p. 13-29.

___. Understanding Socialist Television: concepts, objects, methods. **Journal of European Television History & Culture**, v. 3, issue 5, 2014, p. 7-16.

MIHELJ, Sabina; DOWNEY, John. Introduction – Comparing Media Systems in Central and Eastern Europe: Politics, Economy, Culture. In: John Downey; Sabina Mihelj. **Central and Eastern European media in comparative perspective: politics, economy and culture**. Farnham, UK: Ashgate Publishing, Ltd., 2012, p. 1-13.

MILANEZ, Liana. Primeiros Momentos – Uma Voz para a Ciência. In: MILANEZ, Liana (org.). **Rádio MEC: herança de um sonho**. Rio de Janeiro: Acerp, 2007a, p. 17-45.

_____. **TVE: cenas de uma história**. Rio de Janeiro: Acerp, 2007b.

MILLER, Catherine. TV dispute focuses public anger. **BBC News Online**, 4 jan. 2001. Disponível em: <http://news.bbc.co.uk/2/hi/europe/1100998.stm> Acesso em: 24 mai. 2017.

MINISTÉRIO DA FAZENDA. **Orçamento da BNT e da BNR**. 2016. Disponível em: <https://www.minfin.bg/bg/page/1150>. Acesso em: 3 jul. 2017.

MOTTA, Paulo Roberto. Autogestão: a experiência empresarial iugoslava. **RAP**, 14 (1), jan.-mar. 1980, p. 7-24.

MUNGIU-PIPPIDI, Alina. From State to Public Service: the Failed Reform of State Television in Central Eastern Europe. In: Sükösd, Miklós; Bajomi-Lázár, Péter. **Reinventing Media: Media Policy Reform in East-Central Europe**. Budapest, Hungary: Central European University, 2003, p. 31-62.

MUSTATA, Dana. Television in the Age of (Post-)Communism. In: Timothy Havens, Anikó Imre, Katalin Lustyik. **Popular Television in Eastern Europe During and Since Socialism**. New York: Routledge, 2012, p. 47-64.

OLIVEIRA, Euclides Quandt de. **Renascem as Telecomunicações: Construindo a Base**. São José dos Pinhais, PR: Editel, 1992.

_____. **Renascem as Telecomunicações: Construção e Operação do Sistema**. São Paulo: Landscape, 2006.

OPEN SOCIETY INSTITUTE. **Television across Europe: regulation, policy and independence – Volume 1**. Budapest: Open Society Institute, 2005.

PARTRIDGE, James. How to get ahead in TV Journalism. **Central Europe Review**, v. 3, n. 1, 8 jan. 2001. Disponível em: <http://www.ce-review.org/01/1/partridge1.html>. Acesso em: 25 mai. 2017.

PECI, Alketa; PIERANTI, Octavio Penna; RODRIGUES, Silvia. Governança e *New Public Management:* convergências e contradições no contexto brasileiro. **Organizações & Sociedade**, v. 15, n. 46, jul.-set. 2008, p. 39-55.

PERANIC, Barbara. **Accountability and the Croatian Media in the Process of Reconciliation: Two Case Studies**. Oxford, UK: Oxford University, 2006.

PERUŠKO, Zrinja. Great expectations: On experiences with media reform in post-socialist Europe (and some unexpected outcomes). **Central European Journal of Communication**, 2, 2014, p. 241-252.

PERUŠKO, Zrinjka; POPOVIC, Helena. Media Concentration Trends in Central and Eastern Europe. In: Karol Jakubowicz;

Miklós Sükösd (ed.). **Finding the Right Place on the Map: Central and Eastern European Media Change in a Global Perspective.** Bristol, UK/Chicago, USA: Intellect, 2008, p. 165-189.

PETKOVA, Kalina. Bulgarian Television Publicity: The Rise of Tabloid Politics. In: Lozanov, Georgi; Spassov, Orlin (ed.). **Media and Politics.** Sofia: Foundation Media Democracy/Konrad Adenauer Stiftung, 2011, p. 55-66.

PIERANTI, Octavio Penna. **Políticas Públicas para Radiodifusão e Imprensa: Ação e Omissão do Estado no Brasil Pós-1964.** 1. ed. Rio de Janeiro: FGV, 2007.

_____. **O Estado e as Comunicações no Brasil: Construção e Reconstrução da Administração Pública.** 1. ed. Brasília-DF: Abras/Lecotec, 2011.

_____. Mudança de rumo na radiodifusão educativa: estabelecimento de regras para novas outorgas e implementação de uma política de massificação do serviço (2011-2016). **Eptic Online,** v. 18, n. 3, set-dez. 2016.

_____. **Políticas Públicas de Radiodifusão no Governo Dilma.** Brasília-DF: UnB/FAC, 2017.

PIERANTI, Octavio Penna; FERNANDES, Elza Maria Del Negro B. Radiodifusão Pública? A Programação das Emissoras de TV Educativa no Brasil. **Eptic Online,** v. 19, n. 3, set-dez. 2017.

PIERANTI, Octavio Penna; MARTINS, Paulo Emílio Matos. A Radiodifusão como um Negócio: um Olhar sobre a Gestação do Código Brasileiro de Telecomunicações. **Eptic,** v. IX, p. 11, 2007.

PUSNIK, Marusa; STARC, Gregor. An entertaining (r)evolution: the rise of television in socialist Slovenia. **Media Culture Society**, v. 30, 6, 2008, p. 777-793.

RADIO FREE EUROPE. Slovakia: Protests continue over firings at private TV station. **Radio Free Europe**, 9 set. 1998. Disponível em: <https://www.rferl.org/a/1089505.html>. Acesso em: 26 mai. 2017.

_____. European Court Suspends Georgian Court Ruling On Rustavi-2 TV. **Radio Free Europe**, 3 mar. 2017. Disponível em: <https://www.rferl.org/a/georgia-tv-station-rustavi-2-court-ruling-protests/28345305.html>. Acesso em: 26 mai. 2017.

RAMOS, Murilo César. Empresa Brasil de Comunicación (EBC): un análisis de su modelo institucional. In: Instituto de Estudios sobre Comunicación RTA (org.). **Pensar la Televisión Pública**. Buenos Aires: La Crujía Ediciones, 2013, p. 311-336.

RAYCHEVA, Lilia *et al*.. **Bulgaria: Childhood in Transition**. Disponível em: <http://www.sv.ntnu.no/noseb/costa19/nytt/welfare/vol%20II/bulgaria.pdf>. 2004. Acesso em: 16 nov. 2016.

REED, John. **10 Dias que Abalaram o Mundo**. Porto Alegre: L&PM, 2002.

ROMANIA INSIDER. Romanian public television gets less money from the state budget. **Romania Insider**, 2016. Disponível em: <http://www.romania-insider.com/romanian-public-television-gets-less-money-from-the-state-budget/amp/>. Acesso em: 3 jul. 2017.

ROSENBERG, Tina. **Terra assombrada: enfrentando os fantasmas da Europa depois do comunismo**. Rio de Janeiro: Record, 1999.

RSF. Czech Republic – Annual report 2002. **Reporters without Borders,** 2002. Disponível em: <http://archives.rsf.org/article.php3?id_article=1798>. Acesso em: 25 mai. 2017.

RTSH. Struktura e te ardhurave te RTSH gjate vitit 2015. Disponível em: <http://rtsh.al/wp-content/uploads/Analiza%20vjetore%202015%20per_Publikim.pdf >. Acesso em: 3 jull. 2017.

SAMARDZIJA-MATUL, Ksenija. Slovenian government introduces controversial bill that tightens control over public brodcaster. **Radio Praha,** 15 abr. 2005. Disponível em: <http://www.radio.cz/en/section/ice_special/slovenian-government-introduces-controversial-bill-that-tightens-control-over-public-broadcaster>. Acesso em: 26 mai. 2017.

SAROLDI, Luiz Carlos; MOREIRA, Sonia Virgínia. **Rádio Nacional: o Brasil em sintonia.** Rio de Janeiro: Jorge Zahar Ed., 2005, 3ª ed.

SCHNEIDER, Peter. **Berlim, agora: a cidade depois do muro.** Rio de Janeiro: Rocco, 2015.

SCOTT, Christopher B. European Unification – Broadcasting Law – Eastern Europe and the "Television without Frontiers" Directive: Radio freed Europe – Can Television unify it? **The Georgia Journal of International and Comparative Law,** v. 22, 1992, p. 547-566.

SECOM. **Pesquisa Brasileira de Mídia 2014.** 2014. Disponível em: <http://observatoriodaimprensa.com.br/download/PesquisaBrasile iradeMidia2014.pdf>. Acesso em: 1º mai. 2017.

_____. **Pesquisa Brasileira de Mídia 2015**. 2015. Disponível em: <http://www.secom.gov.br/atuacao/pesquisa/lista-de-pesquisas-quantitativas-e-qualitativas-de-contratos-atuais/pesquisa-brasileira-de-midia-pbm-2015.pdf>. Acesso em: 1º mai. 2017.

_____. **Pesquisa Brasileira de Mídia 2016**. 2016. Disponível em: <http://www.pesquisademidia.gov.br/>. Acesso em: 1º mai. 2017.

ŠIMUNJAK, Maja. **Comparative analysis of risks for political Independence of Public Service Media across 19 European Union Member States**. Badia Fiesolana, Italy: European University Institute, 2016. Working Paper. Disponível em: <http://www.eui.eu/RSCAS/Publications>. Acesso em: 11 dez. 2016.

ŠKOLKAY, Andrej. Central European Media in Comparative Perspective. In: Głowacki, Michał. **Comparing media systems in central Europe: Between commercialization and politicization**. Wydawn: Uniwersytetu Wrocławskiego, 2008.

SMATLAK, Martin. **The Financing of Public Service Braodcasting in Selected Central and Eastern European States – Poland**. IRIS – Legal Observations of the European Audiovisual Observatory, 2000, p. 16-17.

SPARKS, Colin. After transition: The Media in Poland, Russia and China. JAKUBOWICZ, Karol; SÜKÖSD, Miklós. Twelve Concepts Regarding Media System Evolution and Democratization in Post-Communist Societies. In: Karol Jakubowicz; Miklós Sükösd (ed.). **Finding the Right Place on the Map: Central and Eastern European Media Change in a Global Perspective**. Bristol, UK/Chicago, USA: Intellect, 2008, p. 43-71.

SPASSOV, Orlin. Media and Politics: The Decline of the Fourth Estate?. In: Lozanov, Georgi; Spassov, Orlin (ed.). **Media and**

Politics. Sofia: Foundation Media Democracy/Konrad Adenauer Stiftung, 2010, p. 174-189.

SPLICHAL, Slavko. Slovenia: The Period of "Capitalist Enlightenment". **The Public**, v. 2, 3, 1995, p. 97-114.

___. Imitative Revolutions Changes in the Media and Journalism in East-Central Europe. **The Public**, v. 8, 4, 2001, p. 31-58.

STĘPKA, Paweł. Public Broadcasting in Poland: Between Politics and Market. In: Petros Iosifidis (ed.). **Reinventing Public Service Communication: European Broadcasters and Beyond**. Hampshire, UK: Palgrave Macmillan, 2010, p. 233-244.

SURUGIU, Romina. Exploring the Role of Romanian Television in Public Sphere (1957-1989). **The European Proceedings of Social & Behavioural Sciences**, 2017b, p. 771-779.

TAYLOR, Frederick. **Muro de Berlim: Um Mundo Dividido 1961-1989**. Rio de Janeiro: Record, 2009.

TOCQUEVILLE, Alexis de. **A democracia na América**. São Paulo: Abril Cultural, 1973.

TSCHOLAKOV, Radomir. **The Financing of Public Service Braodcasting in Selected Central and Eastern European States – Bulgaria**. IRIS – Legal Observations of the European Audiovisual Observatory, 2000, p. 14-15.

UNESCO. **Um mundo e muitas vozes: comunicação e informação na nossa época**. Rio de Janeiro: FGV, 1983.

VARTANOVA, Elena. The Russian Media Model in the Context of Post-Soviet Dynamics. In: Hallin, Daniel C.; Mancini, Paolo (eds.). **Comparing Media Systems Beyond the Western World**. Cambridge, UK: Cambridge University Press, 2012, p. 119-142.

___. Media Pluralism in Russia: In Need of Policy Making. In: Valcke, Peggy; Sükösd, Miklós; Picard, Robert G. (eds.) **Media Pluralism and Diversity: Concepts, Risks and Global Trends**. Basingstoke, New York: Palgrave Macmillan, 2015, p. 193-210.

VARTANOVA, Elena; ZASSOURSKY, Yassen. Television in Russia: Is the Concept of PSB Relevant? In: Gregory Ferrell Lowe; Taisto Hujanen (eds.). **Broadcasting & Convergence: New Articulations of the Public Service Remit**. Göteborg, Sweden: Nordicom, 2003, p. 93-108.

VOLTMER, Katrin. The Media, Government Accountability, and Citizen Engagement. In: Pippa Norris (ed.). **Public Sentinel: News media & governance reform**. Washington, DC: The World Bank, 2010, p. 137-159.

WELT, Cory. The curious case of Georgia's Rustavi-2. **ODR**, 2 dez. 2015. Disponível em: <https://www.opendemocracy.net/od-russia/cory-welt/curious-case-of-georgia-s-rustavi-2>. Acesso em: 26 mai. 2017.

WHEELER, Mark. The European Union's Competition Directorate: State Aids and Public Service Broadcasting. In: Petros Iosifidis (ed.). **Reinventing Public Service Communication: European Broadcasters and Beyond**. Hampshire, UK: Palgrave Macmillan, 2010, p. 49-62.

WIMMER, Miriam. **Direitos, Democracia e Acesso aos Meios de Comunicação de Massa: Um Estudo Comparado sobre Pluralismo Interno na Televisão**. Scotts Valley, CA: CreateSpace, 2014.

WOLDT, Runar. Public Service Broadcasting in Germany: Stumbling Blocks on the Digital Highway. In: Petros Iosifidis (ed.). **Reinventing Public Service Communication: European**

Broadcasters and Beyond. Hampshire, UK: Palgrave Macmillan, 2010, p. 171-182.

WORLD RADIO TV HANDBOOK – WRTH. Amsterdam: Billboard, 1990.

304